【中华美德书系】

乔继堂 主编

美德箴言

王淼 编著

上海科学技术文献出版社
Shanghai Scientific and Technological Literature Press

图书在版编目（CIP）数据

美德箴言 / 王淼编著. —上海：上海科学技术文献出版社，2019

（中华美德书系 / 乔继堂主编）

ISBN 978-7-5439-7860-7

Ⅰ.①美… Ⅱ.①王… Ⅲ.①中华文化—通俗读物 Ⅳ.①K203-49

中国版本图书馆 CIP 数据核字（2019）第 062739 号

策划编辑：张　树
责任编辑：王倍倍　杨怡君
封面设计：周　婧
封面插画：张雨欣

美 德 箴 言
MEIDE ZHENYAN

乔继堂　主编　王　淼　编著
出版发行：上海科学技术文献出版社
地　　址：上海市长乐路 746 号
邮政编码：200040
经　　销：全国新华书店
印　　刷：常熟市人民印刷有限公司
开　　本：900×1300　1/16
印　　张：23.5
字　　数：283 000
版　　次：2019 年 6 月第 1 版　2019 年 6 月第 1 次印刷
书　　号：ISBN 978-7-5439-7860-7
定　　价：58.00 元
http://www.sstlp.com

前　言

　　一个国家公民尤其是青少年的道德修养状况如何，直接关系着国民的整体素质，关系着国家前途和民族命运。这一点，已经一再被中外历史所书写，并将进一步被未来所证实。

　　中华民族历来就有重视修身育德的优良传统，并且建立了一套完备的道德范畴和评价体系，涌现出了一大批品德高尚、操守纯洁的楷模。这些，不仅是我们国家宝贵的精神遗产，也是对世界的一份杰出贡献。

　　新时期以来，伴随着经济繁荣、文化复兴，国家非常重视广大公民尤其是青少年的道德建设，先后颁发了《公民道德建设实施纲要》，提出"爱国守法、明礼诚信、团结友善、勤俭自强、敬业奉献"的基本道德规范；下发了《关于培育和践行社会主义核心价值观的意见》，提出了"富强、民主、文明、和谐，自由、平等、公正、法治，爱国、敬业、诚信、友善"的社会主义核心价值观。

　　进行思想道德建设，既要立足于当代现实，又要弘扬传统美德。正是基于这样的认识，我们组织编写了这套"中华美德书系"。该书系汲取中华民族传统美德精华，再现中华民族在新时代的新精神、新风貌，比较全面地展示了中华美德。该书系包括故事、诗文和箴言三卷，并配有插图，内容详尽，图文并茂，风格独具，是公民，尤其是青少年思想道德建设的优秀参考书。

　　《美德故事》从中国历史长河中选取一百六十余则美德故事，讲述古今中华儿女优秀人物的美德，真实而生动。以美德分类，以故事发生时间排序，每个故事结尾部分有一段议论文字，从正面引导人们明辨是非、在现实生活中学习这些人物的精神。这种设计比单纯地讲故事更具教育启发意义。

《美德诗文》从浩如烟海的中国古代、近现代诗文中选取近百篇有关美德方面的诗文，加以注释和简析，使读者在欣赏这些含义隽永、文笔优美的诗文的同时，受到潜移默化的美德熏陶。

《美德箴言》从中华民族世代传承的美德箴言中选取约三百条内涵丰富、易懂易记的箴言，其中既有中国古代的格言，也有现代的名人名言。每条箴言均有注释和白话翻译，部分还链接了一些背景资料；同时，每条箴言都附有一两段引发思考的文字，对于读者深入理解箴言内涵、培养良好的道德品质和行为习惯极为有益。

在"中华美德书系"的编写过程中，许多德育工作者给予大力支持，提出了许多好的意见和建议；书中的插图，除古籍图谱之外，使用了一些书画家、摄影家的作品，有的未能确定作者。对此，我们表示诚挚感谢，并请多予谅解。

相信这套图文并茂的书系，能够使读者尤其是青少年及家长开卷有益，修身进德，更上层楼。

编　者
2019年4月

目录

001 【壹】 舍生忘死　爱国报国

071 【贰】 公而忘私　经世济民

113 【叁】 建功立业　志向高洁

175 【肆】 勤学精进　自强不息

249 【伍】 从严律己　修身养德

307 【陆】 诚信处世　友善待人

【壹】

舍生忘死
爱国报国

晏婴像

【原文】

利于国者爱之,害于国者恶之^①。——晏子

【译注】

译:对国家有利的就爱护奖赏它,对国家有害的就憎恶惩治它。

注:① 恶(wù):憎恶,延伸至行动则有"惩治"的意思。

【原文链接】

晏子曰:"……昔者三代之兴也,利于国者爱之,害于国者恶之,故明所爱而贤良众,明所恶而邪僻灭,是以天下治平,百姓和集。及其衰也,行安简易,身安逸乐。顺于己者爱之,逆于己者恶之,故明所爱而邪僻繁,明所恶而贤良灭;离散百姓,危覆社稷。"(晏子说:"过去夏、商、周三朝兴盛的原因,是有利于国家的就喜爱，有害于国家的就厌恶。所以昭示所爱，贤良的人就增多了；昭示所恶，奸邪的人就绝迹了。所以天下政治清平，百姓和睦团结。到了衰败之时，行为怠惰轻忽，生活逸荡享乐，顺从己意的人就喜欢他，违背己意的人就厌恶他。所以，昭示其所喜好，则邪僻之人增多；昭示其所厌烦，则贤良之人灭迹；使百姓离散，国家危亡。"）

——《晏子春秋·内篇·谏上》

【评述】

《晏子春秋》，旧时认为是春秋时期齐国大夫晏婴所作，实为后人依托，辑缀晏婴的言行而成。全书分为内、外篇，共8卷、215章，展现了晏子的思想和品格。晏子在担任齐景公国相时，提出应以对国家的利害来决定爱憎、赏罚。这种以国家利益为是非标准的原则，对中华民族爱国传统的形成等，都极具启发意义。

【原文】

临患不忘国，忠也。——赵孟

【今译】

面临患难而不忘国家，就是忠。

【原文链接】

赵孟闻之，曰："临患不忘国，忠也；思难不越官，信也；图国忘死，贞也；谋主三者，义也。"（赵孟听了，说："面临患难而不忘国家，就是忠心；想到危难而不放弃职守，就是诚信；为国家打算而不惜牺牲，就是坚定；谋划上述三者为主体，就是道义。"）

——左丘明《左传·昭公元年》

【评述】

　　赵孟是春秋时期晋国的大臣，也叫赵鞅（yàng），正是传统戏曲《赵氏孤儿》里孤儿赵武子孙。这句话是夸赞鲁国使臣的。在中国历史上，不顾自身安危、只记挂国家盛衰的人，比比皆是。汉使苏武，被匈奴扣留19年，卧雪吞毡，峻拒劝降；南宋大臣洪皓出使北方金国，被拘留15年，但始终没有动摇回归南宋的信念。中国自古至今的众多仁人志士，以他们崇高坚贞的气节表现了自己对国家至诚的忠心，世代为后人所敬仰。

【原文】

苟利国家，不求富贵。——戴圣

【今译】

　　如果有利于国家，自己就不去追求富贵。

【原文链接】

　　儒有内称不辟（避）亲，外举不辟怨。程功积事，不求厚禄；推贤达能，不望其报。君得其志，民赖其德。苟利国家，不求富贵。其举贤援能有如此者。（儒者举荐人才，对内不回避亲属，对外不回避冤家。度量功绩，积累事实，不企求厚禄；推荐贤才，举拔能人，不祈望报答。国君达成他的心愿，民众仰赖他们的德行。如果有利于国家，就不去追求富贵。儒者推举提拔贤能就是这样的。）

——戴圣《礼记·儒行》

【评述】

《儒行》是《礼记》中的一篇,主要讲儒者的品行。这里的话,说的就是儒者之行。国家利益与个人利益,是人们关注的两种不同利益,二者往往会发生冲突。是以国家利益为主,还是以个人利益为重,不同的人有不同的选择。作为一国公民,在国家利益与个人利益发生冲突时,应该毫不犹豫地为国家利益着想,牺牲小我,成就大我。如果每个人都能以国家利益为重,国家就会迅速繁荣强盛,而生活在其中的个人也会在国家的发展中找到发展的机会,个人利益也会与国家利益水涨船高。

《将相和》年画
(金雪尘绘)

【原文】

先国家之急而后私仇。——蔺相如《史记·廉颇蔺相如列传》

【译注】

国家的危急放在前面,个人的恩怨放在后面。

【评述】

《史记·廉颇蔺相如列传》记述的蔺(lìn)相如与廉颇"将相和"的故事,历来脍炙人口、为人称道。当时,在几次外交活动中，蔺相如作为赵国使臣，挫败了强大秦国的锐气，赵王拜他为上卿。功勋卓著的老将廉颇不服，总是找蔺相如的茬儿，蔺相如却处处主动退让。蔺相如的手下看不过去，愤愤不平；蔺相如解释说："吾所以为此者，以先国家之急而后私仇也。"这话传到廉颇那里，廉颇被蔺相如的赤诚打动，遂上门负荆请罪。（参见《美德故事》）

"将相和"的故事，后来被多种艺术形式所演绎，比如京剧就有《将相和》。人们之所以热衷于此，在于故事中的两位主人公，都品格高尚，堪称楷模。老将廉颇"负荆请罪"固然是高风亮节，蔺相如以国事为重，更值得人们效法。我们应该时时牢记：把国家利益放在个人恩怨之上。

【原文】

匈奴未灭，无以家为[①]！——霍去病（引自《史记·卫将军骠骑列传》）

【今译】

匈奴还没有彻底打败，哪能顾得上家呢！

注：① 无以家为：拿什么来经营家庭，即哪能顾得上家。

【评述】

霍去病是西汉武帝时期的名将，知名的"骠骑（piàojì）将军"。他是地地道道的"裙带官"，他的母亲是皇后卫子夫的姐姐，舅舅则是大将军卫青。不过，这位"小哥"却是与众不同，他18岁就随卫青出征，率八百骑兵长途奔袭，斩获匈奴2000余人。在后来与匈奴军的争战中，霍去病展现出杰出的军事才能，先后斩俘匈奴10万余人。汉武帝非常喜欢这员小将，曾下令给他建造府第，但霍去病却说："匈奴未灭，无以家为也。"后来，年仅24岁的霍去病猝然去世，汉武帝痛惜不已，在自己的陵墓茂陵旁边为他修建了一座状如祁连山的坟墓，著名的"马踏匈奴"石雕就在那里。

霍去病墓的马踏匈奴石雕

时代不同，敌人不同，但作为国人，抗敌为国是相通的。因此，霍去病的这八字豪言，在国家受到外侮之时，总是会出现在仁人志士的口头，铿然作金石声。

【原文】

国耳忘家，公耳忘私①**；利不苟就，害不苟去**②。——贾谊

【译注】

译：为了国家而忘掉自己的小家，为了公众利益而忘掉私利，遇到好处不随便追求，遇到祸害不随便躲开。

注：① 耳：语气词。前两句，后来一般写作"国而忘家，公而忘私"。② 苟：苟且，不严肃。

【相关链接】

故化成俗定，则为人臣者主耳忘身，国耳忘家，公耳忘私，利不苟就，害不苟去，惟义所在。

——班固《汉书·贾谊传》

【评述】

贾谊是西汉初期的文臣,因曾任长沙王太傅,故有"贾长沙"之称。他的身世与屈原颇有相似之处,赤诚爱国,却不受重用,最后抑郁而终。《治安策》是他写给皇帝的奏章;汉文帝时,国家的统一遭到分裂势力的威胁,贾谊提醒汉文帝关注形势的危急,并表明自己在这一局势下的态度和立场。这里的几句话,清晰地表明了贾谊的赤诚爱国之心,以及不为利害所动的高尚节操。

这句格言的前半段"国而忘家,公而忘私",后世为许多爱国志士所遵行。这里还要说的是,后半段的"利不苟就,害不苟去",也很重要,尤其是"害不苟去"。"利不苟就",仅仅是舍弃一些可能本来并非属于自己的利益而已;"害不苟去",则不仅无利可图,甚至会丢掉身家性命,这时候的取舍,是需要大智大勇的。

【原文】

男儿要当死于边野^①,以马革裹尸还葬耳^②。——马援

【译注】

男子汉应该为国家战死在边疆,用马皮裹着尸体回来安葬了事。

注:① 要:关键、要领,这里是"总括"的意思。② 马革:马皮。革,指皮革。

【相关链接】

方今匈奴、乌桓尚扰北边,欲自请击之。男儿要当死于边野,以马革裹尸还葬耳,何能卧床上在儿女子手中邪!(如今匈奴和乌桓还在北边侵扰,我想请缨击退他们。男子汉应该战死在边疆,用马皮裹着尸体回来安葬,怎么能安心享受儿女的侍奉而老死在家里呢！）

——范晔《后汉书·马援传》

【评述】

马援是东汉名将，曾协助光武帝征平南部边疆，受拜为伏波将军。他戎马一生，为国家安定出生入死，屡建奇功。在一次部下将士死伤过半的远征后，面对前来慰问的亲友，马援讲出了这番掷地有声的豪言壮语，令亲友无不动容。62岁高龄时，马援再度领兵远征，次年汉军受阻，许多士卒得疫病而死。马援也死于

"伏波将军"马援雕像

军中，以实际行动践行了自己的豪言壮语。和平年代的我们，为国征战、马革裹尸的机会少之又少，但如果祖国需要我们去征战，去抵抗侵略、保家卫国，我们也应在所不辞。

【原文】

大丈夫处世，当扫除天下①，安事一室乎②！——陈蕃

【译注】

译：大丈夫活在世上，应当以治理天下为己任，怎能只顾自己一家呢！

注：① 扫除：这里喻指整治。② 安：怎么。事：做，经营。

【原文链接】

（陈）蕃（fān）年十五，尝闲处一室，而庭宇芜秽。父友同郡薛勤来候之，谓蕃曰："孺子何不洒扫以待宾客？"蕃曰："大丈夫处世，当扫除天下，安事一室乎？"勤知其有清世志，甚奇之。（陈蕃15岁时，曾经闲居一处居室，庭院、房间都有些脏乱。他父亲的朋友、同郡的薛勤来看望，对陈蕃说："孩子，你为什么不洒水扫院来迎接宾客呢？"陈蕃说："大丈夫活在世上，应当以扫除天下为己任，怎么能局限于整理一间房子呢？"薛勤知道他有清明尘世的志向，感到非常惊奇。）

——范晔《后汉书·陈蕃传》

【评述】

根据陈蕃故事衍生的画作（王家春绘）

陈蕃是东汉后期的政治家。小的时候，父亲的朋友来访，看到陈家有些脏乱，就责问为何不把庭院打扫干净来迎接客人。陈蕃听了，就以上述这话作答。这说明，陈蕃从小就胸襟不凡，有澄清天下的志向。后来，汉桓帝、灵帝的时候，宦官当政，迫害忠良，陈蕃每次都挺身而出，保护正直的官吏和文人，因此受到宦官的嫉恨，最后惨遭杀害。

陈蕃可是鼎鼎有名的人物，王勃《滕王阁序》里就有"徐孺下陈蕃之榻"。陈蕃在宦官横行、许多人苟且偷生之时，挺身而出，可谓勇于"扫除天下",令人钦佩。仍值得一提的是,"一室"也是要扫的,尤其是有客人造访之时,"三径应为来客扫",因为这毕竟是我们传统的待客礼貌。陈蕃当时那样说,不过是要表明心志而已。

【原文】

大丈夫处世,当为国家立功边境。——张奂

【译注】

大丈夫活在世上,就应当为国家奔赴边疆建立功勋。

【原文链接】

奂少立志节,尝与士友言曰:"大丈夫处世,当为国家立功边境。"及为将帅,果有勋名。(张奂年轻时立下志向,曾对朋友说:"大丈夫活在世上,应当为国家在边境立功。"到后来成为将帅,果然卓有功勋。)

——范晔《后汉书·张奂传》

【评述】

张奂是东汉末年的一位名将,曾担任中郎将等职,受命处理边疆部族事务,与匈奴、鲜卑、乌桓诸部族打过交道,或战而胜之,或抚而安之,使边疆较长时间平静无事。这里的话,是他在年轻时讲给朋友的,表明他早已树立了为国效力的远大抱负。今天的年轻人,也应该有张奂这样的抱负,投身军旅,为国立功。

曹操父子塑像

【原文】

投死为国①，以义灭身②。——曹操

【译注】

译：为了国家而不惜牺牲，为了正义而不顾生死。

注：① 投：接近。投死，即牺牲。② 灭：消失，也有"牺牲"的意思。

【原文链接】

袁绍据河北，兵势强盛，孤自度势，实不敌之。但计投死为国，以义灭身，足垂于后。（袁绍占据黄河以北，兵势强盛，我估计自己的力量，实在不能和他匹敌。但想到我这是为国献身，为正义而牺牲，也足以留名后世。）

——曹操《让县自明本志令》

【评述】

曹操击败袁绍、袁术、刘表等群雄，受封丞相，位极人臣。汉献帝还把四个县的土地，赐给他作封地。不过，曹操并未全部接受，他写了奏章,上奏献帝,让出三个县的封地,交还国家。这道奏章,就是《让县自明本志令》,又称《述志令》。在奏章中,曹操还对自己一生的志向做了回顾,表明甘愿为国家牺牲个人的一切,这里所选,就是其高度概括。

【原文】

捐躯赴国难,视死忽如归①。——曹植《白马篇》

【译注】

译:奋勇献身去解救国家危难,把死亡看得就像回家一样轻松。

注:① 忽:这里指轻易的样子。归:回家。

【评述】

曹植是曹操第三子,魏文帝曹丕的弟弟。他才华横溢——曾经有人说天下的才华共有一石(dàn),他一个人就占了八斗,而且胸怀远大抱负。《白马篇》又称《游侠篇》,诗作描写边塞游侠儿捐躯赴难、奋不顾身的英勇行为,表达了诗人建功立业的强烈愿望。这里节选的是最后两句,展示了捐躯为国、视死如归的崇高精神境界。(参见《美德诗文》)

【原文】

闲居非吾志,甘心赴国忧。——曹植

【今译】

闲居无事不是我的志向,我甘愿挺身而出为国解忧。

【原文链接】

仆夫早严驾（准备车马），吾行将远游。远游欲何之？吴国为我仇。将骋万里途，东路安足由？江介（江边）多悲风，淮泗驰急流。愿欲一轻济，惜哉无方舟（比喻当时没有权柄）。闲居非吾志，甘心赴国忧。（仆人早早整治好车马，我就要去远游。远游打算到哪里？东吴是我们国家的宿仇。我要策马奔向遥远的战场，回东方的封地有什么意思？江边刮着凛冽的寒风，淮水和泗水水流湍急。我很愿意驾舟渡河参战，可惜没有战船和军队。悠闲生活并非我的志向，我宁愿奔赴前线为国解忧。）

——曹植《杂诗七首》其五

【评述】

曹操去世后，曹丕做了皇帝，对才华出众的弟弟曹植很不放心，诸多防范。曹植虽然受封为王，但被剥夺了为国效力的机会，这使他十分苦闷，只好借诗歌吐露自己的心声。生活在新时代，每一个人都有施展自己才华为国效力的广阔天地，再也不会像曹植那样报国无门、赍志而没了。

【原文】

国仇亮不塞①，甘心思丧元②。——曹植

【译注】

译：国仇确实还没有报，为了杀敌报国，我甘愿丢掉脑袋。

注：① 亮：的确，确实。不塞：没有根绝，指国仇未报。塞，堵塞。② 丧元：丧失头颅。元，指头颅。

【原文链接】

飞观（guàn，阙，宫门的望楼）百余尺，临牖（yǒu，窗）御棂轩。远望周千里，朝夕见平原。烈士多悲心，小人偷自闲。国仇亮不塞，甘心思丧元。拊剑西南望，思欲赴太山。弦急悲声发，聆我慷慨言。［凌空高阙一百多尺（1尺约24.18厘米），我登上临窗凭轩。放眼四顾周遭，早晚见到的是千里平原。烈士心怀悲壮之心，小人只求苟且偷安。国仇还没有根绝，我甘愿为此丢掉脑袋。按剑而起遥望西南，我情愿魂归泰山。琴弦急促声调悲切，请聆听我这番慷慨之言。］

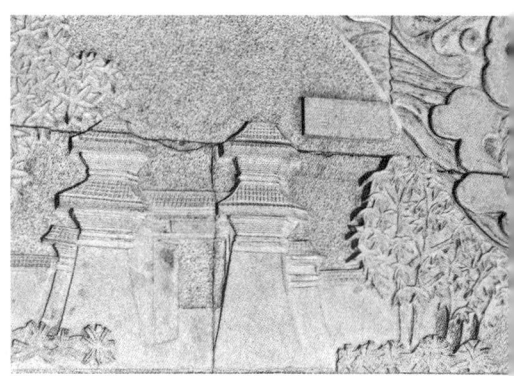

曹植墓石刻

——曹植《杂诗七首》其六

【评述】

《杂诗》七首中的这第六首，一如第五首，仍旧表达曹植的报国热情，而且更为激烈：甘愿为国牺牲。诗中的两句，正充分表达了作者杀敌报国、不怕牺牲的心志。

【原文】

忧国忘家，捐躯济难，忠臣之志也。——曹植《求自试表》

【今译】

忧心国事而忘记小家，牺牲生命去拯救国难，是忠臣的志向。

【评述】

曹丕去世后,他的儿子曹叡(ruì)继位,是为魏明帝。这位侄儿一如其父,对曹植依然严加防范、不予任用,使曹植长期遭受压制。为此,曹植"常自愤怨,抱利器而无所施"。太和二年(228),曹植下定决心,向明帝进呈了这份奏疏,要求给自己一个为国效力的机会。一个备受猜忌和排斥的人,能够始终把国家利益放在心上,实在难能可贵。

葛洪像

【原文】

烈士之爱国也如家。——葛洪《抱朴子·外篇·广譬》

【译注】

译:志烈之士,爱国就如同爱家一样。

注:烈士:指积极建功立业、重义轻生的人。

【评述】

葛洪是东晋道教学者,《抱朴子》是他的主要著作。葛洪不同于一般道流以遗世独立相标榜,而是有着一定的士大夫情怀。所谓"烈士",古代与今天有所不同,意指"志烈之士",即积极建功立业、重义轻生者,如曹操《龟虽寿》"烈士暮年"的"烈士"。一般来说，切己一家一身的事情，人们会投入更多感情；而烈士不同，他们爱国如同爱家。这种超越意义的境界，也是我们所应具备的。

【原文】

时危见臣节，世乱识忠良。投躯报明主[①]**，身死为国殇**[②]**。——鲍照《代出自蓟北门行》**

【译注】

译：时局危难才能看出臣子的节操，社会动乱才能识别人是否忠良。献身报答英明的君主，牺牲生命是为了国家。

注：① 投躯：犹言"捐躯"，舍身、献身。② 国殇（shāng）：为国牺牲的人。殇，本指未成年而死。

【评述】

鲍照是南朝刘宋诗人。他出身贫寒，受尽世家大族的压制排斥，一生不得志，沉沦下僚。但这并不妨碍他的爱国热情和报国志向。《代出自蓟北门行》一诗描写边塞环境和战斗生活，表达了英勇赴死的豪情和为国效忠的节操，洋溢着浓郁的爱国主义激情。（参见《美德诗文》）这几句诗里的"明主"，反映的是封建时期人们的思想。今天，我们大可以将其置换为"国家"，在新的意义上汲取其积极价值。

【原文】

感时思报国，拔剑起蒿莱[①]**。——陈子昂《感遇》**

【译注】

译：感慨时势而总想着报效国家，身在民间也要拔剑而起，建功

四川遂宁,孩子们正在朗诵乡贤的诗作(钟欣摄)

位于四川省遂宁市的陈子昂故里

立业。

注:① 蒿莱:野草、杂草,引申指民间。

【评述】

陈子昂是初唐诗人,才华横溢,心雄万夫。但因直言敢谏,他屡受打击诬陷,于是愤而辞官归隐,最后还是被诬陷下狱,忧愤而死。这是《感遇》38首中的第35首,写在辞官归隐之前。虽然此刻陈子昂心情郁闷,但他内心深处忧国忧民,报国烈火依旧熊熊燃烧。也正因如此,他才得到后人的深深崇敬。

【原文】

孰知不向边庭苦①,**纵死犹闻侠骨香**②。——王维《少年行》

【译注】

译:谁知道我不能去边关效力的痛苦呢?即使战死,也还会留下侠骨的芬芳。

注:① 孰:谁。边庭:边地、边塞地区。② 侠骨:此指英勇牺牲的品格和气质。晋张华《博陵王宫侠曲》之二:"生从命子游,死闻侠骨香。"

【评述】

王维是唐朝诗人、画家。前期思想比较积极,后期则优游山水、消极避世。《少年行》四首是王维的早期作品,从不同侧面描写了一群急人之难、豪侠任气的少年英雄,对游侠意气进行了热烈的礼赞,反映了盛唐时期蓬勃进取的精神。这里的诗句出自"其二",描写侠士从军征战的勇武精神和为国捐躯的可贵品格。

为了真理,为了正义的事业,为了国家和民族的独立、富强,献出自己的生命,一如王维所言:"纵死犹闻侠骨香"。

【原文】

中夜四五叹,常为大国忧。——李白《经乱离后天恩流夜郎忆旧游书怀赠江夏韦太守良宰》

【今译】

夜半无眠多次长叹,常为国家命运而担忧。

【评述】

李白从小就有四方之志,以国家、苍生为念。"安史之乱"爆发后,李白目睹国家和人民遭受战火洗劫,心急如焚。他怀着扫清胡虏、收复两京的愿望,参加永王李璘的部队,不料却卷进了皇室内部的矛盾,被唐肃宗流放夜郎(今贵州省境内),后遇大赦放归。

这里的两句所源出的长诗,是李白在江夏(今岳阳市)临别时,书赠太守韦良宰的。诗中通过写古述今,表达了诗人对自身境遇和对乱世的忧愤。虽然历经磨难,但李白的爱国之情没有丝毫消减,这也是诗人最可崇敬之处,最值得效法的精神。

【原文】

向来忧国泪,寂寞洒衣巾。——杜甫《谒先主庙》

【译注】

从来诗人的忧国之泪,只能落寞地洒落在自己的衣襟之上。

【评述】

这是杜甫流寓在成都时所作。此时,"安史之乱"爆发已经五六

蜀先主(汉昭烈帝)庙

个年头,但仍然没有平息的迹象。诗人在远离平叛前线的四川,耳闻目睹国家遭受战乱、百姓困苦流亡的情形,在拜谒成都先主庙(刘备庙)时,感旧移情,不禁为国家、为民众的苦难洒下了热泪。"以饥寒之身而怀济世之心,处穷迫之境而无厌世之想",这就是杜甫的独特之处,也是他受到民众崇敬的原因所在。

【原文】

长策须当用①,男儿莫顾身②。——高适

【译注】

译:济世良策一定要付诸实施,好男儿切莫顾忌个人得失。

注:① 长策:好计策。② 莫顾身:不要顾惜自身。

【原文链接】

逢君说行迈（远行），倚剑别交亲。幕府为才子，将军作主人。近关多雨雪，出塞有风尘。长策须当用，男儿莫顾身。

——高适《送董判官》

【评述】

高适是盛唐边塞诗人的杰出代表，他胸有大志，心怀报国之情。他明白，爱国不能只有满腔豪情、涕泪两行，更应该付诸行动。有了救国的良策，就应该不顾个人安危，不计自身得失，全力以赴、排除万难，将良策付诸实施，从而使国家与百姓从中受益。诚然，改变与创新在实施过程中会遇到各种阻力，但只要是于国于民有利，就应该勇于决断，坚决实行，百折不挠。

【原文】

小来思报国[①]**，不是爱封侯。——岑参**

【译注】

译：从小想着报效国家，并不是爱好做官封侯。

注：① 小来：从小，自小。来，指某一时间之后。这里是说报国的想法由来已久。

【原文链接】

上马带吴钩，翩翩度陇头。小来思报国，不是爱封侯。万里乡为梦，三边月作愁。早须清黠（xiá）虏（狡猾的敌人），无事莫经秋。

——岑参《送人赴安西》

【评述】

　　岑参也是盛唐边塞诗派诗人。他五次出塞,赴边地从军,并写下一批以边塞为题材的诗歌,《送人赴安西》就是其中的一首。友人要到安西戍边,岑参临别赋诗。这里的两句,既是诗人对友人精神境界的赞誉,又暗含劝勉;同时,这实际上也是诗人自己的心声,可谓是一种自我激励。

【原文】

愿得此身长报国①,**何须生入玉门关**②。——戴叔伦

【译注】

　　译:只希望自己能够长久地报效国家,何必一定要活着回到玉门关里来呢。

　　注:① 得:能够。② 玉门关:在今甘肃省敦煌市西北,古时通西域的要道。

玉门关遗址

【原文链接】

汉家旌（jīng）帜满阴山，不遣胡儿匹马还。愿得此身长报国，何须生入玉门关。

——戴叔伦《塞上曲》

【评述】

古人对于战争有着颇为复杂的情愫。有为战争给人民带来灾祸而痛惜的，如"凭君莫话封侯事，一将功成万骨枯""可怜无定河边骨，犹是春闺梦里人"；有英姿飒爽、豪气逼人的，如"醉卧沙场君莫笑，古来征战几人回"；更有无数立志报国的，如"更催飞将追骄虏，莫遣沙场匹马还"，戴叔伦的这两句诗正是此意。唐人边塞诗里，生还玉门关似乎是大多数人的愿望，但戴叔伦这里给出了不同的观念：为国捐躯，死而无憾。

【原文】

未收天子河湟地①，不拟回头望故乡②。——令狐楚

【译注】

译：不收复国家的河湟一带地区，绝不做返回家乡的打算。

注：① 河湟（huáng）地：指河西、陇右之地，当时被吐蕃侵占。河，黄河；湟，湟水。河湟，指湟水流域及湟水与黄河合流一带地方。② 拟：打算。

【原文链接】

弓背霞明剑照霜，秋风走马出咸阳。未收天子河湟地，不拟回头望故乡。

——令狐楚《少年行》

【评述】

《少年行》是唐朝诗人令狐楚的组诗，共四首。这里的诗句出自第三首，抒发诗人的爱国之情。河湟一带地方被吐蕃侵占，令狐楚怀揣爱国之心，从征报国，临行立誓：如不能收复大唐王朝的失地，就不再回到故乡。在他的心中，只有国家的事业，毫无个人的私心，自己的生死荣辱都与国家紧密联系在一起。诗句洋溢着报国的豪情壮志，读之令人热血沸腾。

【原文】

报国心皎洁，念时涕汍澜①。——韩愈

【译注】

译：报国之心纯洁赤诚，感念时世，不禁潸（shān）然泪下。

注：① 涕：眼泪。汍澜（wánlán）：眼泪疾速流下的样子。

【原文链接】

龊龊（chuò，谨小慎微的样子）当世士，所忧在饥寒。但见贱者悲，不闻贵者叹。大贤事业异，远抱非俗观。报国心皎洁，念时涕汍澜。……

——韩愈《龊龊》

潮州景韩亭

【评述】

韩愈是唐朝政治家、文学家，也是一位赤诚的爱国人士。他为官多次被贬，但爱国济民之心却始终未改。他被贬谪到边远的广东潮州（今广东省潮阳区）为官后，报国无门，但又无法不为国为民担忧，时刻牵挂国家危难、民众疾苦，痛心疾首，不禁潸然泪下。千百年来，韩愈的爱国情怀打动着、激励着无数后人。

【原文】

赤心事上①**，忧国如家。**——韩愈《上李尚书书》

【译注】

译：赤诚忠心奉事君上，担忧国事如同担忧家事。
注：① 上：指君上，即皇帝。

【评述】

韩愈耿直敢言，曾多次因上书论事，触怒皇帝而遭到贬谪。其中最有名的一次，是上《谏佛骨表》，反对唐宪宗迎佛骨舍利，几乎被杀；后经他人营救，才免死贬到潮州。由此可以看出，韩愈的"赤心事上，忧国如家"并非泛泛之谈，他以行动实践了自己的信念。

【原文】

以国家之务为己任。——韩愈《送许郢州序》

【今译】

把国家的事情当作自己的责任。

【评述】

韩愈的朋友许志雍,准备到郢(yǐng)州出任刺史;而他的顶头上司于顿,却在属地横征暴敛。韩愈乘着为许志雍写序的机会,婉转规劝于顿,要他把国家的事情当成自家的事情来办,不要骚扰百姓。我国自古以来,地方官都以"少事"为务,这固然是指不能横征暴敛、予民祸害,也意味着不能大肆改弦更张、扰民清净,因为它们都是"虐政"。

【原文】

忧国者不顾其身,爱民者不罔其上①。——林逋《省心录》②

【译注】

译:为国忧劳的人不会顾惜他的身体,关爱百姓的人不会欺骗他的上级。

注:① 罔(wǎng):欺骗。②《省(xǐng)心录》:林逋所著语录集。

【评述】

林逋是北宋诗人,他终生布衣,至老不娶。在人们的印象中,他最主要的特征就是"妻梅子鹤"——植梅养鹤,以梅为妻,以鹤为子,朝夕为伴。事实上,他并没完全超脱世事。他在《省心录》里的见解,就透露出了这个隐逸诗人灵魂中的另一面。这里的两句话,看似在说一般的道理,可谁又能说这不是他的自我期许呢?

【原文】

一官诚易了,报国何时毕?——欧阳修《班班林间鸠寄内》

欧阳修塑像

【今译】

我的所有心思都奉献给了国家,自家的事情哪还有工夫去顾及。

【评述】

欧阳修是北宋政治家、文学家,曾与范仲淹等人提出改革吏治、军事、贡举法等主张。他居官期间多次受诽谤,被贬官,但爱国热情却从未减退。欧阳修并不仅仅以做好本职工作作为对自己的要求,更是以天下事为己任,以富国强民为目标,希望能为国家尽心竭力,表现出了强烈的爱国情怀。

【原文】

报国之心,死而后已。——苏轼《杭州召还乞郡状》

【今译】

报效国家的忠心,到死才会了结。

【评述】

苏轼在仕途上几经沉浮,故而凡事谨慎。元祐六年(1091),苏轼第二次到杭州出任知州的第二年,宋哲宗召其还朝,拟予擢用。

但苏轼鉴于屡遭党人陷害,为全身远祸,便上书皇帝(即《杭州召还乞郡状》),请求到"重难边郡",并表示"报国之心,死而后已"。这两句,和诸葛亮的名言"鞠躬尽瘁,死而后已"意思相近,表示为国家竭诚尽忠、至死方休。

李清照像
(清·崔错绘)

【原文】

欲将血汗寄山河,去洒东山一抔土①。——李清照《上枢密韩肖胄诗》

【译注】

译:要将自己的血汗寄托给祖国山河,哪怕洒到故乡的一捧泥土也好。

注:① 东山:鲁地山名,代指故乡的山水。一抔(póu)土:一捧土。当时,李清照的家乡已经沦陷金人之手。

【评述】

宋高宗绍兴三年(1133),南宋吏部侍郎兼枢密使韩肖胄和给事中兼枢密副使胡松年,受命以"通问使"赴金探望被掳的徽、钦二帝。韩肖胄是北宋名相韩琦的孙子,而李清照的父祖都出自韩琦门下,因此在二人使北之时,李清照写了两首诗,"以寄区区之意"。

这里的两句出自第一首,希望和鼓励他们两人为国效力,同时也表达了自己的爱国心愿。

【原文】

何日请缨提锐旅①,一鞭直渡清河洛②。——岳飞《满江红·登黄鹤楼有感》

【译注】

译:哪一天才能请到长缨,率领精锐部队,渡过长江,一举收复中原。

注:① 缨:绳子。请缨,指请求杀敌立功的机会。《汉书·终军传》记载,终军向汉武帝"自请愿受长缨,必羁南越王而致之阙下"。提锐旅:率领精锐部队。锐旅,指精锐的军队。② 河洛:黄河、洛水交汇的洛阳地区,这里泛指中原。

【评述】

北宋末年,都城洛阳等地被金人占领。诗中的"河洛",即代指被金人占领的中原地区。岳飞是宋朝抗金将领,一生以抗击金人、收复失地为己任,并屡建功勋,曾在朱仙镇等地大败金兀术(zhú)率领的金朝大军。但由于朝中主和派权臣的诬蔑与阻挠,最终被秦桧以"莫须有"的罪名诬陷杀害。千百年来,岳飞一直受到后世人民的崇敬与爱戴,他"精忠报国"的精神也始终激励着人们为祖国的强大与繁荣而不懈努力。(参见《美德故事》)

【原文】

祖宗疆土,当以死守,不可尺寸与人。——李纲(引自《宋

史·李纲传》)

【今译】

祖宗留下的疆土,应当誓死守卫,一尺一寸也不能让给别人。

【评述】

北宋末年,金人进犯,宋徽宗让出帝位,仓皇出逃镇江。当时,听到有人提议割地求和,反对求和、主张抗战的李纲,立刻上奏继位的宋钦宗,表示:"祖宗疆土,当以死守,不可尺寸与人。"这短短的几句话,表现了李纲赤诚爱国的可贵精神和威武不屈的民族气节。后人援用这几句话时,大多改"祖宗"为"祖国",超越一家一姓,而成为整个中华民族誓死保卫祖国领土的豪言壮语。

【原文】

位卑未敢忘忧国。——陆游

【今译】

我地位虽然卑微,却从来不敢忘记为国分忧。

陆游坐像

【原文链接】

病骨支离纱帽宽，孤臣万里客江干（gān）。位卑未敢忘忧国，事定犹须待阖棺。天地神灵扶庙社，京华父老望和銮。出师一表通今古，夜半挑灯更细看。

——陆游《病起书怀》

【评述】

陆游是宋朝爱国诗人，他从小就立志报国，曾到抗金前线，投身军旅。但在投降派主政的形势下，主战派总是受到排斥打击，陆游也因此在中年时就被革职家居。然而，投闲置散并不能冷却陆游的爱国激情，他依旧高歌抗击金人、收复失地，直到生命的最后一刻。

有道是："天下兴亡，匹夫有责。"无论身居高位，还是地位卑微，我们每一个人都要尽自己所能，为国家分忧解难。

【原文】

国仇未报壮士老①，匣中宝剑夜有声②。——陆游《长歌行》

【译注】

译：国仇未报就已经老迈年高，但剑鞘中的宝剑，夜里还会发出声音来。

注：① 壮士：英勇豪壮的人，这里喻指作者。② 匣（xiá）：这里指剑鞘。

【评述】

《长歌行》作于宋孝宗淳熙元年（1174），是一首述志之作。当时陆游已经年届半百。诗中的这两句，说明了作者虽然年老，但杀敌报国的壮志犹在。豪情壮志不是直接说出，而是借宝剑体现，含而不露，却是劲气十足。

【原文】

一身报国有万死，双鬓向人无再青。——陆游

【今译】

为了报效国家，我可以死一万次；可如今鬓发苍苍，再也不会变黑了。

【原文链接】

腰间羽箭久凋零，太息燕然未勒铭。老子犹堪绝大漠，诸君何至泣新亭。一身报国有万死，双鬓向人无再青。记取江湖泊船处，卧闻新雁落寒汀。（腰间悬挂的羽箭羽毛已经凋落，燕然山尚未铭记战功叫人叹息不已。我还可以横渡大漠，战斗沙场，诸君又何至于徒然新亭对泣。一己之身报效祖国万死不辞，可如今双鬓斑白再也无法回到黑发年纪。记住江湖中我小船停泊的位置吧，我在那里卧听新来大雁落在萧瑟的水中沙地上。）

——陆游《夜泊水村》

【评述】

这两句诗表现了陆游深切赤诚的爱国情怀。在他眼中，只要能够报效国家，即使死一万次也在所不惜，但如今两鬓斑白，不再会变黑——也就是说，不再有驰骋疆场、为国效力的机会了。这是陆游报国无门、壮志难酬的愤懑感喟，同时也提醒人们：应该及早为国效力、建立功勋，不要等到老大之时后悔不已。

【原文】

一身忧国心,千古敢言气。——楼钥《送刘德修》

【今译】

全身都是忧国忧民的忠心,永远保持敢说真话的正气。

【评述】

楼钥是南宋官员、诗人。他为人耿直,遇事敢言,敢于顶撞权臣,甚至向皇帝上奏也无所避忌,连宋光宗对他也有几分忌惮。正由于他全身心忧国忧民,因而从来都是一身正气,敢说真话,无所避讳。楼钥的这种"忧国心,敢言气",封建时期需要,今天同样需要,未来依然需要。

【原文】

人生自古谁无死,留取丹心照汗青^①。——文天祥《过零丁洋》

文天祥塑像及其名言

【译注】

译：人生自古以来，谁能不死呢（但要死得其所）；我要将一片丹心留在史册，光照千秋。

注：① 汗青：史册。古时以竹简为书写介质，为防止虫蛀，事先要用火烤竹简（即杀青），烤时有水沁出，如同出汗。

【评述】

文天祥在民族危难之时，奋起组织军民抗敌，终因寡不敌众，兵败被俘。敌人千方百计诱降，文天祥坚贞不屈，义正词严地予以痛斥。元军强迫他随船追击退困在崖山（在今广东省新会区）的赵昺（bǐng）（南宋最后一个皇帝），途经零丁洋（在今广东省珠江口外）时写下了《过零丁洋》这首诗。这里节选的铮铮誓言，体现出其崇高的民族气节，赤诚的爱国精神，闪耀着中华民族优秀传统的熠熠光辉。（参见《美德诗文》）

[原文]

生无以救国难，死犹为厉鬼以击贼①。——文天祥《指南录后序》

【译注】

译：活着未能拯救国家的危难，死后还要变成厉鬼攻击敌人。

注：① 厉鬼：恶鬼。贼：指敌人。

【评述】

南宋末年，在元朝军队大举吞占南宋的紧急情势下，文天祥代表朝廷到元军兵营谈判，被元军扣留。后来，他千方百计逃归南方，继续抗敌。其间的诗作，结集成《指南录》，这里的格言，即出自文天祥为《指南录》所作的"后序"，表现了他强烈的爱国情感和坚毅的报国志向。这两句诗，正是他一心报国、死而后已的写照。（参见《美德诗文》）

《指南录》里的爱国名句，还有："但令身未死，随力报乾坤。"（《即事》）"臣心一片磁针石，不指南方不肯休。"（《扬子江》）等。

【原文】

胸中有誓深于海，肯使神州竟陆沉①！——郑思肖《二砺》

【译注】

译：胸中的誓言比海还深，怎么肯让大好河山落入敌人手中！

注：① 竟：最终。陆沉：大陆沉入海中，喻指国家沦亡。

【评述】

郑思肖是南宋末年的爱国诗人。宋亡后，表示"终身为宋民"，发誓不为元朝效力。他作有《一砺》《二砺》等诗。砺（lì），即砥砺

郑思肖画作《墨兰图》

自己人格志气的意思。《二砺》称颂历史上诸葛亮、申包胥等爱国楷模，表达对他们的景仰，同时对"国破"发出深沉的哀叹。这是该诗的最后两句，鲜明地体现了他的爱国精神和人格操守。

【原文】

秋风不用吹华发[①]，沧海横流要此身。——元好问

【译注】

译：秋风不要吹动我花白的头发，国家的危难局势还需要我去尽力挽救。

注：① 华发：花白的头发。沧海横流：海水四处奔流，比喻政治混乱、社会动荡。② 沧海，指大海；横流，指水往四处奔流。

【原文链接】

万里荆襄入战尘，汴（biàn）州门外即荆榛（jīngzhēn）。蛟龙岂是池中物，虮虱空悲地上臣。乔木他年怀故国，野烟何处望行人？秋风不用吹华发，沧海横流要此身。

——元好问《壬辰十二月车驾东狩后即事》

【评述】

元好问是金朝诗人。他幼年时逢金朝盛世，早年有志于经世济民，壮年时曾自负"动可以周万物而济天下，静可以崇高节而抗浮云"。然而，长期的怀才不遇，使元好问空怀雄心壮志而报国无门。但即便年华渐老，白发悄生，诗人仍旧壮怀激烈，声言沧海横流的危难局势，还需要自己去力挽狂澜，扭转乾坤。元好问的《壬辰十二月车驾东狩后即事》共五首，这里选的是第四首中的句子。诗句表达了诗人虽然已近暮年，但依旧不忘报国的高尚情操。

【原文】

一寸丹心图报国，两行清泪为思亲。——于谦

【今译】

我一颗赤诚之心，渴望着报效祖国；身在他乡，思念亲人又不禁使我落泪。

【原文链接】

年去年来白发新，匆匆马上又逢春。关河底事空留客？岁月无情不贷人。一寸丹心图报国，两行清泪为思亲。孤怀激烈难消遣，漫把金盘簇（cù）五辛。（年去年来白发不断添新，戎马匆匆里又一个春天来临。是什么事长久使我留在边塞？岁月无情年

位于长春市德苑的于谦塑像，身后石刻名言

纪不饶人。一片忠心图谋报效祖国,想起尊亲来不禁双泪淋淋。孤愤情怀强烈激荡难以排遣,随便凑个五辛盘聊应新春节景。)

——于谦《立春日感怀》

【评述】

说起明朝爱国志士于谦,人们必然会想到他的《石灰吟》,并从"粉身碎骨全不怕,要留清白在人间"的诗句中,了解到他刚强正直的品质。作为朝廷官员,他一心为国;作为一个人,他又何尝不思念亲人?但在国与家之间,他选择了国,只留两行清泪给思念的亲人,而这正体现了一个有血有肉的爱国志士的真实情感。

【原文】

富贵倘来君莫问[①]**,丹心报国是男儿。——于谦**

【译注】

译:不要追求侥幸得来的富贵,忠心报效国家才是男子汉的作为。

注:① 倘(tǎng)来:指意外得来,或者非本分所应得。元秦简夫杂剧《东堂老》第三折:"忠孝是立身之本,这钱财是倘来之物。"

【相关链接】

独伴羝(dī)羊(公羊)海(北海,今贝加尔湖)上游,相逢血泪向天流。忠贞已向生前定,老节须从死后休。不死未论生可喜,虽生何恨死堪忧。甘心卖国人何处,曾识苏公义胆不?

——文天祥《题苏武忠节图》之一

南北分携(分别,指苏武回国时,李陵为之置酒送别)别意深,相看彼此泪沾巾。马蹄就道归乡国,雁足传书到上林。耿耿孤忠天地老,萧萧衰鬓雪霜侵。按图讲诵文山句(指文天祥的《正气歌》),千古英雄共一心。

——于谦《题苏武忠节图》之一

【评述】

明朝中叶,明英宗北征瓦剌(lá),结果被俘,史称"土木之变"。随后,瓦剌兵临北京城下,以英宗为筹码,要挟城中投降。危急时刻,于谦不顾卷入皇室矛盾会带来弥天大祸,毅然拥立景帝,打退了瓦剌侵略军。后来英宗复辟,不顾民情和朝臣的反对,处死了于谦。人们出于对于谦的崇敬,将其遗体安葬在杭州西湖边,让他的英灵与岳飞为伴。于谦之所以能够置个人安危于度外,这里的诗句给出了答案。

【原文】

人生富贵岂有极①,男儿要在能死国②。——李梦阳《奉送大司马刘公归东山草堂歌》

【译注】

译:人生在世的富贵哪有尽头?男子汉关键是要能为国家奋勇献身。

注:① 极:止境,尽头。② 要:要领,关键。

【评述】

李梦阳是明朝文学家,提倡复古。送友人诗歌中的这两句,道出了一个千古不易的道理:荣华富贵是多少人穷尽一生所极力追求的,然而得到的越多,欲望也就越大,追求永远没有尽头。富贵如浮云，终将灰飞烟灭，生不带来，死不带去。真正的男儿不会为名利所囿，而是怀揣一颗报国之心，甘愿为国捐躯，这才是大丈夫真正的价值所在，人生的意义所在。

【原文】

生平未报国，留作忠魂补。——杨继盛《就义诗》

【今译】

活着的时候没有机会报效国家，死后留待忠魂再做补偿。

【评述】

杨继盛是明朝有名的忠臣，因弹劾奸臣严嵩被杀。入狱时，有人送蚺蛇胆给他，说是吃了受刑不痛，他却说：我浑身是胆，为什么要吃蛇胆保命呢？临死之前，他考虑的并不是悲叹自己的冤屈，而是感慨自己不能再为国效力，因而只能用自己矢志不移的忠魂来弥补这种缺憾。（参见《美德诗文》）

一个人，活着的时候努力报效国家，固然可喜可贺；死了之后，仍然能以一片忠魂感染后人，也属可歌可泣。无疑，杨继盛正是这样的人。

【原文】

大丈夫既以身许国家，许知己，惟鞠躬尽瘁而已①，他复何言？——张居正《答上师相徐存斋》

【译注】

译：大丈夫既然决心把自己奉献给国家，奉献给知己，那就只有勤勤恳恳地忘我奉献，其他还有什么话说呢？

注：① 鞠躬（jūgōng）尽瘁（cuì）：指勤勤恳恳，竭尽心力，到死为止。鞠躬，指弯着身子，表示恭敬、谨慎。尽瘁，指竭尽劳苦。已，指停止。

【评述】

张居正是明朝政治家，在明神宗时任首辅，当政十年，多次推行变革，取得了一定成效。信中的这句话，表明了他报效国家的豪情。大丈夫既然已经立志报效祖国，为国家而献身效命，就应该义无反顾，心不旁骛（wù），一心一意，全力为之；至于个人劳瘁、琐事牵绊，都不值一提，无复多言。

【原文】

但使雕戈销杀气①，未妨白发老边才②。——戚继光

【译注】

译：只要用手中的武器杀退敌人的侵犯，不妨守卫边疆一直到白发苍苍、年华老去。

注：① 雕戈：刻着花纹的武器。戈，指古代兵器。销杀气：消除战祸。② 老边才：终生守边的将士。

【原文链接】

霜角一声草木哀，云头对起石门开。朔风边酒不成醉，落叶归鸦无数来。但使雕戈销杀气，未妨白发老边才。勒名峰上吾谁与？故李将军舞剑台。

——戚继光《登盘山绝顶③》

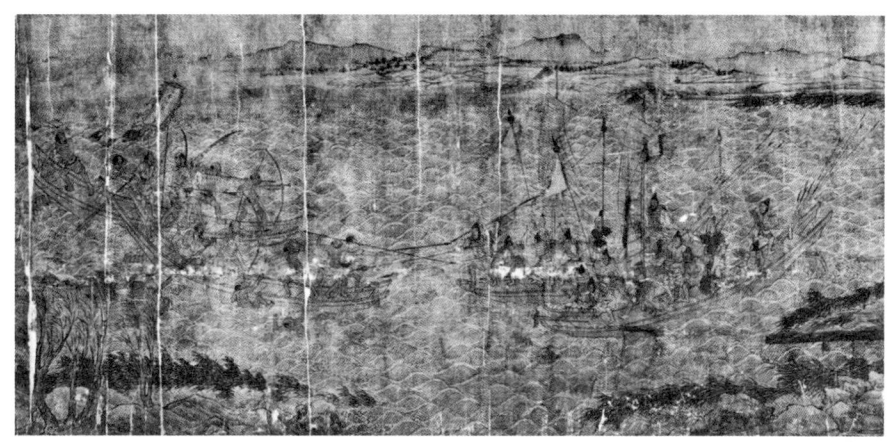

《抗倭图卷》局部（明·仇英绘）

③ 盘山：在今天津省蓟州区西北，有"京东第一山"之称。

【评述】

戚继光所处的时代，倭（wō）寇经常侵扰我国沿海地区，导致海疆不宁，沿海居民饱受倭患之害。戚继光奉命平定倭患，十余年间，多方筹策，扫平了多年为害的倭患，功勋卓著，成为史上最杰出的抗倭名将。后来，戚继光还在北方抗击蒙古部族内犯，保卫了北部边疆的安全。这两句诗，表现了作者勇赴疆场、杀敌救国的英雄气概，以及戍边终老而在所不惜的可贵精神。

【原文】

有益国家之事，虽死弗避。——吕坤《呻吟语》

【今译】

有益国家的事情，即使要付出生命的代价也不能回避。

【评述】

　　吕坤曾任刑部侍郎等,为人刚正不阿,为政清廉,与沈鲤、郭正域被誉为万历年间的天下"三大贤"。曾上《忧危疏》,劝明神宗励精图治,随后称病退休。《呻吟语》是他的语录集,所论有益世道人心,故颇为流行。吕坤反对言行不一、脱离实际的理学玄谈,强调关注"国家之存亡,万姓之生死"。这条语录,提倡个人的生命服从于国家的利益,表现出一种高远的志向和坚定的节操。

【原文】

风声雨声读书声,声声入耳;家事国事天下事,事事关心。——顾宪成《题东林书院对联》

【评述】

　　顾宪成是明朝晚期官员、思想家。他在朝为官时,对朝政得失直言

东林书院依庸堂楹联

不讳，终被革职。回到家乡无锡后，他倡议重修宋朝理学家杨时曾经讲学的东林书院，从事讲学、著述活动。由于顾宪成忧时爱国，讲学以有益世道人心为指归，东林书院的名气越来越大，四方学人云集，以至于学舍几乎容纳不下。由此，也形成了以他为代表的学派，即"东林学派"。

顾宪成为东林书院（依庸堂）撰写的这副对联，既是东林书院学人刻苦学习的生动写照，又饱含着他对读书人的殷切希望——读书人要眼光放宽，心系国家大事、民众忧乐，要把书本知识和社会实践结合起来，为国强民富而学，这才是合格的学生。毫无疑问，放到今天来看，这副对联仍然熠熠生光，难怪经常会被人引用了。

【原文】

官此，当死此。——袁崇焕（引自《明史·袁崇焕传》）

【今译】

任职于此，就应当誓死保卫这片土地。

【评述】

袁崇焕是明末将领，受命担任宁前兵备道，负责辽东地区的防卫。身处前敌，形势危殆，有人或许会逃之夭夭，而袁崇焕却说："我为宁前道也。官此，当死此，必不去。"言语不多，却是字字铿锵，恍若洪钟大鼓。袁崇焕明知必败无疑，也要誓死守土，其爱国挚情、抗敌豪情，卓然可风。可惜后来朝廷中有人中了奸计，枉杀袁崇焕，毁了自家长城。

【原文】

花落但余心向日，剑埋终有气干霄。——归庄《元日》

【译注】

花朵虽凋零,但仍保留着一颗向阳的心;宝剑虽沉埋,但终究保留着冲天的壮气。

余:剩下,保留。干(gān)霄:直冲云天。干,指冒犯,冲犯。霄,指天空。元日:正月初一。

【评述】

归庄是清初文学家、明末复社成员。他曾参加昆山抗清斗争。失败之后,一度改穿僧装亡命。他的诗作,揭露了清军南下的暴行,表达了自己的爱国情怀。这两句诗借花、剑述怀,体现了归庄忠心报国、为国捐躯的冲天气概。

【原文】

试看天堑投鞭渡①**,不信中原不姓朱。——郑成功《出师讨满夷自瓜洲至金陵》**

【译注】

译:请看我投鞭于长江阻断江流而渡,我就不相信中原不是朱家的天下。

注:① 天堑(qiàn):天然形成的隔断交通的大壕沟。投鞭渡:用前秦苻坚"投鞭断流"典。一说用投鞭渡江典:传说金主完颜亮读罢柳永《望海潮》词称赞杭州之美的"东南形胜,三吴都会,钱塘自古繁华……有三秋桂子,十里荷花","遂起投鞭渡江、立马吴山之志",隔年以60万大军南下攻宋。

【评述】

"姓朱"指的是明朝,"天下姓朱"则指天下归明朝所统治。郑成功是明末民族英雄,他将国家利益放在首位,坚决反对荷兰人霸占中国台湾,在他的不懈努力下,终于收复了祖国宝岛。至今在与中国台湾隔水相望的鼓浪屿上,仍屹立着他的塑像,表达了世代人民对他的敬仰和期待统一的愿望。郑成功这句诗,表明他身为明将,立志要与清军抗争的坚定意念。他要率领千军万马,不畏长江天堑之艰,不惧万里行军之劳,回到中原,驱逐清军,恢复大明的统治。

【原文】

保天下者,匹夫之贱,与有责焉耳矣①。(天下兴亡,匹夫有责。)——顾炎武《日知录·正始》

【译注】

译:保卫天下,就算是没有任何地位的平民百姓,也有应尽的责任。
注:① 焉、耳、已:都是句末虚词,起加强肯定语气的作用。

【相关链接】

嫠(lí,寡妇)不恤(担忧、忧虑)其纬,而忧宗周之陨(yǔn,落下、衰落)。(寡妇不担忧无纱线纺布,而担忧周王室衰落。)

——刘向《列女传·漆室女》

漆室女(鲁国漆室邑的未嫁女子)曰:"夫鲁国有患者,君臣父子皆被其辱,祸及众庶,妇人独安所避乎?吾甚忧之!"(如果鲁国有了患难,君臣、父子都要受到它的羞辱,祸害将波及每一个平民百姓,怎么会只有妇人躲得了呢?我很担忧啊!)

——《左传·昭公二十四年》

位于江苏省昆山市的顾炎武雕像及其名言

  有亡国，有亡天下。亡国与亡天下奚辨？曰：易姓改号，谓之亡国；仁义充塞，而至于率兽食人，人将相食，谓之亡天下。……是故知保天下，然后知保其国。保国者，其君其臣，肉食者谋之；保天下者，匹夫之贱，与有责焉耳矣。
——顾炎武《日知录·正始》

  夫以数千年文明之中国，人民之众甲大地，而不免近于禽兽，其谁之耻欤？顾亭林曰："天下兴亡，匹夫之贱，与有责焉已耳！"
——梁启超《变法通论·论幼学》

  今欲国耻之一洒，其在我辈之自新……夫我辈则多矣，欲尽人而自新，云胡可致？我勿问他人，问我而已。斯乃真顾亭林所谓"天下兴亡，匹夫有责"也。
——梁启超《痛定罪言》

【评述】

顾炎武青年时期曾参加明末的"复社",批判社会的不公现象。清兵入关后,他积极参与抗清斗争;武装斗争失败后,他北上联络义士,以图恢复。在清廷统治日渐稳定之后,顾炎武把主要精力转向学术研究,《日知录》就是他的主要学术专著。

"天下兴亡,匹夫有责",这是我国人民自古就有的认识,《左传》《列女传》就表达过这样的意思。明末,在清军入关的背景下,顾炎武说:"保国者,其君其臣,肉食者谋之;保天下者,匹夫之贱,与有责焉耳矣。"意思是说:运作国家政权,该由君臣之类的肉食者来谋划;而对于天下大事,每个老百姓都有义不容辞的责任。再后来,梁启超概括成了"天下兴亡,匹夫有责"的八字形式。

无疑,这八个字,是中国人爱国精神的高度概括,也是激励国人为国家的发展和富强而尽自己绵薄之力的座右铭。尽管对于国家的兴亡,个人似乎过于弱小,但只要每一个人都能谨记自己肩头所承担的这份对于国家的责任,就能在乱世中力挽狂澜,救国于危难;在盛世中默默奉献,使自己的国家更加繁荣昌盛。

【原文】

丈夫不报国,终为愚贱人!——陈恭尹《拟古》

【今译】

男子汉不报效国家,终究只能算是愚蠢下贱之人!

【评述】

陈恭尹是清初诗人,"岭南三大家"之一。陈恭尹的父亲陈邦彦，是抗清而牺牲的民族英雄。父亲殉难时，陈恭尹才十多岁。成年后，陈恭尹因国仇家恨，坚决不与清廷合作，隐居不仕。陈恭尹的血管里，沸腾着父亲遗传的热血，无时无刻都期望着为国家和民族尽忠效力。而"愚贱人"的评断，出语率直，痛快淋漓。近代以来那些卖国求荣的家伙，他们也许满腹经纶、人模狗样，但我们终归要送他一句"愚贱人"！

【原文】

丈夫无国更何家。——陈恭尹

【今译】

在男子汉看来，国都没有了，哪还顾得上家。

【原文链接】

长将行迹寄天涯，三十鳏（guān）居不自嗟。客有问君君大笑：丈夫无国更何家？

——陈恭尹《哭王础尘》

【评述】

这是作者悼念好友王础尘诗中的句子，赞颂他先国后家的可贵精神。

自古以来，国家富足，则人民安居乐业；国家危亡，则民不聊生。国之兴亡，直接关系着家之盛衰。大丈夫不会苟安于一家之乐，而是在国家危亡之际，毅然舍小家，为大家，投身于保卫国家的行动之中。对普通人来说，也应如此：国如果亡了，又何谈有家呢？缘此，先国后家也应该是每一个人所应秉持的原则。

颜元像

【原文】

富天下，强天下，安天下。——颜元《四存编·存治篇》

【评述】

颜元出身贫寒，靠艰苦力学成名，并讲学终生。他主张实学，与学生李塨（gōng）共同创立了颜李学派。他认为学术应该有利于国计民生，反对道学家"存天理，去人欲"的道德说教，也不赞同不切事实的玄思冥想和背诵教条。《存治篇》中的这句话，倡导使天下富足、强盛、安定，就是其实学思想的精髓，也是他热爱"斯土斯民"的体现。

【原文】

君子或出或处^①，可以不见用^②，用必措天下于治安^③。——戴震《与某书》

【译注】

译：有志向的人，或出仕或隐居，可以不被任用，一旦任用，就一定要使天下达到治理和安宁。

注：① 出处（chǔ）：古时候指出来做官或者在家闲居。② 见：

被。③ 措：放置、安放，这里指使天下处于治安之中。

【评述】

　　自古有志之士，无不怀有为国效力、展现自己才能的抱负，然而"人生不如意事十之八九"，世事难料，往往事与愿违。许多人空有满腹经纶、万千计谋、一身武艺，却无用武之地，又不甘心寂寞地归于黄泉，由此势必会产生怨天尤人、悲愤不已的情绪。戴震认为，做人应该对曲曲折折泰然处之，不被重用则心如止水；一旦受到任用，就要不负所望，大显身手，为天下人谋利益，力求使国家富裕、百姓安康。

【原文】

苟利国家生死以①，岂因祸福避趋之。——林则徐

【译注】

　　译：如果有利于国家，一己生死就应该置之度外，怎么能遇到祸患就逃避、遇到福利就争先恐后呢？

　　注：① 苟：如果，假如。生死以：将生死付与。以，指付与。

【原文链接】

　　力微任重久神疲，再竭衰庸（衰朽平庸）定不支（不能支撑）。苟利国家生死以，岂因祸福避趋之。谪（zhé，贬官）居正是君恩厚，养拙刚于戍（shù，守卫）卒宜。戏与山妻谈故事，试吟断送老头皮。

　　——林则徐《赴戍登程口占示家人》其二

【评述】

　　林则徐是爱国名臣，在禁烟、抗英斗争中建立了伟大功勋。道光年间，他担任钦差大臣，受命赴广东禁烟。到广东后，林则徐厉行烟禁，并在虎门销毁上缴的鸦片烟；同时整顿防务，击退了侵略者的进犯，一时间使国人扬眉吐气。但不久，因投降派的诋毁，林则徐竟被革职，遭戍伊犁。（参见《美德故事》）

　　这里诗句源出的诗作，是林则徐在赴伊犁途中写给家人的。诗中表达了林则徐为国家不惜牺牲一切的坚定信念，而这里的两句尤其脍炙人口，虽已经历百年沧桑，仍为人所津津乐道、频频引用，极具教育和启迪意义。

【原文】

四百万人同一哭，去年今日割台湾！——丘逢甲

【今译】

　　（中国台湾的）四百万同胞齐声大哭，去年的今天，正是宝岛台湾被割让的日子！

【原文链接】

　　春愁难遣（排遣）强看山，往事惊心泪欲潸（shān，流泪的样子）。四百万人同一哭，去年今日割台湾。

　　　　　　　　　　　　　　——丘逢甲《春愁》

【评述】

　　丘逢甲是清朝晚期爱国诗人，这首诗作于1896年。诗人思念同胞，不禁流下满腔热泪。这首诗可与下文谭嗣同《有感一章》的诗句对看，两首诗都表现了清朝晚期爱国志士对祖国前途命运的担忧，以及对大好河山被割裂的悲愤之情。

【原文】

四万万人齐下泪，天涯何处是神州！——谭嗣同

【今译】

四万万同胞一齐洒下热泪，世界之大，哪里还有我堂堂中华古国的地位！

【原文链接】

世间无物抵春愁，合向苍冥（苍天）一哭休。四万万人齐下泪，天涯何处是神州。

——谭嗣同《有感一章》

【评述】

谭嗣同是清末政治活动家，参与戊戌维新变法，事败后拒绝出逃，从容就义。《有感一章》作于1896年春，甲午战争之后，清廷被迫签订了《马关条约》，割地赔款。消息传出，群情激奋，谭嗣同也与同胞一样，心如刀割，不禁吟出了这样的诗句。也正是这样的忧国忧民之心，转化成了谭嗣同日后不惜为变法而流血牺牲的原动力；也正是有这样的爱国志士抛头颅，洒热血，今天的神州才能巍然屹立于世界民族之林。

【原文】

只解沙场为国死[①]，何须马革裹尸还。——徐锡麟

徐锡麟烈士墓

【译注】

译：只知道战死沙场，为国捐躯，何必定要马革裹尸回归故乡。

注：① 解：知道，了解。沙场：战场。

【原文链接】

军歌应唱大刀环（与"还"同音，古人常用作还乡的隐语），誓灭胡奴（指清王朝）出玉关（玉门关）。只解沙场为国死，何须马革裹尸还。

——徐锡麟《出塞》

【评述】

徐锡麟是近代民主革命烈士。早年赴日期间，他就积极参加民主革命活动。后来在上海参加光复会，成为革命的中坚分子。1905年，徐锡麟在绍兴设立大通学堂，训练会党成员，准备举义。1907年，徐锡麟与秋瑾筹划在浙江、安徽两省发动起义，后被清政府发觉，不得不提前行动，激战多时，弹尽被俘，英勇就义。这两句诗，正表达了徐锡麟不怕牺牲、为国捐躯的英雄气概，而他也以实际行动践履了这样的言论。

【原文】

粉身碎骨寻常事,但愿牺牲保国家。——秋瑾《失题》

【评述】

秋瑾是近代民主革命家、妇女运动的先行者。目睹清廷腐败,列强侵略,民不聊生,她无比愤慨。为求匡时救国之道,秋瑾别夫离家,东渡日本留学,并加入了孙中山领导的同盟会。回国后,秋瑾积极鼓吹革命,密谋发动武装起义,事泄被捕,英勇就义。(参见《美德故事》)

秋瑾不仅是革命家,也是充满激情的爱国诗人。她的诗,大多是关心国家危亡之作,写来意气风发、慷慨激昂,一如其人其事。从《失题》中的这两句诗,我们就能领略到她炽烈的爱国激情,以及巾帼英雄的豪迈气概。

【原文】

拚得十万头颅血①,须把乾坤力挽回②。——秋瑾《黄海舟中日人索句并见日俄战争地图》

【译注】

译:不惜付出十万人的牺牲,也要把濒于危亡的祖国拯救回来。

注:① 拚(pàn):不顾惜。② 乾坤:天地,这里指国家。

【评述】

日俄战争(1904—1905)爆发后,面对两个帝国主义国家在自己的国土上开战，腐败的清政府竟然宣称"彼此均系友邦"，采取了"局外中立"的态度。1905年岁末，在从日本归国的船上，秋瑾目睹日俄战争地图，爱国烈火熊熊燃烧，写成了此诗，并赠送日本友人。诗中，秋瑾表示自己甘愿为国牺牲，也希望有志之士"抛头颅，洒热血"，力挽乾坤，拯救国家。（参见《美德诗文》）

【原文】

头颅肯使闲中老①？祖国宁甘劫后灰②！——秋瑾

【译注】

译：自己岂肯在清闲无为中老去？祖国又怎么会甘心劫后成灰！

注：① 肯：哪里肯。② 宁：岂，难道。甘：甘心，甘愿。劫：劫难。

【原文链接】

河山触目尽生哀，太息神州几霸才（称雄之才）！牧马久惊侵禹域（指中国），蛰（zhé）龙（蛰伏的龙，比喻尚未振作的中国，一说指隐匿的志士）无术起风雷。头颅肯使闲中老？祖国宁甘劫后灰！无限伤心家国恨，长歌慷慨莫徘徊。

——秋瑾《柬志群》其三

【评述】

《柬志群》是秋瑾写给友人的诗，共三首，这里的句子出自第三首。秋瑾召唤世人：不要在清闲中苟且度日，祖国正在遭受劫难，应该积极奋起，为国家抛头颅、洒热血，把生命投入到伟大的爱国革命事业中去。秋瑾以其言其行向世人表明：爱国要舍弃安闲，付诸行动，不怕流血，敢于牺牲，这样才挽救国难，振兴国家。

【原文】

成败利钝不计较①，但恃铁血主义报祖国②。——秋瑾《宝剑歌》

【译注】

译：成功还是失败，顺利还是曲折，都毫不计较；只想用手中的武器、满腔的热血，去报效祖国。

注：① 利钝：本指兵刃等锋利、不锋利，引申指顺利、不顺利。② 恃：依靠。铁血主义：指诉诸武力、以血还血来解决问题的主张。

【评述】

做事情，总是要以做成为目标，这无可置疑。但有的时候，事情的成败利钝无可预料，而是需要人们勇往直前，暂时不顾及能否达成目标。在国难深重的时刻，在局势危急的时刻，往往需要首先行动起来，甚至要采取革命的手段，一如秋瑾所谓"铁血主义"。之所以不计后果，之所以铁血主义，意在以毅然决然的行动，唤醒大多数人，赢得转败为胜、转危为安的空间。我们说，秋瑾说到，也做到，她的流血牺牲，换来了更多人的赤心报国。

【原文】

金瓯已缺总须补①，为国牺牲敢惜身。——秋瑾

【译注】

译：国土沦陷总要收复，为国捐躯岂敢顾惜己身。

注：① 金瓯（ōu）：原指金制的盆盂类器皿，比喻完整的国土。

【原文链接】

祖国沉沦感不禁，闲来海外觅知音。金瓯已缺总须补，为国牺牲敢惜身。　嗟险阻，叹飘零。关山万里作雄行。休言女子非英物，夜夜龙泉壁上鸣。

——秋瑾《鹧鸪天》

【评述】

历史上用"金瓯"形容领土的完整，可谓比比皆是，尤其是在宋朝。爱国志士也纷纷奋起，力图补金瓯之缺。这里的词句表明，甘心赴国难，为国献自身，是秋瑾始终不渝的心志。

蔡锷（中）与护国军将领合影（右一为李烈钧）

【原文】

爱国如命，见义勇为。——蔡锷《致柏文蔚电》

【评述】

蔡锷是民国初期的杰出军事领袖。蔡锷一生中，两件大事足以辉耀千古：一是，辛亥革命时期在云南领导了推翻清朝统治的新军起义，二是，四年后积极参加反对袁世凯称帝、维护民主共和国政体的护国军起义。蔡锷参加"护国之役"的事迹颇富传奇性，反对帝制复辟、维护民主共和的行动，充分体现了他的爱国情怀；而电文里的寥寥数语，也是一种印证。在护国军起义誓师时，担任总司令的蔡锷说："吾侪今日不得已而有此义举，非敢云必能救亡，庶几为中国民争回一人格而已。"由此可见，蔡锷的爱国爱民之举，具有终极性的意义。

【原文】

谁怜爱国千行泪①，说到胡尘意不平②。——梁启超

【译注】

译：谁能领会爱国诗人的千行热泪？说到金兵蹂躏国土就愤愤不平！

注：① 怜：爱怜，同情。② 胡尘：指金兵的侵犯。

【原文链接】

辜负胸中十万兵，百无聊赖以诗鸣。谁怜爱国千行泪，说到胡尘意不平。

——梁启超《读陆放翁集》

【评述】

　　梁启超的人生道路可谓传奇多变——从维新运动领袖到北洋政府大员，又反对袁世凯称帝，从政治活动家到著名学者；然而，不变的是他毕生的爱国激情。在阅读南宋爱国诗人陆游（号放翁）的诗文集时，梁启超为陆游的爱国之情打动，情不自禁地写下了这首诗。由诗中的这两句分明可知，"爱国千行泪"，陆游有之，梁启超亦有之，他们心心相印，心意相通。

【原文】

不能执干戈卫社稷者[①]**，非男儿也。**——于右任《右任文存》

【译注】

　　译：不能拿起武器保卫国家的人，算不上男子汉。

　　注：① 执：拿起。干戈：古代兵器，概指武器。社稷（jì）：本指土神和谷神，后代指国家。词句化用《礼记·檀弓下》，原句是："能执干戈以卫社稷，虽欲勿殇（shāng，指未成年而去世者的葬礼）也，不亦可乎？"（"能够拿起武器来捍卫国家，不用孩子的丧礼来安葬他们，不也是合理的吗？"）

【评述】

　　于右任是近现代民主革命先驱，书法大家。一介书生，却放言执干戈卫社稷，完全出于一片爱国热忱。若国难当头、社稷倾危之时，有志男儿就应该拿起武器，抗击敌人，保家卫国。如果明哲保身、苟且偷生，不思报效祖国，不顾念天下苍生，那就绝不能算是男子汉。

【原文】

要想着收咱失地，别忘了还我河山。——冯玉祥，自撰对联

【评述】

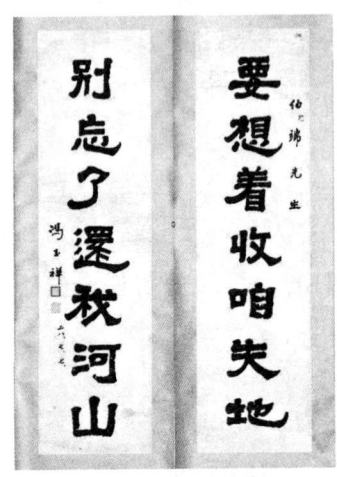

冯玉祥手书七言联

这是现代爱国将领冯玉祥常写的一副对联。联中字字千钧，敲打在每一个中国人的心上，提醒每一个国人要尽快收复国土，实现国家统一。维护祖国统一、疆土完整，是中国人民几千年来一直为之奋斗的目标，先辈们从来都不会容忍国家的分裂与国土的沦丧。新中国成立以来，中国人民已经对香港、澳门恢复行使主权，统一中国台湾成了我们目前朝夕不能忘怀的大事。

【原文】

宁为国民而死，不为奴隶而生。——陈独秀

【原文链接】

盖中国人性质，只争生死，不争荣辱，但求偷生苟活于世上，灭国为奴皆甘心受之。外国人性质，只争荣辱，不争生死，宁为国民而死，不为奴隶而生。

——陈独秀《安徽爱国会演说》

【评述】

陈独秀这句话套用"宁为玉碎，不为瓦全"，并赋予更深层次的

爱国含义。从原文可知，说的本来是外国人。当然，说外国人，其实是希望中国人也能如此，而不是"只争生死，不争荣誉"。无疑，只有人们树立了"宁为国民而死，不为奴隶而生"的信念，这个国家才不会屡遭外侮，才能自立于世界民族之林。

【原文】

我之爱国主义，不在为国捐躯，而在笃行自好之士，为国家惜名誉，为国家弭乱源，为国家增实力。——陈独秀《我之爱国主义》

【相关链接】

吾之所谓持续的治本的爱国主义者，曰勤，曰俭，曰廉，曰洁，曰诚，曰信。

【评述】

陈独秀是现代反帝爱国运动的主将之一，坚定的爱国主义者。不过，对于爱国主义，他有着清醒的、独特的认识。他极为重视爱国心，认为"爱国心为立国之要素"，"国人无爱国心者，其国恒亡"(《爱国心与自觉心》)；他写过多篇谈论爱国的文章，提出了自己的

陈独秀（左）与胡适

爱国主义主张，这些观点，在今天看来也有其振聋发聩的思想意义。

【原文】

中国者,中国人之中国,可容外族之研究,不容外族之探险,可容外族之赞叹,不容外族之觊觎①。——鲁迅《中国地质略论》

【译注】

译:中国是中华儿女的中国,可以容许外国人研究,但不允许他们入侵;可以容许他们欣赏赞叹,但绝不允许他们有不轨之心。

注:① 觊觎(jìyú):非分的希望或企图,希望得到不该得到的东西。

【评述】

《中国地质略论》是鲁迅先生的早期文章,以"索子"的笔名发表于1903年第八期的《浙江潮》(在日本出版)。这里的话,出自该文第二部分,有感而发。晚近以来,一些外国"学者"以研究为名,来我们的国土上"探险",实际上是"变相侦探",是为了他们国家将来侵略我国"先稽(jī,查考、考核)账目"。

其实,近代以来,帝国主义国家的探险家、学者,来我们国家的目的,就是攫取我们的财富(尤其是文化财富),或者为日后的侵略绘制"地图"。看来,学术研究、旅游探险,也并非总是那么纯粹;怀有罪恶目的的研究、探险,我们就应该严正地告诉他们:"中国是中国人的,不容外族觊觎。"

【原文】

真的猛士,敢于直面惨淡的人生,敢于正视淋漓的鲜血。——鲁迅《记念刘和珍君》

1926年3月18日,学生在天安门请愿

【相关链接】

伟大的心胸,应该表现出这样的气概——用笑脸来迎接悲惨的厄运,用百倍的勇气来应付一切的不幸。

【评述】

"三一八"惨案之后,鲁迅先生参加了刘和珍追悼会,又写了《记念刘和珍君》一文,纪念这位始终和蔼微笑的学生,痛悼"为中国而死的中国的青年",歌颂"虽殒身不恤"的"中国女子的勇毅"。鲁迅深切体会到了专制制度的残酷,革命斗争的严峻,因而指出真的猛士,需要不怕流血、不怕牺牲的精神。这既是对刘和珍等烈士的赞誉,也是对自己和同志的激励。正义与邪恶的较量,可以说从来都是惨烈的,只要有邪恶存在,我们就应该有"直面惨淡的人生,正视淋漓的鲜血"的勇气和斗志。

【原文】

我们从古以来，就有埋头苦干的人，有拼命硬干的人，有为民请命的人，有舍身求法的人。……虽是等于为帝王将相作家谱的所谓"正史"，也往往掩不住他们的光辉，这就是中国的脊梁。——鲁迅《且介亭杂文·中国人失掉自信力了吗》

【评述】

鲁迅先生在这里诠释了何为"中国的脊梁"。这"脊梁"，不是帝王将相，而是那些真诚为国为民、不懈追求真理、努力实现公平正义的人。这些人的突出特点，就是公而忘私、一心为国为民，不计个人得失，不顾成败利钝，不畏专制强权，不怕艰难险阻……我们的民族，正是因为有了这些脊梁，才能够挺然屹立于世界民族之林。中华民族的今天和未来，仍然需要这样的脊梁。

【原文】

我们中华民族有同自己的敌人血战到底的气概，有在自力更生的基础上光复旧物的决心，有自立于世界民族之林的能力。——毛泽东《论反对日本帝国主义的策略》

【评述】

近代中国，国家内忧外患，岌岌可危。清政府的统治使国家腐朽衰败，列强的入侵使国家危如累卵，而民国时期日寇的侵略更是如同雪上加霜。日寇倚仗精良的武器，训练有素的部队，叫嚣要"三个月灭中国"。但中国人民永远不会给他这个机会！在吃穿都不能保证的条件下，中华民族的儿女以血肉之躯铸起新的长城，与敌人血战到底，表现出了惊人的气概与甘愿奉献的牺牲精神。

在新中国日新月异发展的今天，我们仍然拥有如此爱国之豪情，坚信民族一定能够实现伟大复兴，屹立于世界民族之林，成为世界舞台上的主角与强者。

【原文】

我们爱我们的民族，这是我们民族自信心的泉源。——周恩来《关于和平谈判问题的报告》

【评述】

"自信心"是一个民族最为重要的东西，只有拥有自信心，一个民族才能自立、发展。这里，周恩来把这种"自信心"的源泉归结于民族之爱，这是十分准确的。只有对中华民族发自内心的爱，才会使我们因她而骄傲，以她为自豪，并愿意为她的繁荣发展贡献出自己毕生的力量。

【原文】

我有我的人格、良心，不是钱能买的。我的音乐，要献给祖国，献给劳动人民大众，为挽救民族危亡服务。——冼（xiǎn）星海

【评述】

近代以来，中华民族的命运牵动了每一位爱国儿女的心，他们以各自的方式表达着对祖国的爱。音乐家冼星海愤而摔下指挥棒，离开嘲笑中国音乐、由外国同行组成的管弦乐队，是因为他深深爱着自己的国家，不能接受任何人对她的不恭之词。为了振兴民族的音乐事业，冼星海呕心沥血，创作并指挥了《黄河大合唱》《救国军

冼星海指挥《黄河大合唱》

歌》和《大生产》等多首震撼全国并流传海内外的作品，振奋了民族精神，鼓舞了人民的斗志，更体现出中华儿女崇高的爱国主义精神和高尚的情操。

【原文】

锦城虽乐，不如回故乡；梁园虽好，非久居之地，归去来兮！——华罗庚

【评述】

新中国刚成立时，国家久经战乱，满目疮痍（chuāngyí），亟（jí）待发展。由于贫穷，国家不能为留学归来的科学家提供较好的生活和科研条件，但仍有许多人排除万难，坚持回国，华罗庚就是其中的一位。作为国际知名的数学家，华罗庚在新中国成立后，毅

然放弃在美国终身教授的优厚待遇，回到祖国的怀抱，为祖国的发展尽心竭力。在他的心中，唯有报效祖国才能实现自己心中最大的抱负，唯有故乡才是可久居之地。1983年，华罗庚在病榻上这样写道："力竭矣，但斗志未衰，战士死在沙场幸甚。但甚盼尸体能对革命有用，倚墙可作人梯，跨沟可作人桥。"华罗庚以其言其行展现了一个中国科学家的崇高品质，得到了世界人民的尊重与敬仰。

【原文】

为什么我的眼里常含泪水？因为我对这土地爱得深沉。——艾青《我爱这土地》

【评述】

诗人艾青的这诗句，许多人引用来表达自己的爱国情怀。艾青写这首诗，是在1938年，那时日寇侵略、国土沦陷，亿万国人眼含泪水。而今，祖国逐渐富强，我们仍旧眼含泪水，不过这泪水不再有屈辱、愤怒，而是饱含对母亲般深深挚爱之情。当国旗升起，当国歌响起，我们常常用眼中的泪光，展露自己的爱国之心，无比深沉，无比坚贞。

【贰】

公而忘私
经世济民

大禹像
(宋·马麟绘)

【原文】

民惟邦本,本固邦宁。——大禹

【今译】

只有民众才是国家的根本,根本稳固了,国家也就安宁了。

【原文链接】

太康尸位,以逸豫(安乐)灭厥德,黎民咸贰(二心)。乃盘游(游乐)无度,畋(tián,打猎)于有洛之表,十旬弗反。有穷后(君主)羿,因民弗忍,距(通"拒")于河,厥弟五人御其母以从,徯(xī,等待)于洛之汭。五子咸怨,述大禹之戒以作歌。

其一曰:"皇祖有训,民可近,不可下。民惟邦本,本固邦宁。……"

（太康处在尊位而不理政事，又喜好安乐，丧失君德，民众都怀着二心；竟至游乐畋猎没有节制，到洛水的南面打猎，百天还不回来。有穷国的君主羿，因人民不能忍受，在河北抵御太康，不让他回国。太康的弟弟五人，侍奉他们的母亲跟随太康，在洛水湾等待他。这时五人都埋怨太康，因此叙述大禹的教导而写了歌。

其中一首说："伟大的祖先曾有明训，人民可以亲近而不可看轻。人民是国家的根本，根本牢固，国家就安宁。……"）

——《尚书·夏书·五子之歌》

〔评述〕

《尚书》是我国上古历史文献的汇编，有"上古之书"之称。全书分《虞书》《夏书》《商书》《周书》四个部分，《夏书》记载的是夏代的历史。太康是夏朝开国君主大禹的孙子，因为没有德行，长期在外田猎不归，招致百姓反感，后羿因之占领了国都。太康的母亲和五个弟弟流落在洛河边，追述大禹的告诫而作《五子之歌》，表达怨恨与哀悔。这里的"民惟邦本，本固邦宁"，被认为是我国最早的民本思想，有着四千余年的历史。历史事实早已证明：得民心者得天下，失民心者失天下。民众应该认识到这一点，关心国事，参与国政；当政者更应该认识到这一点，敬畏民众，敬畏民众赋予的权力。

周成王像

〔原文〕

以公灭私①，民其允怀②。——周成王（引自《尚书·周

书·周官》）

【译注】

译：以公心灭掉私情，民众才会心悦诚服。

注：① 以公灭私：蔡沈《书集传》曰："以天下之公理，灭一己之私情。"② 允怀：犹言"归顺"。孔颖达《尚书正义》曰："从政以公平灭私情，则民其信归之。"

【评述】

《周书》是《尚书》中记载周朝历史的部分。《周官》一篇，记载周成王安抚万国、巡视天下后，与群臣一起总结周王朝成就王业的经验，说明周朝设官职、用人才的法则。这里的言论，意思是希望各级官吏能以公平之心去除各种私心贪欲，从而赢得民众的信任与支持。虽说周成王颁布这个诰令是为了巩固他的统治，但客观上也促进了政治的清明、国家的安定。

【原文】

义以生利，利以丰民，民丰则邦固也。——介子推（引自《国语·晋语》）

【今译】

义是可以产生收益的，收益是用来增加人民财富的；人民的财富丰裕了，国家的根基也就巩固了。

【评述】

一般看来，义利似乎从来都是对立的。其实不然，古代贤哲对此早有明确认识。介子推的这句话,对义的概括就可谓别具一格,义引发利,再将利归于人民,从而巩固国家。归根到底,义是用来造福于民、富足百姓的,而不是用来谋取私利的。这种定义,在当时很有进步意义,它体现了中国自古以来就存在着为官治政应该以民为本的思想,强调义与利的最终目的都是为了造福百姓,强调官员的清正廉洁。

【原文】

公家之利①,**知无不为,忠也**。——荀息

【译注】

译:对国家有利的事情,只要知道了就没有不去做的,这就是忠。

注:① 公家:国家,集体。

【相关链接】

凡可以利益国家者,苟知其事,莫不尽心力而为之。

——林尧叟《左传句读直解》(注释《左传·僖公九年》"公家之利,知无不为"句)

【评述】

春秋时期,晋献公问其手下大臣荀息:"何为忠贞?"荀息所回答的正是这句话。晋献公死后,荀息尽力辅佐奚齐,后在奚齐被杀后又尽力辅佐卓子,但卓子又被大臣里克所杀,荀息也自杀而死。他始终不愿与窃国杀君之人同流合污,做到了他所说的忠。人们引用荀息的这句话,激励自己向他学习,心中要有国家、有人民,只要做好对国家和人民有利的事,就是对国家和人民的忠诚。

【原文】

其身正，不令而行；其身不正，虽令不从。——孔子（引自《论语·子路》）

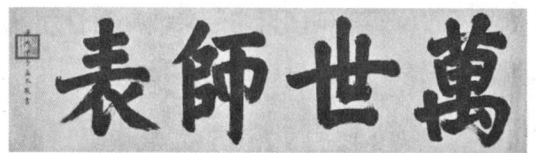

清康熙帝书"万世师表"匾（孔府）

【今译】

为官者如果自身品行端正，即使不下达命令，老百姓也会跟着行动；如果自身品行不端正，即使下达命令，老百姓也不会服从。

【评述】

俗语"上梁不正下梁歪"，是说为上者如果行不端、做不正，下边的人也必然如此，有过之而无不及。这里的"上"，可指父兄，更指为官者。只要为官之人行得端，做得正，以身作则，社会风气自然就不会差到哪里去。下级做人行事，往往就是跟随上级的作风而行。一个清廉的领导，他的下级就不敢肆意贪贿；相反，一个骄奢成风的领导，他的下属就会投其所好，奢靡浪费。所以说，"上行下效"这句古训，应是每一个做领导者铭记的良言。早在春秋时期，人们就意识到了这个道理，后世为官者更应该谨记心头。

【原文】

大道之行也①，天下为公。选贤与能②，讲信修睦③。故人不独亲其亲④，不独子其子。使老有所终⑤，壮有所用⑥，幼有所长⑦，鳏寡孤独废疾者皆有所养⑧。男有分⑨，女有归⑩。货

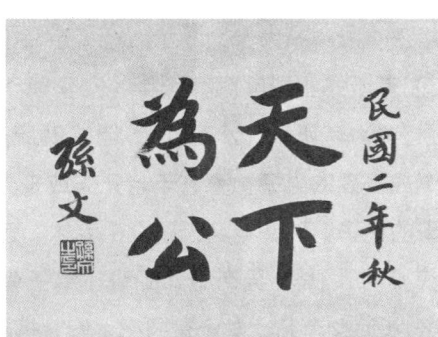

孙中山手书"天下为公"

恶其弃于地也⑪,不必藏于己⑫;力恶其不出于身也,不必为己。是故谋闭而不兴⑬,盗窃乱贼而不作,故外户而不闭⑭,是谓大同⑮。——《礼记·礼运》

【译注】

译:在大道施行的时代,天下是公有的。大家选举贤人和能者出来,彼此讲求诚信、追求和睦。因而人们不单赡养自己的双亲(也把所有的老人都当成自己的亲人),不单抚育自己的孩子(也把所有的孩子都当成自己的孩子)。让老人晚年幸福安康、老有所终,青壮年发挥作用、服务社会,年幼的孩子身心健康、茁壮成长,孤寡残疾的人都能得到社会的供养。男子有职务,女子有归宿。人们憎恨财货扔在地上(浪费),却肯定不是要据为己有;人们恨不得为公众竭尽全力,而肯定不是为了一己私利。因此奸谋不会兴起,盗贼祸乱不再发生,所以(家家户户的)大门都不用关闭,这就是理想的大同社会。

注:① 大道:古代指政治上的最高理想,治理社会的最高准则。行:施行。② 选贤与(jǔ)能:把贤能的人选拔出来(担任社会职务)。与,通"举",推举、选举。③ 讲信:讲求诚信。修睦(mù):调整人际关系使之和睦。修,培养。④ 亲其亲:第一个"亲",意动

用法，以……为亲人；第二个"亲"，指父母。"不独子其子"，类同。⑤ 有所终：能够颐养天年（安享晚年）。⑥ 有所用：能够为社会效力。⑦ 有所长（zhǎng）：能够健康成长。⑧ 鳏（guān）：年老无妻或丧妻的男子。寡：年老无夫或丧夫的女子。孤：年幼丧父或无父母的孩子。独：年老无子女的老人。废疾者：残疾人。有所养：能够获得供养。⑨ 男有分（fèn）：男子有职务。分，职分，指职业、职务。⑩ 女有归：女子有归宿。归，指女子出嫁。⑪ 货：财货，财物。恶（wù）：憎恶。⑫ 藏：私藏。⑬ 谋：指奸诈之心。闭：闭塞。兴：起，生。乱：指造反、作乱。贼：指害人。作：兴起。⑭ 外户：从外面关闭的门，泛指大门。闭：关门，用门闩插门。⑮ 大同：指理想社会。同，有"和、平"的意思。

【评述】

《礼记·礼运》描述的"大同"社会，是我国古人对理想社会的设想与追求。这种社会理想，并非凭空而来，而是古代圣哲在现实社会基础上提炼升华的成果。几千年来，"大同"社会一直受到人们赞颂、追捧，也是人们所苦苦追求的。这种"大同"社会，与社会发展的潮流吻合，不仅是我们中国人的追求，也是全人类的追求。历代以来，多少仁人志士为之抛头颅，洒热血，只为这种公共所有、人人平等的社会早日出现。随着当今社会文明的不断发展与制度的不断完善，这种理想社会离我们也越来越近了。

【原文】

民之所好好之①，民之所恶恶之②，此之谓民之父母。——《礼记·大学》

【译注】

译：民众所喜好的就大力提倡、发扬，民众所厌恶的就予以抵制、杜绝，这样才称得上是民众的"父母官"。

注：① 好（hào）：喜欢，爱好。② 恶（wù）：讨厌，憎恶。

【评述】

老百姓一般称地方官员为"父母官"，这称谓之中包含几许畏惧、几许敬重，以及几许期盼。官员手握大权，生杀予夺，无所不能。究竟如何做才配得上"父母官"的称呼，其所作所为怎样才是利民的呢？这句话给出了答案，即以民众的好恶为标准。民众所拥护的、利民的措施，官员就要力排众议、兢兢（jīng）业业地去推行；民众所反对的、害民的措施，官员就得分清是非、理智地加以革除。古人两千年前就意识到了为官应以民众的利益为准则，这是非常难能可贵的，也体现了中华美德历史之悠久。

【原文】

天下有义则生，无义则死；有义则富，无义则贫；有义则治，无义则乱。——《墨子·天志上》

义，志以天下为芬①，而能能利之②，不必用。——《墨子·经说上》

夫义，天下之大器也，何以视人，不强为之？——《墨子·公孟》

【译注】

译：天下有义就能生存，无义就会灭亡；有义就能富裕，无义就会贫穷；有义就能安定，无义就会混乱。

义,就是立志以天下事为自己本分之事,而能善利天下,又不居功自用。

义是天下最可贵的,为什么要看他人行事,不努力去做呢?

注:① 芬:同"分",本分。也有解释为"芬芳",引申为"美好"。② 能能:第二个"能",指善于,有能力做到。

【评述】

这里集中了墨家学派关于"义"的几条论述,有的属于墨子,有的属于墨学后人。他们认为,义关乎国家的生死存亡、贫富治乱,可见其重要性,因此才称为"天下之大器"。既然如此重要,那么,社会成员应该如何呢?他们认为,个人要把义当作自己的分内之事去做,为天下谋福利,却又不居功自用。最后,他们共同发出了呼唤:既然如此重要,为什么要左顾右盼,看别人如何,而不赶紧努力去做呢?

墨家学派是下层民众思想的代表,主张"兼爱",注重事功,以天下为己任,颇有侠义之风。真正的道义,不应该拘泥于小事,而是应该放眼天下,从更为广阔的视角出发,志在让天下安宁、百姓安乐,而不计较个人得失。近代以来,墨家学派受到一定重视,除了他们学术中的科学成分之外,就在于他们的为民指向、实践特色。——这应该也能给今天的我们一些启迪。

【原文】

乐民之乐者,民亦乐其乐;忧民之忧者,民亦忧其忧。——孟子

【今译】

执政者如果以民众的快乐为快乐,民众就会以他的快乐为快乐;执政者如果把民众的忧苦当作自己的忧苦,民众也会因他的忧苦而忧苦。

孟庙官箴碑

【原文链接】

齐宣王见孟子于雪宫。王曰:"贤者亦有此乐乎?"孟子对曰:"有。人不得则非其上矣。不得而非其上者,非也;为民上而不与民同乐者,亦非也。乐民之乐者,民亦乐其乐;忧民之忧者,民亦忧其忧。乐以天下,忧以天下,然而不王者,未之有也。……"

——《孟子·梁惠王下》

【评述】

这句话是孟子对齐宣王说的。一天,齐宣王在离宫接见孟子,问他说:"你这位贤人也有游玩的兴致吗?"孟子回答说:"当然有的。但作为君主,要与民同乐。"然后说了上面这句话。孟子劝诫齐宣王,作为君主,应该与自己的民众同甘共苦。百姓感到君主对自己的关心,自然会真心拥护他。

如今,时代不同了,"官"不再是封建时代那样的意义,而是国家公务员,是人民公仆。但传统官文化的影响很深,官民身份的区别还很显著，而且官员依然是大权在握。因此，我们说，这句话同样适用于当今的为官治政者。

【原文】

民为贵，社稷次之①，君为轻②。——孟子

【译注】

译：百姓最为重要，国家（或"土谷之神"）其次，国君为轻。

注：① 社稷（jì）：土神和谷神。社，指土神；稷，指谷神，合称土谷神。古代帝王或诸侯建国时，都要立坛祭祀"社""稷"，所以，"社稷"又用作国家的代称。② 君：诸侯国的国君。

【原文链接】

孟子曰："民为贵，社稷次之，君为轻。是故得乎丘（众）民而为天子，得乎天子为诸侯，得乎诸侯为大夫。诸侯危社稷，则变置。牺牲（指牛、羊、猪等供品）既成，粢（zī，稷）盛既洁，祭祀以时，然而旱干水溢，则变置社稷。"[孟子说："百姓最为重要，国家其次，国君为轻。所以，取得百姓欢心（应允）的便做天子，取得天子欢心（应允）的便做国君，取得国君欢心（应允）的便做大夫。国君危害到土谷之神——也就是国家，就改立国君。牲牢肥壮，祭品洁净，按时祭扫，但仍然遭受旱灾水灾，就改立土谷之神。"]

——《孟子·尽心下》

【评述】

孟子的这话，简简单单十个字，却意蕴丰厚，影响极大。如果

将"社稷"按原初意义解释,那土谷神和国君都次于民众,容易理解,没什么可说的;如果解释成"国家",民众比国家还重要,这难免引起质疑。其实,就国家的存在及其意义而言,民众也应该是首位的,没有民众,哪来国家?不为民众,国家何用?因此,那种狭隘地把国家凌驾于民众之上的观点,其实是变相的专制。

孟子的这一论述,是其民本思想最为典型、最为明确的体现;这十个字,后人简化为"民贵君轻",成为我国民本思想的源头之一。在封建专制社会,孟子的著作尽管进入了"四书五经"体系,但其民本思想却也不时受到挑战。比如,明太祖朱元璋就对这话非常不满,并删节《孟子》一书,不准阅读全本。专制与民主始终是对立的,只要有专制存在,孟子的民本思想就有其现实意义。

荀子像

【原文】

公生明①,偏生闇(暗)②。——荀子

【译注】

译:公正会产生聪明,偏私会产生愚昧。(或译为:公正就政治清明,偏私则政治黑暗。)

注:① 明:聪明,明察,清明。② 闇(àn):同"暗",昏昧,愚昧,糊涂。

【原文链接】

"公生明,偏生暗;端悫(què)生通,诈伪生塞;诚信生神,夸诞生惑。此六生者,君子慎之,而禹、桀所以分也。"("公正会产生聪明,偏私会产生愚昧;端正谨慎会产生通达,欺诈虚伪会产生闭塞;真诚老实会产生神明,大言自夸会产生糊涂。这六种相生,君子要谨慎对待,也正是禹和桀不同的地方。")

——《荀子·不苟》

【评述】

从荀子的原文可知,这话本来是说君子的修养的,只不过更多指向事功。后世人们对这六个字,更多用于官场,反映了人们对公正廉明政治的追求。据记载,旧时府州县衙门大堂前面竖立一石,南面刻"公生明"三字,北面刻"尔俸尔禄,民膏民脂,下民易虐,上天难欺"十六字。后来因出入不便,改为牌坊,刻的还是这些字。旧时的"公生明"三字官箴,在今天也仍然应是人民公仆的座右铭。

【原文】

奉公如法则上下平①,上下平则国强②。——赵奢(引自《史记·廉颇蔺相如列传》)

【译注】

译:奉公守法、依法办事,上上下下就会公平一致;上下公平一致,国家就会强盛。

注:① 奉公:遵奉公家的法令。② 上下:指上面的王公贵族和下面的普通百姓。

【评述】

　　这里的话,是战国时期赵奢所说。赵奢掌管赵国田赋,而贵族平原君家不肯缴税,他的九个家人被赵奢治了罪。平原君大怒,要杀赵奢,赵奢对他说了一番话,其中就包括这两句。离开这话的语境来理解,那就是:只有不问亲疏、不分贵贱,一切按照法律规定处理公务,才能做到公正无私、不偏不倚,这样才能人人平等,社会才会太平。

【原文】

刑过不避大臣①,赏善不遗匹夫②。——韩非

【译注】

　　译:惩罚罪过不避让大臣,赏赐善行不遗忘百姓。(或译为:惩罚有罪过的人,即使身居高位的大臣也不能放过;奖赏做好事的人,即使下层的平民百姓也不能漏掉。)

　　注:① 刑:惩罚。过:过错,罪过。② 匹夫:平民百姓。

【原文链接】

　　"法不阿贵,绳不挠曲。法之所加,智者弗能辞,勇者弗敢争。刑过不避大臣,赏善不遗匹夫。"("法律不偏袒身居高位的人,准绳

韩非塑像

不迁就弯的东西。适用法律时,有智慧的人不能辩解,有勇力的人不能抗争。惩罚罪过不避开大臣,奖赏好事不遗漏普通民众。")

——《韩非子·有度》

【评述】

韩非是法家学派的代表,极端强调法律的作用,同时认为公正是执法的前提,只有公正执法,才能取信于民,维护法律的权威以及社会的公平与和谐。法律面前人人平等,不允许任何人有超越法律的特权。任何公民,只要做了对国家和人民有益的事,都应该得到国家的奖励;反之,则应当受到严厉惩罚。只有在司法层面一视同仁,法律的公正才可能实现。

【原文】

内举不避亲,外举不避怨。——尸佼

【译注】

译:举荐人才,对内不避开亲人,对外不避开仇者。(或译为:举荐身边的人,即使是亲属也不回避;举荐外面的人,即使是仇敌也不躲避。)

注:① 举:推荐。② 怨:怨恨,仇恨;这里指仇人。

【相关链接】

内举不避亲,外举不避怨。仁者之于善也,无择也,无恶也,唯善之所在。

——尸佼《尸子》上卷

孔子闻之,曰:"善哉,祁黄羊之论也!外举不避仇,内举不避子,祁黄羊可谓公矣。"

——《吕氏春秋·去私》(参见《美德诗文》)

儒有内称不避亲，外举不避怨，程功积事，推贤而进达之，不望其报。

——《礼记·儒行》

慈明曰："昔者祁奚内举不失其子，外举不失其仇，以为至公。"

——刘义庆《世说新语·言语》

【评述】

为国家举荐人才，向来是一个很重要的问题。然而，官员要做到清正廉明、大公无私，已属难能可贵；要做到"内举不避亲，外举不避怨"，更是难上加难。因为传统思想一直主张避嫌，所谓"瓜田不纳履（lǚ），李下不整冠"，说的正是这个意思。在这种情况下，若不避嫌疑，难免招来众人非议。因为人情世故一向主张恩怨分明，所谓"洗雪冤仇""睚眦（yázì）必报"，就是这种心态的表白。在这种情况下，若不分恩怨，难免被人认为是软弱或矫情。但也正是在这些情况下，若依旧能做到公私分明、不避嫌疑，不为私人情感所牵绊，则更加难能可贵。

【原文】

公正无私，一言而万民齐①。——刘安《淮南子·修务训》

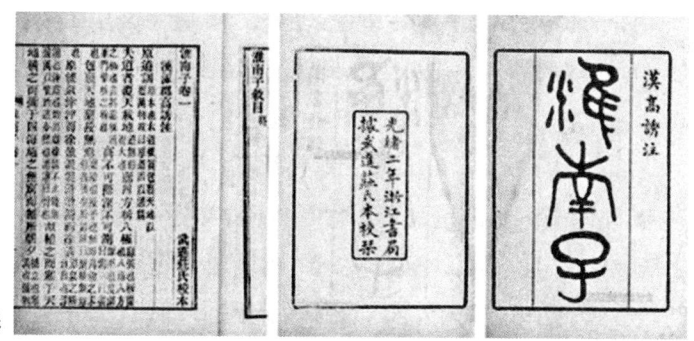

《淮南子》书影

【译注】

译：如果执政者公正廉明、不图私利，口出一言，百姓就会纷纷响应。

注：① 一言：一句话，这里指在上者说出的话。齐：一同、一齐，这里指看齐、照着做。

【评述】

谁代表人民的利益，为百姓排忧解难，想民众所想、急民众所急，不辞劳苦、公正无私，谁就会赢得百姓的敬仰和遵从。老百姓会把权力交给那些大公无私的人，即使关系到自己的身家性命也毫不迟疑。民众的眼睛是雪亮的，他们不仅会对清正廉明、公而忘私的人加以称颂，更会以实际行动支持他们，一呼百应。

【原文】

衡之于左右①，无私轻重，故可以为平；绳之于内外②，无私曲直，故可以为正。——刘安《淮南子·主术训》

【译注】

译：考察左右之人，选拔任用没有偏私，才可以算作公平；监督朝廷内外，判别是非没有偏颇，才可以算作正直。

注：① 衡：本指秤，称量轻重的用具，这里指衡量、考察。② 绳：本指墨绳，衡量曲直的工具，这里指按一定标准衡量、纠正。

【评述】

《淮南子》里的这话，本来是指向君主的，讲的是"主术"（主上统治之术）。不过，这些话，用在处理人际关系上，也是很合适的。尽管"左右""内外"，范围有所不同，但道理是相通的。关键是无论考察、评价、任用、褒贬，都要做到衡量轻重、判断曲直不挟私念，这就是"平"，就是"正"。可想而知，社会上有平、正，这个社会一定就比较和谐美好了。

【原文】

治国有常，而利民为本；政教有经，而令行为上。——刘安《淮南子·泛论训》

【译注】

治理国家有不变的道理，最根本的是有利于民众；政治教化有固定的模式，最紧要的是政令畅通。

常：恒定不变的道理、准则。本：根本。经：常规、准则。上：极致。

【评述】

治理国家、推行教化，这恐怕是古来经国济世最重要的问题。找到其中的原理、准则，也应该是历代统治者所苦苦追求的。《淮南子》给出的这结论，简单得可能会让统治者不好意思。然而，知易行难，明知道"利民为本"，可就是有人"毫不利人，专门利己"；那样的话，再多原理、准则，也就毫无作用了。

【原文】

不别亲疏[①]，不殊贵贱[②]，一断于法[③]。——司马迁《史记·太史公自序》

【译注】

译：不区别关系的亲疏，不区分身份的贵贱，一切用法律来判断。

位于陕西省韩城市的司马迁《史记》碑苑

注：① 别：区别。② 殊：不同，这里指区分不同。③ 一：一律。

【评述】

　　这里的话，原本是说法家的，突出的是法家与儒家等的区别。实际上，在当今的法治社会，这样的原则，同样是合理的。我们的社会，封建残余还真是不少，权大于法时有所见，裙带关系异常紧密，弱势群体备受冷待……权力、身份、亲疏、关系等，往往成为社会上一些人判断是非去就的标准。按照春秋战国时期法家的思想，这些显然是错误的。我国古代社会，远远算不上法治社会，但"以法治国"的思想，在法家那里已然相当成熟。

【原文】

　　圣人不敢以亲戚之恩而废刑罚①，不敢以怨仇之忿而废庆赏②。——徐干《中论·赏罚》

【译注】

　　译：圣明的人不敢因为亲戚的恩情而废弃刑罚，不敢因为私人的仇怨而废除赏赐。

注：① 圣人：圣明的人，这里是指君主。恩：这里主要指私恩。② 忿（fèn）：生气，恨。庆赏：奖赏、赏赐。庆，指奖赏。

【评述】

人总是处在各种各样的关系网中，扮演着形形色色的角色。如果一个角色与另外的角色发生冲突，则不免左右摇摆、难以定夺，特别是公事与私人关系发生矛盾，此时应何去何从？是假公济私、徇私枉法裁判，还是站在公正的立场上，依法断定呢？中国古人毫不犹豫地提出：圣明的人应有明确的决断，该罚则罚，即使是亲朋好友也不例外；该赏则赏，即使世仇宿敌也不能故意发难，这才不失为公正贤明之人。

【原文】

鞠躬尽瘁①，死而后已②。——诸葛亮《后出师表》

【译注】

译：小心谨慎竭尽全力，直到生命终结为止。

成都武侯祠

注：① 鞠躬：弯着身子，表示恭敬、谨慎。尽瘁（cuì）：竭尽劳苦，指贡献出全部身心。瘁，指劳苦。② 已：停止。

【评述】

三国时期，蜀汉先主刘备伐吴失败，不久在白帝城去世。诸葛亮接受刘备临终嘱托，决心北伐中原，兴复汉室。出征之前，诸葛亮两次向后主刘禅上表，这就是著名的《出师表》，后一次的习称《后出师表》。在表中，诸葛亮表达了自己"鞠躬尽瘁，死而后已"的报国精神。诸葛亮这种尽心报国，生命不息、奋斗不止的精神，激励了一代又一代中华儿女，至今仍然是人们所追求的生命境界。

【原文】

有公心必有公道，有公道必有公制。——傅玄《傅子·通志》

【今译】

有公正之心，必然有公正之道；有公正之道，必然产生公正的制度。

【评述】

傅玄的这句话，原本是针对尧舜和周公说的，说他们出以公心，兄弟、儿子不好、作恶，他们或者被杀了，或者废黜，即所谓"苟不善，虽子弟不赦"；而这样的结果，"则于天下无所私矣"。这说明，实现公正的途径，公正之心是第一要素。有了公正之心，才会正确分辨是非，正确处理问题，这样的话，公正之道自会应运而生；公正之道的存在，又会激发制度层面的变革，使公正的制度得以确立。由此一环套一环，步步推进，就会形成一个从个人修养、社会意识到制度规范的完整体系。同时,这句话也说明了这三个相继产生的因素之间各自的重要程度:公正之心处于首位,其他均由它延伸而出。因此,要达到公正,最重要的是"公心",有"公心"在,公道自然在。

【原文】

有功则赏,有罪则刑。——李世民

【今译】

有功劳就要奖赏,有罪过就要处罚。

【原文链接】

择天下贤才,置之百官,使思天下之事,关由(通过,经由)宰相,审熟(考虑周全)便安(便利安稳),然后奏闻。有功则赏,有罪则刑,谁敢不竭心力以修(整治好)职业,何忧天下之不治乎!

——吴兢《贞观政要》

【评述】

这话是唐玄宗李世民和房玄龄讨论隋文帝时说的。唐玄宗认为,隋文帝虽然很是"勤于为治",但他"事皆自决,不任群臣",有了错也没人敢于谏争,所以二世而亡。对比自己,他说了上面的话。到了宋朝,司马光的《进修心治国之要札子状》,也说过"有功则赏,有罪则

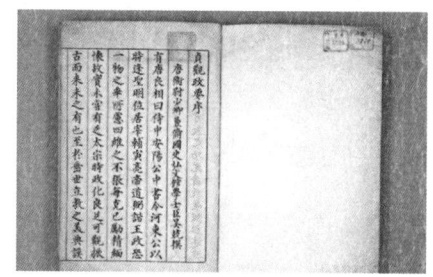

《贞观政要》书影

刑"的话。

赏罚一定要分明。为国家做出了贡献,有了功劳,就应该有所奖赏,以此来激励众人;奖赏时,还应该分清功劳的大小,论功行赏,而不应该平均分配。危害了国家、伤害了他人,有了罪过,就应该予以惩罚,以此来警戒他人不要为非作歹;惩罚时也应分清各人责任的大小,不应该姑息纵容或者是畸轻畸重。

【原文】

愿为天下㡜①,一使夜景清②。——孟郊《蚊》

【译注】

译:甘愿变成遮蔽天下的蚊帐,使夜里的景况全都清静安宁。

注:① 㡜(chú):古代一种形似橱柜、一面开门的帷帐,这里指的是蚊帐。② 一:一概,都。

【评述】

皓月当空、凉风习习、夜色如水的夏夜,正是文人把酒临风,谈古论今,吟诗作赋之时;正是老人手摇蒲扇,面带微笑,仰望星空,将祖辈相传的传说故事娓娓道来之时;正是孩童们天真烂漫、奔跑追逐、处处欢声笑语之时。孟郊希望人们能够尽情享受如此良辰美景、清风明月,宁愿自己变为一顶蚊帐,将那些前来偷袭的蚊子拒于帐外,从而使夜色中的人们能得到彻底、完全的享受。孟郊高尚的人道精神,不仅值得世人称颂,更应该为后世所效仿和发扬。

【原文】

丈夫贵兼济①,岂独善一身②。——白居易《新制布裘》

【译注】

译:大丈夫应当以天下人得益为重,怎么能仅仅满足于保持自己品德的高洁呢?

注:① 兼济:使天下民众都能获益。济,指有利、有益。独善其身:洁身自好修养个人品德。善,指爱惜,完善。

白居易像

【评述】

孟子曾说过:"穷则独善其身,达则兼善天下",意思是不得志时就加强自身的修养,通达时就要使天下人受益。白居易在此基础上进一步提出:大丈夫就应该立志为天下人谋利益、求发展,绝不仅仅满足于加强自身修养,保持品德高洁。

白居易是盛唐诗人中最能深入民众的,他的许多诗作是反映民间疾苦的。这首《新制布裘》,写自己新制了一件布裘,深知许多民众处于流离颠沛之中,所以"中夕忽有念,抚裘起逡巡",接着说出"贵兼济",进而由此生发,说:"安得万里裘,盖裹周四垠。稳暖皆如我,天下无寒人。"诗意与杜甫《茅屋》相通。这明确体现了白居易渴望益世济民的伟大抱负和关心民众、公而忘私的高贵品格。

【原文】

费千金为一瞬之乐①,孰若散而活冻馁几千百人②;处眇躯以广厦③,何如庇寒士于一廛之地④。——林逋《省心录》

【译注】

译:耗费千金只为片刻的享乐,怎么比得上散尽钱财,使千百个受冻挨饿的人得以活命;渺小身躯安顿在高敞大屋之中,如何比得上广造房屋,使贫苦无依的人有房可住?

注:① 瞬(shùn):眨眼。一瞬,一眨眼的时间。② 孰若:何如,怎么比得上。冻馁(něi):受冻挨饿,又冻又饿。③ 眇(miǎo)躯:短小的身躯。眇,指细小、微小。庇(bì):庇护,保护。一廛(chán)地:古时一夫所居之地,泛指一块土地、一处居宅。

(林逋)孤山放鹤图(清·上官周绘)

【评述】

　　封建社会是不平等的。"朱门酒肉臭,路有冻死骨",纨绔子弟一掷千金;卖炭翁十指黑黑、衣衫单薄,为能多卖一些钱而祈求天寒。有钱人锦衣玉食、奢侈无度;贫苦人上无片瓦、下无立锥之地,以至抛妻卖子、背井离乡。志士仁人将这一切看在眼里,悲愤不已。杜甫曾说:"安得广厦千万间,大庇天下寒士俱欢颜,风雨不动安如山!"林逋此语,与杜甫诗意相通,同样表达了济世救民的一片仁人之心。

【原文】

　　先天下之忧而忧,后天下之乐而乐。——范仲淹《岳阳楼记》

位于苏州市的范仲淹雕像,基座即其名言

【今译】

在天下人忧愁之前先忧愁,在天下人快乐之后才快乐。

【评述】

范仲淹是北宋名臣,文章、事功都颇卓著。他的《岳阳楼记》,不仅是好文章,这里的格言更是千古流传,脍炙人口。范仲淹的忧乐观,是把国家、民众的利益放在首位,为国家的前途、民族的命运担忧分愁,为天下百姓的安居乐业贡献力量。这种"先忧后乐"的价值观、人生观,深刻地影响了后世的人们,尤其是抱负宏远的仁人志士,无不以此为价值标杆,激励自己,衡量自己。我们也应该奉行这样的价值观、人生观,为国为民做出最大的贡献。

【原文】

能守节者，始可制奸赃之吏①，镇豪猾之人②，法乃不私，民则无枉③。——范仲淹《答手诏条陈十事》

【译注】

译：只有始终坚守节操的人，才能制服奸恶贪赃的官吏，镇服强横狡诈的人。这样法律才能公正无私，百姓也就不会受冤枉了。

注：① 奸赃：指为恶作奸、贪赃受贿。② 豪猾：强横狡诈、不守法纪。③ 枉：冤枉，枉曲。

【评述】

范仲淹的宦海生涯一波三折，屡遭贬谪，但他仍以天下为重，正直无私。他一生忠心为国、勤政为民，这里的句子，源自他给皇帝的奏疏。范仲淹认为，只有官员自己作风正派、为人耿直，才能够锄暴安民，有所作为，因此提倡为官应加强自身的修养与节操。他建议皇帝多用正直的官员，锄强铲恶，防止枉法裁判现象的发生，使吏治清明、百姓免受不白之冤。中国古代贤哲强调加强自身修养，然后再去治理百姓，体现了为官严于律己的优秀品德。

【原文】

发号施令，在乎必行；赏德罚罪，在乎不滥。——包拯《论星变》

【今译】

发布和施行号令，关键在于必须得到执行；奖赏德行、惩罚罪恶，关键在于不任意扩大范围。

【评述】

包拯,民间有"包黑子"之称,形容他执法无私、毫不容情。但"包黑子"并非师心自用、滥施刑威。他这里所说,颇有些近于如今的"有法必依,执法必严"。历代以来,执法者"玩法",可谓屡禁不止,包拯似乎早已认识到了这一点,因此他如此强调。今天,"有法必依,执法必严"依然是我们建立法治国家的重中之重,不能有丝毫的疏忽懈怠。

【原文】

专利国家,不为身谋。——司马光《谏院题名记》

【今译】

一心为国家谋利益,不为自己做打算。

【原文链接】

夫以天下之政,四海之众,得失利病,萃于一官使言之,其

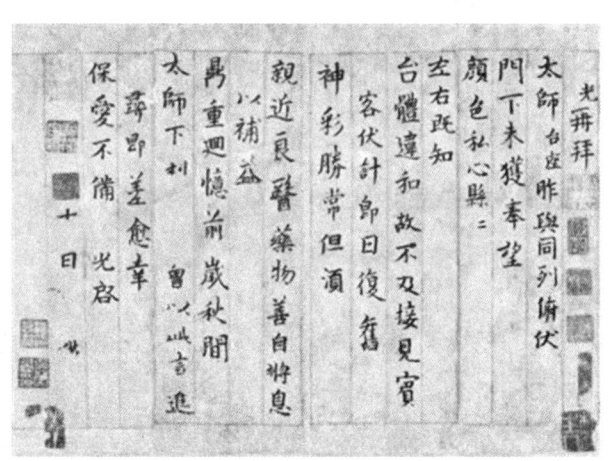

司马光手迹《神采帖》

为任亦重矣。居是官者,当志其大,舍其细;先其急,后其缓;专利国家而不为身谋。彼汲汲于名者,犹汲汲于利也,其间相去何远哉?(将天下所有的政事,四海之内的百姓,国家的利弊得失,都交萃于谏官身上,让他提出谏言,这责任也算很重了。做这种官的,应当注意重要方面,舍弃细枝末节;先考虑紧急的,后考虑可以缓一缓;一心为国家谋利益,而不为自己做打算。那些急于得到名声的人,就像那些急于得到利益的人,其间的差距多么大啊!)

——司马光《谏院题名记》

【评述】

司马光是北宋政治家、史学家,以《资治通鉴》而知名。他为官忠正,贡献良多。在《谏院题名记》中,他对当时的谏官提出要求:"当志其大,舍其细;先其急,后其缓。专利国家,而不为身谋。"这体现了他敢于直谏,不阿谀奉承;举忠斥奸,不为身谋的精神。司马光曾经说自己平生所作所为,没有一件事是不能对人讲的。他廉洁奉公、以节俭为乐的品德,更是一直被人传颂。

【原文】

但得众生皆得饱①,不辞羸病卧残阳②。——李纲《病牛》

【译注】

译:只要能让众人都饱食无忧,自己就是病弱得卧倒于残阳之下,也在所不辞。

注:① 得:表示完成。羸(léi):瘦弱。

【评述】

李纲此诗咏物以言志,通过对病牛奉献精神的刻画,表明自己心甘情愿为国效力,哪怕病倒也无怨无悔。这种精神,可谓前承诸葛武侯的"鞠躬尽瘁,死而后已",后起鲁迅先生的"俯首甘为孺子牛",反映了中华民族从古至今的仁人志士,为国为民奉献终身的博大胸怀和高尚品格,熔铸成了中华民族几千年来历久不衰的传统美德。(参见《美德诗文》)

【原文】

一身之利无谋也,而利天下者则谋之;一时之利无谋也,而利万世者则谋之。——胡宏《胡子知言·纷华》

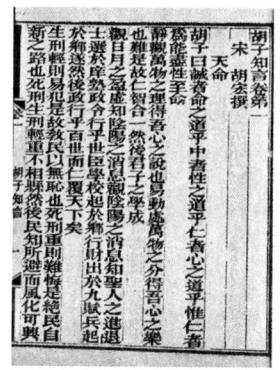

《胡子知言》书影

【今译】

一己的私利不要谋求,而要谋求天下人的全体利益;一时的利益不要谋求,而要谋求造福后人的长远利益。

【评述】

有时候利己与利天下是一致的,有时候则是相互对立、不可得兼的,此时应何去何从呢?有时候暂时利益与长远利益是一致的,有时候则是冲突的,此时应怎样选择?这是很典型的两对矛盾,不同的人处理方法各异,由此形成的后果也大相径庭。宋朝理学家胡宏提出了这样的问题,并做出了精彩的回答。胡宏之言,在今天、在未来,都有其积极意义。

【原文】

万钟一品不足论①,时来出手苏元元②。——陆游《五更读书示子》

【译注】

译:高官厚禄不值得在意,时机来到就要拯救百姓。

注:① 万钟:指优厚的俸禄。钟,古量器名。《孟子·告子上》:"万钟则不辨礼义而受之,万钟于我何加焉!"一品:一品官,泛指高官。苏:缓解、解除。② 元元:平民百姓。

【评述】

陆游一生忧国忧民,时时不忘收复失地、统一国家,但一生壮志未酬,直至临终前,还以国家大事为念。他不仅自己如此,也经常教育子孙立志报国、经世济民。这里,他教导儿子,不要以高官厚禄为人生目的,要时刻不忘救民众于水火,一有机会就要为百姓造福。这两句诗,充满了陆游为民服务、为民分忧的淳朴感情。在天下苍生的疾苦面前,禄有万钟、官至一品又有什么值得关切的,百姓的幸福才是最值得追求的啊!

【原文】

清风两袖朝天去①,免得闾阎话短长②。——于谦《入京》

【译注】

译:两袖清风去朝见皇帝,免得被左邻右舍说长道短。

注:① 两袖:古时衣服没有口袋,随身钱物放在袖中。闾阎(lǘyán):里巷内外的门,后多指里巷,借指平民百姓。

【原文链接】

绢帕蘑菇与线香，本资民用反为殃。清风两袖朝天去，免得闾阎话短长。

——于谦《入京》

【评述】

官场贪贿，代所不免。明英宗时，贪鄙成风，地方官进京，不带重金厚礼办不成事。时任地方巡抚的于谦，每次进京却都是两手空空。绢帕、蘑菇、线香，本来是于谦任职之地的土特产，根本算不上贵重，可这些东西却是百姓衣食所资。如果官吏肆意搜刮，反倒成了百姓的祸殃。于谦以诗言志，表达了他的爱民思想。"清风两袖朝天"，"天"颜会不会大悦呢？这就要看"天"的德性了；不过，朝官、内监，肯定会有不少人不开心的——你"两袖清风"肩膀扛着脑袋就来了，叫我如何开心？

于谦手迹《公中塔图并赞语》(局部)

【原文】

丈夫所志在经国，期使四海皆衽席①。——海瑞《樵溪行送郑一鹏给内》

【译注】

译：男子汉志在治理国家，期望的是让全天下的人们都过上舒适

位于浙江省淳安县海瑞祠的海瑞塑像

的生活。

注：① 期：期望。衽（rèn）席：泛指卧席。引申为寝处（坐卧）之所，也借指太平安居的生活。

【评述】

海瑞是我国历史上有名的清官之一，为官清廉，公正爱民。海瑞为官，无意于获取荣华富贵、功名利禄，而是旨在能够为国效力、强国富民，使普天下的百姓都能够安居乐业，过上舒适而富足的生活。这两句诗，正反映了他济世爱民的可贵思想。有此行，有此语，方不愧流芳史册的清官。

【原文】

君子之为君子也，一人死而万人寿①，一人痛而万人愈②，一人忧而万人乐，一人劳而万人逸③。——庄元臣《叔苴子·内篇》

【译注】

译：君子之所以为君子，在于他宁肯自己去死而使无数人长寿，自己疼痛而使无数人痊愈，自己忧愁而使无数人快乐，自己辛劳而使无数人安逸。

注：① 寿：长寿，活得很久。② 愈：病好了。③ 逸：安乐，安闲。

【评述】

　　庄元臣是明朝文人,中过进士,做过中书舍人。他博览群书,无书不读,思想上融汇儒、释、道三教。《叔苴(jū)子》是他的主要著作,以道融会儒、释,提出了许多经世治学的独到观点。

　　品德高尚的人,在利己与利人的选择上,从来都是义无反顾地选择舍己为人。他们自己宁愿衣不蔽体、食不果腹,只求换得无数人衣食无忧;自己宁愿疾病缠身、病入膏肓(gāohuāng),只求换得无数人身强体健、幸福安康;自己宁愿终身劳累、英年早逝,只求换得无数人长命百岁、团团圆圆。这种如海洋般宽广的胸怀与博爱的思想,真是让人赞赏与钦佩。

【原文】

　　不以一己之利为利,而使天下受其利①;不以一己之害为害,而使天下释其害②。——黄宗羲《明夷待访录》

【译注】

　　译:不把自己的利益当利益,而是让全天下的人们都能获得利益;不把自己的祸害当祸害,而是让全天下的人们都能免除祸害。

　　注:① 受:接受(别人给的东西),获得。② 释:消除。

【评述】

　　有句话说:"比海洋更宽广的是天空,比天空更宽

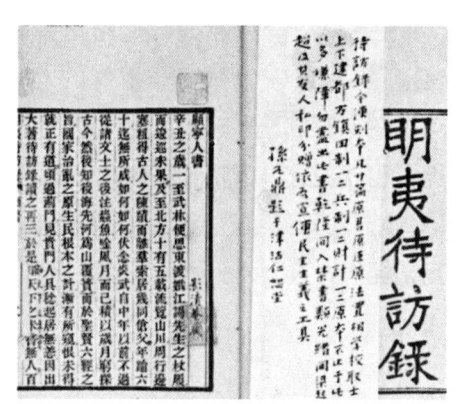

《明夷待访录》书影

广的是人的胸怀。"黄宗羲的话，就充分显示了他比天空更宽广的胸怀。"趋利避害"是人之本性与常情，但黄宗羲却对一己之利和一己之祸毫不挂心，他关心的是整个天下民众的利益与祸患。如果百姓安康富足，他就认为自己也得到了利益；如果民生艰辛，他就认为自己也遭受了贫困之苦。这种乐民之乐、忧民之忧的胸怀，很值得后人世代赞赏与借镜。

【原文】

人人好公①，则天下太平；人人营私②，则天下大乱。——刘鹗《老残游记》

【译注】

译：每个人都为公，那么天下就会一派太平；每个人都谋私，那么天下就会一片混乱。

注：① 好（hào）：喜爱。② 营：图谋，筹划。

【评述】

"公、私"，向来是人们论辩最多的。但与"义利"之辩不同，"公"从来都占有优先于"私"的地位。然而，人毕竟是以个体形式存在的，"私"也不能全然置之度外。这样，公、私就有了先后之别，也就说，大家都先公后私，最终私利的获得也可以最大化；否则，就会国将不国，乱成一锅粥。刘鹗深刻认识到了天下为公的道理，提出人人为公，体现了其公而忘私的美好品德。

【原文】

各出所学，各尽所知，使国家富强，不受外侮，足以自立

于地球之上。——詹天佑

【今译】

每个人都应该拿出自己所学的知识和本领,各尽所能,使国家富强起来,不受列强的侵略与侮辱,能够完全自立于世界之中。

【评述】

詹天佑是我国近代科学先驱,著名铁路工程师。童年的时候,他目睹国家的落后与列强的欺侮,决心学好本领,救国救民。12岁时,詹天佑成为当时清政府"公费留学生"中的一员,赴美留学。学成归国后,他面对当时英、俄工程师的冷嘲热讽,迎难而上,独立完成了清政府修筑京张铁路的计划,并在世界上首创"人"字形

京张铁路建成时詹天佑(车前右三)与同事合影

铁路，解决了火车上山的难题。詹天佑以其知识与能力，为祖国赢得了莫大的荣誉。

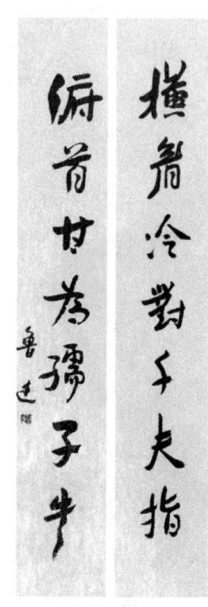

鲁迅手迹

【原文】

横眉冷对千夫指①，俯首甘为孺子牛②。——鲁迅《自嘲》

【译注】

译：冷眼怒目对待反动派的指斥，心甘情愿做人民大众的马牛。

注：① 横眉：怒目而视，表示愤恨和轻蔑。千夫指：众人都指责。千夫，指反动派，敌人。
② 孺子牛：比喻甘愿为人民大众服务的人。

【相关链接】

鲁迅的两句诗，"横眉冷对千夫指，俯首甘为孺子牛"，应该成为我们的座右铭。……一切共产党员，一切革命家，一切革命的文艺工作者，都应该以鲁迅先生为榜样，做无产阶级和人民大众的"牛"，鞠躬尽瘁，死而后已。——毛泽东《在延安文艺座谈会上的讲话》

【评述】

鲁迅先生的这两句诗，集中体现了他的世界观、人生观。这可谓先生毕生遵守的誓言，也是他高贵人格的真实写照。毛泽东主席认为它十分中肯，"应该成为我们的座右铭"。或许在一个消灭了阶级的社会，我们不一定有机会"横眉冷对千夫指"，但"俯首甘为孺

子牛"却是任何时候都需要的。（参见《美德诗文》）

【原文】

我好像一只牛，吃的是草，挤出的是牛奶、血。——鲁迅，许广平《欣慰的纪念》

【评述】

鲁迅先生此言形象而深刻地体现了他无私奉献的精神。鲁迅以牛自喻，所言不虚。终其一生，先生都在探索救国救民的道路：他弃医从文，希望以文字唤醒国民；他指陈时弊，对社会黑暗痛加批判；他拍案而起，横眉冷对反动派的枪口；他关爱青年，甘愿为他们所役使……鲁迅夫人记下的这话，与先生"俯首甘为孺子牛"的自白，恰成对照，可谓鲁迅先生的精神写照。

【原文】

人生应该如蜡烛一样，从顶燃到底，一直都是光明的。——萧楚女《爝火》

【评述】

萧楚女是党的早期青年运动的领导人，和恽代英一起主编过《中国青年》。他曾形容自己的人生观是"蜡烛人生观"，并以此自励。在任广州农民运动讲习所专职教员、黄埔军校政治教官时，他都曾教导同

萧楚女像及其格言（李肇涛书）

学们：做人应该像蜡烛一样，彻底地燃烧自己、照亮别人。在课堂上，他曾因病咯血，但仍旧坚持上课。蜡烛一样的人生，始终燃烧、发光，给人温暖，给人光明，值得钦佩、学习。

【原文】

因为我们是为人民服务的，如果有缺点就不怕别人指出，不管是什么人，只要你说得对，我们就改正，你说的办法对人民有好处，我们就照办。——毛泽东《为人民服务》

【评述】

《为人民服务》，曾经与《纪念白求恩》《愚公移山》，合称"老三篇"，在一个时期几乎是每一个人所必须阅读的文本。如今看起来，文章里的话，大多数还是非常中肯、正确的，应该成为我们的遵循。因人废言、因时废言，都是短视的，显现了一个民族的不成熟。

毛泽东《为人民服务》里的这句话，体现了共产党人以人民利益为最高准则的人生追求。既然党是为人民服务的，目标是能使人民富足、安康、幸福，那么有了错误就不能怕被别人指出来；发现错误后，更不能百般掩饰，而是应该尽快改正；不管"办法"源自何人，只要对人民有好处，就应该照办，不容一丝的犹疑和拖沓。

【原文】

毫不利己，专门利人。——毛泽东

【原文链接】

白求恩同志毫不利己，专门利人的精神，表现在他对工作的极端负责任上,对同志、对人民的极端热忱。

我们大家要学习他毫无自私自利之心的精神。从这点出发,就可以变为大有利于人民的人。一个人能力有大小,但只要有这点精神,就是一个高尚的人,一个纯粹的人,一个有道德的人,一个脱离了低级趣味的人,一个有益于人民的人。

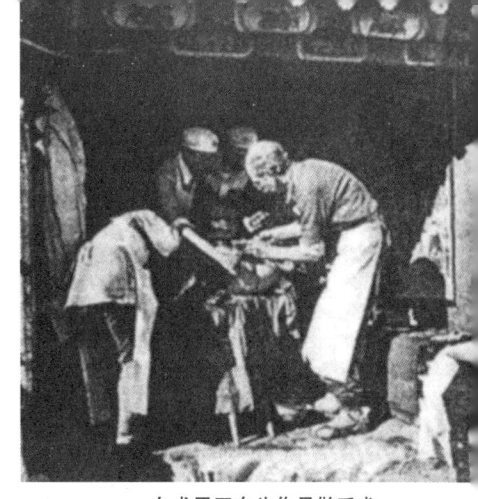

白求恩正在为伤员做手术

——毛泽东《纪念白求恩》

【评述】

白求恩是加拿大医生,抗日战胜期间,他率领由加拿大和美国医生组成的医疗队,来到我国晋察冀前线进行战地救护,救治了大批伤员。后来因手术感染,医治无效去世。为了纪念这位国际主义战士,毛泽东写了《纪念白求恩》一文,号召人们学习他"毫不利己,专门利人"的精神。一个时期,作为"老三篇"之一的《纪念白求恩》,其中的"毫不利己,专门利人"脍炙人口,成为人们处理公私关系的准则。这种行为原则很是高尚,但要人人都做到这一点,未见得多么现实。如果能够先人后己、人己互利,我们的社会就会相当不错了。

【原文】

要求于人的甚少,给予人的甚多,这就是松树的风格。——陶铸《松树的风格》

【评述】

　　松树，不要求人们对它呵护备至，就能茁壮成长。它不需要充足的雨水来浇灌，因为它耐得住干旱；不需要肥沃的土壤来滋养，因为它安守于贫瘠。烈日炎炎时，它给困顿的行人一片清凉如水的绿荫；暴雨如注时，它为前来躲避的路人遮风挡雨；它是主要的工业、民建用材，也有利于绿化建设、美化家园……这种风格正是古今仁人志士只愿奉献、不求索取的价值追求的体现，正是老一代无产阶级革命家精神风貌的映现。

【原文】

　　人的生命是有限的，可是为人民服务是无限的，我要把有限的生命，投入到无限的为人民服务之中去。——雷锋《雷锋日记》

【评述】

雷锋日记手迹（1961年10月20日）

　　在新中国，"雷锋"这两个字已经成了"毫不利己，专门利人"者的代名词，而雷锋精神也成了中华民族的代表性精神。很多人经常会问："人活着究竟是为了什么？"雷锋用他的实际行动回答："自己活着，就是为了使别人活得更美好。"人的生命是有限的，因此我们更需要珍惜这有限的生命，不要让它蹉跎而过，应该投入到无限的为人民服务之中去，在这有限的生命里绽放出最夺目的光芒。

【叁】

建功立业
志向高洁

【原文】

功崇惟志①，业广惟勤②。——《尚书·周书·周官》

【译注】

译：功绩突出，只因为志向远大；事业广大，只因为做事勤劳。

注：① 崇：高。② 惟：只、只有，这里有"只因为""只是由于"的意思。

【评述】

《尚书》里这两句话，指出了立志和勤劳是成就伟大事业的必要条件。道理其实也很简单：没有目标，没有志向，根本不知道自己要做什么，当然也就什么都做不出来；有了志向，有了目标，但又不肯勤勤恳恳去做，当然还是什么都做不出来。

【原文】

天行健，君子以自强不息。地势坤，君子以厚德载物。——《周易·象传》

【今译】

天体的运行刚强劲健，君子也应该像天行一样发奋图强、永不停息；

清华大学校训"自强不息，厚德载物"

大地的形势厚实和顺，君子也应该像地势一样培育美德、容载万物。

【评述】

这个句子出自孔子为《周易》写的《象传》。象传分为大象、小象，大象解释卦象的立义，小象解释六爻卦辞。这个句子，分别出自乾、坤两卦的"大象"。

天行健、地势坤，是古人对于天地自然的朴素认识。古人发现，天体运行非常有规律，周而复始、永不停息；而大地虽然居于下位，却承载万物、长养万物。进而从"天人合一"的角度，认为人应该效天法地，一方面刚强劲健，一方面厚实和顺，这样才能成为"君子"。

《周易》里的这两句话，虽然仅有二十个字，对我们民族性格的养成、民族精神的培育，却有着无论如何强调都算不上过分的作用。历代追求君子人格理想的人，无不以此为圭臬，即便进入近现代社会，它的作用仍旧存在。众所周知的清华大学校训"自强不息，厚德载物"，就来源于此。中华民族也正是因为有着这样的自强、厚载精神和胸怀，才能够生生不息、基业长青，巍然屹立于世界民族之林。

【原文】

虽无飞，飞必冲天；虽无鸣，鸣必惊人。——楚庄王（引自《韩非子·喻老》）

【今译】

不飞则已，飞则直冲云霄；不鸣则已，鸣则一鸣惊人。

【评述】

韩非子很会讲故事，用故事来说明道理，通俗易懂，入人也深。这里是说，楚庄王莅（lì，临）政三年，没有发布政令，也没有行政举措。有一次，大臣右司马和他闲坐，让他猜谜："有一只鸟，待在南方的山坡上，三年没动过翅膀，不飞不鸣，默然无声，这鸟叫什么名？"楚庄王说："三年不动翅膀，是要长羽翼；不飞不鸣，是要观察百姓的表现。虽无飞，飞必冲天；虽无鸣，鸣必惊人。"半年以后，楚庄王开始亲自听政，政令多有废立，大臣多有废起，人才有所举拔，国家大治，称霸天下。

楚庄王的这话，后来被概括成："不飞则已，一飞冲天；不鸣则已，一鸣惊人。"主要是说那些大器晚成的人。然而，"大器晚成"，不是躺在那里傻等，而是埋头苦读，刻苦锻炼，蓄势待发。就像楚庄王，不飞不鸣只是表面现象，长羽翼、观民情才是一飞冲天、一鸣惊人的资本。

【原文】

胜人者有力，自胜者强。——老子

【今译】

能够战胜别人的人，只能说明他有力量；能够战胜自己的人，才是真正的强者。

【原文链接】

知人者智，自知者明。胜人者有力，自胜者强。知足者富，强行者有志。不失其所者久，死而不亡者寿。（能够了解他人的人是智慧的，能够了解自己的人是高明的。能够战胜他人的人是有力量的，能够战胜自我的人是真正的强者。知道满足的人是富有的，不懈奋斗的人是有志气的。言行不离大道的人活得长久，躯体虽死而精神仍存的人是真正的长寿。）

老子骑牛图（宋·晁无咎绘）

——《老子》第三十三章

【评述】

一生之中，总有许多人，我们想超越他、战胜他。能超越、战胜别人，固然是一种成功，但人最大的敌人，其实并非别人，而是自己。人生在世，无可避免地会遭遇恐惧、逃避、懒惰、自满，它们都是会影响到个人成功的不利因素。如果我们能够战胜这些弱点、不足，就一定可以无往不胜，成为生活中真正的强者。

【原文】

三军可夺帅也①，匹夫不可夺志也②。——孔子（引自《论语·子罕》）

老木雕"三军可夺帅,匹夫不可夺志"

【译注】

译:一国军队的统帅可以换掉,但一个男子汉的志向却是不能强迫改变的。

注:① 三军:一国军队的通称。古制,12500人为一军。② 匹夫:指平民百姓,主要指其中的男子。夺:改变,换。也有解释成"夺走、夺去"的。志:志向、志气。

【评述】

孔夫子在这里谈论志向、志趣、志气、志节,用的是对比的说法。三军统帅,掌管一国军队,威风凛凛,匹夫与之相比,似乎微不足道。然而,这三军统帅,却是说换就换,可以改变的;而匹夫的"志",却不是那么轻易可以改变的,甚至强迫也无济于事。这也就是说,对于一个人来讲,他有自己的独立人格,任何人都无权侵犯。作为个人,他应维护自己的尊严,不受威胁利诱,始终保持自己的"志节"。

"匹夫不可夺志",这可以说是中国人"人格"观念的形成及确立。这种人格精神,在孔子之后,深刻影响了中国士大夫以及普通民众的人生追求和道德践履,深深地融入人们的血液。一个民族,只有人人都有"匹夫不可夺志"的气象,这个民族才能屹立于世界民族之林。

【原文】

朝闻道①,夕死可矣②。——孔子

【译注】

译:如果早晨听到(或明白了)正确的道理,即使晚上就死去也没有什么好遗憾的了。

注:① 朝(zhāo):早晨。② 夕:晚上。

【相关链接】

《世说新语·自新》载,周处年轻时凶狠强暴,被家乡义兴人称为"三横"之一。后来周处有悔改之意,但他怕光阴已经虚度,最终无所成就。当时文坛名士的陆云说:"古人贵朝闻夕死,况君前途尚可。且人患志之不立,亦何忧令名不彰邪?"后来,周处终于成了忠臣孝子。

"朝闻道夕死可矣"篆刻

——《论语·里仁》

【评述】

孔子的这句话,看起来似乎简单,但细究起来,却并非那么简单。首先是"道"该如何解释。解释成"道理",没错;但显然,解释成"真理"更为合适,杨伯峻先生《论语译注》就是这样语译的:"早晨得知真理,要我当晚死去,都可以。"但真理还是有些泛泛,意义不确定、不明显,因而有人从孔夫子的整体思想切入,认为这个"道"应该是"仁义之道"。

早晨明白了仁义之道,晚上死去也在所不惜。这是否又有些过于简单呢?仅仅是"知道"或者"明白"了这个道理,就死去,值不值得?如果这样,即便明白了多么深刻的道理,人生价值似乎还是有限,甚至十分有限。缘此,又有人认为,"死"应该是为动用法,应该解释成"为……而死",整句话可语译为:"早上明白了仁义之道,晚上为它去死也可以。"在这里,死就不仅仅是"知"的问题,而且有"行",达到了知行合一。

无论如何索解,都不能不承认,"朝闻道,夕死可矣"这句话对国人的影响。应该说,这里的"道",更主要地是指为人处世的道理和原则,包括孔子所提倡的仁爱、诚信、宽恕等美德。一个人的一生,需要有正确的行为准则来指导,从而使自己拥有正确的人生态度、高尚的品德和较高的修养。孔子此言,正是深刻地揭示了追求真理的重要性以及甘愿为真理付出一切的执着精神。

【原文】

不怨天①,不尤人②,下学而上达。——孔子

【译注】

译:不埋怨天命,不责怪别人,努力学习平常的知识,却透彻了解很多高深的道理。

注:① 天:上天,天命。② 尤:怨恨,归咎。

【原文链接】

子曰:"莫我知也夫!"子贡曰:"何为其莫知子也?"子曰:"不怨天,不尤人,下学而上达,知我者其天乎!"(孔子说:"没有人了解我啊!"子贡说:"怎么能说没有人了解您呢?"孔子说:"我不埋怨天,也不责备人,下学礼乐而上达天命,了解我的只有天吧!")

——《论语·宪问》

【评述】

孔子为了实践自己的政治主张,四处奔波,游说君主,但很少有人采纳,弄得很是狼狈。学生对此颇为感慨,子贡问是为什么,孔子用这话作了回答。孔子在政治主张不被人欣赏、接受的情况下说这话,是感慨,却不是抱怨,同时还有自我警戒之意。

很多人遇到挫折,往往不从自身寻找原因,而是一味怨天尤人——抱怨老天没给自己好运,责怪他人没能善待自己。实际上,这样做毫无益处,既解决不了问题,也不会让自己开心起来。只有从自身着手,寻找原因,改正缺点,弥补不足,依靠不断努力,方能获得真正的成功。何况,工作、生活中种种磨难,还可以使人获得人生经验——一如夫子所言"下学而上达",不也是赚了吗!

曾子画像

【原文】

士不可以不弘毅①,任重而道远。——曾参

【译注】

译：读书人不能不心胸开阔、意志刚强，因为他使命重大、道路遥远。

注：① 士：指读书人，知识分子。弘毅：抱负远大，意志坚强。弘，指广大，开阔。毅，指坚强，刚毅，果敢。

【原文链接】

曾子曰："士不可以不弘毅，任重而道远。仁以为己任，不亦重乎？死而后已，不亦远乎？"（读书人不能不心胸开阔、意志刚强，因为他使命重大、道路遥远。把实现仁作为自己的责任，难道还不重大吗？奋斗终生，死而后已，难道路程还不遥远吗？）

——《论语·泰伯》

【评述】

这是曾参对读书人自身使命和担当的诠释，他告诉我们：作为读书人，抱负要远大，意志要坚强，具有使命感，不达目的誓不罢休。岂止读书人，所有志士仁人，都应该有这样的自认和担当。只有胸怀广阔、意志坚强，才能公而忘私、国而忘家；才能攻坚克难、不屈不挠；才能临危不惧、镇定自若；才能屡仆屡起、坚持到底。曾子的这话，至今犹然振聋发聩、激动人心。

【原文】

太上有立德①，其次有立功，其次有立言，虽久不废②，此之谓不朽。——叔孙豹

【译注】

译：最高的是树立德行，其次是建立功勋，再次是著书立说，虽

然年代很久远，却仍然为人遵循、不会废弃，这才可以被叫作不朽。

注：① 太上：最上，最高。② 废：废止。

【相关链接】

二十四年春，穆叔如晋。范宣子逆之，问焉，曰："古人有言曰：'死而不朽'，何谓也？"穆叔未对。宣子曰："昔匄（gài）之祖，自虞以上为陶唐氏，在夏为御龙氏，在商为豕韦氏，在周为唐杜氏，晋主夏盟为范氏，其是之谓乎？"穆叔曰："以豹所闻，此之谓世禄，非不朽也。鲁有先大夫曰臧文仲，既没，其言立，其是之谓乎！豹闻之，'太上有立德，其次有立功，其次有立言'，虽久不废，此之谓不朽。若夫保姓受氏，以守宗祊（bēng），世不绝祀，无国无之，禄之大者，不可谓不朽。"

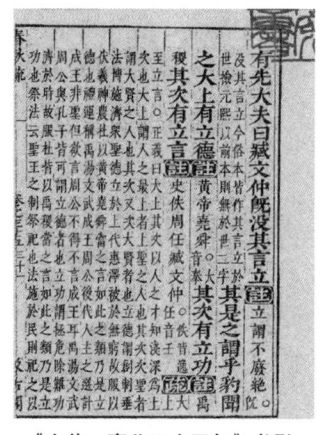

《左传·襄公二十四年》书影

——左丘明《左传·襄公二十四年》

立德谓创制垂法，博施济众；立功谓拯厄除难，功济于时；立言谓言得其要，理足可传。

——孔颖达《春秋左传正义》

服虔（东汉经学家）所认为达到"三不朽"的人物：立德：伏羲、神农；立功：禹、后稷；立言：史佚（yì）、周任、臧（zāng）文仲。

杜预（晋朝经学家）所认为达到"三不朽"的人物：立德：黄帝、尧、舜；立功：禹、后稷；立言：史佚、周任、臧文仲。

孔颖达除认可服虔和杜预的观点外，另外认为达到"三不朽"的人物：立德：禹、成汤、周文王、周武王、周公、孔子；立言：老子、庄子、荀子、孟子、管仲、晏婴、杨朱、墨子、孙武、吴起、屈原、宋玉、贾逵、扬雄、司马迁、班固。

曾国藩：古人称立德、立功、立言为三不朽。立德最难，自周汉以后，罕见德传者。立功如萧（何）、曹（参）、房（玄龄）、杜（如晦）、郭（子仪）、李（光弼）、韩（琦）、岳（飞），立言如马（司马迁）、班（固）、韩（愈）、欧（欧阳修）、李（白）、杜（甫）、苏（轼）、黄（庭坚），古今曾有几人？

【评述】

叔孙豹是春秋时期鲁国大夫，名"豹"，谥号曰"穆"，故史称"穆叔"等。他提出的三种不朽，后人概括为"三不朽"，成为人们追求的人生境界。"三不朽"并非平行排比、分量一致，而是有高下之分：立德最高，立功次之，立言又次之。为何如此排列，古来众说纷纭，但人们也认为道德榜样可以说是最为不朽的。

有所谓"禅者"，论及"三不朽"，说禅者反对功利，他们所谓"立功"是为众生求利益，"立功"是拯救众生心灵，使众生"除苦得乐"。可古来禅者却是靠着众生供养，教人们往生"极乐世界"，这样来"除苦得乐"。

【原文】

吞舟之鱼①，不游枝流②，鸿鹄高飞③，不集污池④。——《列子·杨朱》

【译注】

译：能够吞船的大鱼，不会游动在江河的支流中；翱翔长空的鸿鹄，不会栖息在肮脏的水塘里。

注：① 吞舟之鱼：能把船吞下去的大鱼。② 枝流：即支流，分岔的小河。③ 鸿鹄（hú）：大雁和天鹅。④ 集：聚集，停栖。污池：污秽的池塘。

【评述】

古人言"志"，角度不同，类型可谓丰富，有志大、志高、志远、志洁、志坚等。这里说的，前句应属志大，后句应属"志洁"。细细想来，古今中外的历史上，志向雄大高远的，并不少见；志向纯洁的，却颇有些寥寥。原因何在？在于立大志并不难，志向纯洁却不好做到。原因又何在？细细推想，原来不少所谓"大志"，有的是一己之志，为的是高名厚禄；有的是一党之志，为的是集团利益。这样的大志，有时候并不与天下百姓的愿望一致，因此有的会是志向越大，罪恶也越大。纯洁之志，不含私念，不谋私利，出以公心，福利大众，强盛国族，这才是难能可贵的。

【原文】

天将降大任于是人也①，必先苦其心志②，劳其筋骨，饿其体肤③，空乏其身④，行拂乱其所为⑤，所以动心忍性⑥，曾益其所不能⑦。——《孟子·告子下》

【译注】

译：上天要把重任交给某个人的时候，一定要先使他心意苦恼，使他筋骨劳累，使他忍饥挨饿，使他受尽贫困，使他做事颠倒错乱，从而使他心情振奋、性格坚韧起来，增加他原来没有的才能。

注：① 任：责任，使命。是：这，这些。亦作"斯"。② 心志：

孟子之言，至今仍是人们的座右铭

意志。③ 体肤：肌肤。④ 空（kòng）乏：使生计穷困。⑤ 拂乱：扰乱。拂，指违背，不顺；乱，指扰乱。⑥ 动心：使心情振奋。忍性：使性格坚韧。⑦ 曾益：增加。曾，通"增"。不能：不具备的才能。能，指才干。

【评述】

孟子说这番话之前，连续举了六个起于微贱，经过磨难而最终有所成就者的例子，证明堪当重任、成就突出的人，首先必须到艰苦环境中去磨炼，在磨炼中增长自己的才干。接着，孟子对具体现象予以概括，说出了这番话。

古往今来有多少仁人志士，在成就一番大事业之前，都曾经受过一番挫折与磨难，也正是这些挫折和磨难，成就了他们的品格和经验，从而最终达成了自己的目标，完成了自己的事业。而他们——尤其是汉文化圈里的他们，每当遇到磨难之时，几乎都会想起孟子的这段话，从而激发自己克服困难、奋发作为的豪情，坚定不断进取、成就事业的雄心。（参见《美德诗文》）

【原文】

生于忧患，死于安乐。——《孟子·告子下》

【今译】

忧患使人生存、发展，享受安乐使人萎靡、死亡。

【评述】

这里的话，与前条同出一篇，是该篇的总结。虽然只有八个字，却是历史经验的高度凝练，无论对于国家还是团体（诸如企业等）、个人，都可谓切中肯綮。我们说这话算得上颠扑不破的真理，大概不会差到哪里去。（参见《美德诗文》）

【原文】

志士不忘在沟壑①，勇士不忘丧其元②。——《孟子·万章下》

【译注】

译：有志之士不怕弃尸山沟，勇敢的人不怕丢掉脑袋。

注：① 志士：有远大志向和崇高节操的人。不忘：不怕。沟壑（hè）：深谷山沟。壑，指坑谷，山谷深沟。② 丧（sàng）：丧失，丢掉。元：头颅，脑袋。

【评述】

孟子说这话，有其背景。以前，齐景公到野外打猎，用旌（jīng，用五色羽毛装饰的旗帜）招虞人（守苑囿的小官）来，人家不来，他就要杀人家。虞人何以不来？原来是齐景公违反了应有的礼节，招虞人应该用"皮弁"，而不是"旌"。听了虞人的解释，齐景公这才作罢。对于这件事，孔子说："'守道不如守官'，君子韪（wěi，是、对）之。"

孟子和孔子一样,都很想实践自己的政治主张,却不肯随随便便让人招去。孟子的这两句话,就是借孔子称赞虞人的话,表达自己的志向,即"非其招不往也"(召唤不当就不去)。虞人受到称赞,正是因为其有骨气,不怕死。后人常引这两句话,来激励自己和他人,为了正义事业而坚定信念、视死如归。

【原文】

路漫漫其修远兮[①],吾将上下而求索。——屈原《离骚》

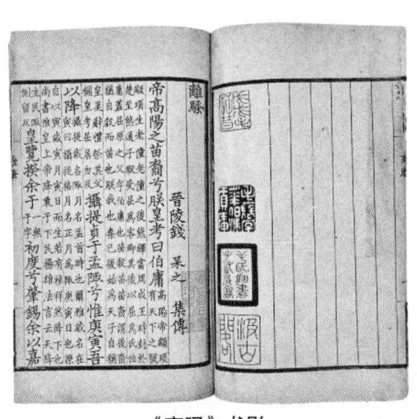

《离骚》书影

【译注】

译:道路虽然十分遥远漫长,(但为了寻求真理,)我仍然要上上下下不懈地追求和探索。

注:① 漫漫:道路遥远的样子。修远:长远。修,指长。

【评述】

屈原生活在楚国由盛转衰的转折时期,他因力主政治改革和连横抗秦而两次被放逐,最终因对时局绝望而投江自绝。这两句诗是《离骚》中的名句,表现了屈原对真理孜孜以求、九死不悔的抗争精神。这两句诗,也成了后人追求真理的箴言,激励着人们世世代代为真理而献身。

【原文】

与天地兮同寿,与日月兮齐光。——屈原《九章·涉江》

【今译】

要和天地一般长命不衰,和日月一样光芒四射。

【评述】

这是屈原在《涉江》中发出的呐喊,抒发了自己的远大抱负。屈原忠心为国,却屡遭猜疑,空怀一腔报国热情却无用武之地,只能徘徊于汨罗江边,将满腔爱国热情融于文字、铸成诗篇。他想救国于危难,力挽狂澜,建功立业,最终却未能实现。但他的言语发聋振聩,足以惊醒世人;他的忠诚照耀史册,为后世所敬仰。

【原文】

石可破也,而不可夺坚①**;丹可磨也**②**,而不可夺赤。——吕不韦**

【译注】

译:石头可以破成碎块,但坚硬的本质却不能改变;朱砂可以磨成粉末,但红色的本性却不能改变。(石头再怎么破碎,依然是坚硬的;丹砂无论怎么磨损,依旧是红色的。)

注:① 夺:消除,使之失去。坚:坚硬。② 丹:丹砂,又称朱砂。一种矿物,多为朱红色,有的为褐红色。

【原文链接】

石可破也,而不可夺坚;丹可磨也,而不可夺赤。坚与赤,性之有也。性也者,所受于天也,非择取而为之也。豪士之自好者,其不可漫以污也,亦犹此也。(石头再怎么破碎,依然是坚硬的;丹砂无论怎么磨损,依旧是红色的。坚硬和红色,是石头和丹砂的本性所固有的。本性是上天赋予的，不是可以随心所欲选择、获得、变更的。）

——吕不韦《吕氏春秋·诚廉》

【评述】

坚硬是石头的本质，红色是丹砂的本色，因此，它们不会因为外力而改变固有的本性。对人而言，也应该如此。这一方面是说，一个人本性难移，所谓"狗改不了吃屎"；但更重要的一方面是说，一个意志、品质杰出的人，身处的环境可以天翻地覆，但他的衷心和品节却不可改变。在争取国家独立、人民自由的征途上，多少仁人志士受尽煎熬，但他们依然坚忍不拔，赤诚不改，赢得了最后的胜利。

【原文】

燕雀安知鸿鹄之志哉①！——陈胜（引自《史记·陈涉世家》）

陈胜吴广起义雕塑

【译注】

译：燕雀之类的小鸟怎么能理解大雁和天鹅的志向呢！

注：① 燕雀：一种类似麻雀的鸟，低飞群居，这里比喻见识短浅的人。鸿鹄（hónghú）：大雁和天鹅，飞行均极为高远；这里比喻有远大抱负的人。

【评述】

陈涉也就是陈胜，秦末农民起义领袖。年轻的时候，陈胜曾和别人一起受雇给人耕地。有一次，在田埂上休息时，陈胜说："假如将来谁富贵了，不要忘记了大家。"同伴们听了，笑着说："你是受雇给人家耕田的，哪来的富贵啊？"陈胜叹息着说："唉，燕雀怎么能够知道鸿鹄的志向呢？"

显然，陈胜把自己和其他雇工区别了开来，他这话里，目光短浅、没有理想的人被比喻为燕雀，胸怀大志的人被比喻为鸿鹄。自喻为"鸿鹄"的陈胜，后来与吴广一起发动起义，掀起声势浩大的反秦农民战争，动摇了秦王朝的统治。陈胜的这句话，后来常被用来抒发个人怀抱和志向。

【原文】

壮士不死即已①，死即举大名耳②，王侯将相宁有种乎③？——陈胜（引自《史记·陈涉世家》）

【译注】

译：壮士不死便罢，死就要（干一番大事）闯出大名来，王侯将相难道是天生的贵种吗？

注：① 即已：则已，就罢了。② 举：举起。举大名，即闯出大

名,有号令天下的意思。③ 宁(nìng):难道。

【评述】

陈胜不满足于"佣耕"的现实命运,胸怀"鸿鹄之志",敢于向王侯将相世袭制度挑战。他与吴广揭竿而起,振臂一呼,群起响应。"王侯将相宁有种乎",这话如同一声号角、一面旗帜,激发了佣耕伙伴的反抗精神,从此揭开了我国农民反抗封建统治的历史篇章。在后来的历史中,这句话还是常被人们提起,一方面用来表达对专制统治的挑战,一方面用来表达草根民众对腐朽权贵的不满,至今也不乏现实意义。

董仲舒像

【原文】

临渊羡鱼^①,不如退而结网。——董仲舒(引自《汉书·董仲舒传》)

【译注】

译:站在水边上希望得到鱼,不如回去编织渔网。

注:① 临:临近,到……边上。渊(yuān):深水,潭。羡(xiàn):因喜爱而希望得到。

【评述】

董仲舒的这话,是给皇帝的对策中说的。他说:"汉得天下以来,常欲善治,而至今不可善治者,失之于当更(gēng)化(亦即改革）而不更化也。古人有言曰：'临渊羡鱼，不如退而结网。'今临政而愿治七十余岁矣，不如退而更化；更化则可善治，善治则灾害日去，福禄日来。"

董仲舒所谓"古人有言"，源自《淮南子·说林训》，原文为："临河而羡鱼，不如归家织网。"虽有两字之差，意思则完全相同，即只有愿望而没有举措，对做事毫无意义。任何事情都是靠行动来完成的，古今中外，无不如此。树立了远大理想，没有必要的条件和手段，又不能脚踏实地去做，理想永远也不可能实现。

【原文】

有志者事竟成。——刘秀（引自《后汉书·耿弇传》）

【今译】

有志向的人，做事终究会成功的。

【相关链接】

有志者事竟成，破釜沉舟，百二秦关终属楚；苦心人天不负，卧薪尝胆，三千越甲可吞吴。

——胡寄垣，题书斋联

【评述】

耿弇（yǎn）是东汉开国名将。有一次，光武帝刘秀派他去攻打地方豪强张步，战斗非常激烈。后来，耿弇的大腿被飞箭射中，他抽出佩剑砍断箭杆，继续指挥战斗，终于打败了敌人。刘秀犒劳了耿弇，并感慨道："将军前在南阳，建此大策，常以为落落难合，有志者事竟成也。"（将军以前在南阳时，提出攻打张步、平定山东一带,当初还觉得计划太大,担心难以实现。现在我才知道,有志气的人,事情终归是能成功的。)光武帝刘秀讲的"有志者事竟成也"一句,后来常被人们引用,成了成语"有志者事竟成"。(参见《美德故事》)

【原文】

丈夫为志,穷当益坚①,老当益壮②。——马援(引自《后汉书·马援传》)

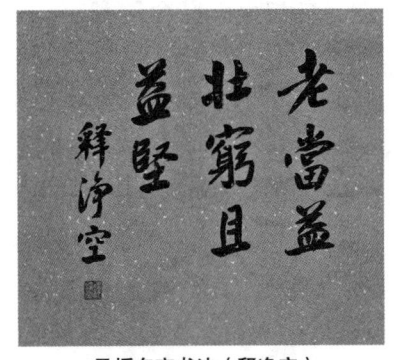

马援名言书法(释净空)

【译注】

译:大丈夫立志,处境越穷困,意志越应当坚定;年龄越老大,志气越应该雄壮。

注:① 当:应该。益:更加。② 壮:雄壮。

【评述】

这话是"伏波将军"马援对宾客说的,而且是经常说的。其实,马援说这话的时候,年纪不大,在刘秀手下做将军还在后边。但随着年纪增长,他却真的是老当益壮。史载建武二十四年(48),朝廷军队南征武陵五溪蛮夷,结果全军覆没。时年62岁的马援请战,光武帝刘秀念他年老,没有允许。而马援却说:"臣尚能披甲上马。"随之跨上马鞍,左顾右盼,显示自己足可一用。刘秀笑着说:"矍铄(juéshuò,精神饱满)哉是翁(这老汉)也!"史家也说:(马援)"徂(cú,过去、消逝)年已流,壮情方勇。"可见确实

美德箴言 —— 134

是"老当益壮"了。

每个人都有自己的人生志向,但并不是谁都能够坚守这一志向。在实现志向的途中,总是会遇到一些挫折与磨难。时光荏苒,当年华渐老时,许多人哀叹青春不再、此生朽矣,志向早已溜得没影儿。真正有抱负之人,不会被挫折吓倒,反而会越挫越勇;真正有志向的人,也不会哀叹年高,虚度余生,反而会及时努力,再立新功。

【原文】

为世忧乐者,君子之志也;不为世忧乐者,小人之志也。——荀悦《申鉴·杂言上》

【今译】

为天下人而忧愁,为天下人而快乐,这是君子的志向;不为天下人而忧愁,不为天下人而快乐,这是小人的志向。

【评述】

君子、小人的对比,在孔夫子的论述中就多能见到,后儒论述也颇多。这里,荀悦从志向的角度切入,以此区分君子小人,或说以此阐明志向。句子里的"世",可以说是指国家、民族,也可以说是指广大百姓。"不为世忧乐",也就是罔顾天下大事、只图个人利益。

个人与天下相比,可谓小矣。然而,个人一旦胸怀天下,把大多数人的利益放在心上,为天下人的忧愁而忧愁,为天下人的快乐而快乐,那么,他就是一个高尚的人。只有把"小我"放在"大我"之中,眼界才能更开阔,也才能有更大的发展。

【原文】

非澹（淡）泊无以明志，非宁静无以致远。——诸葛亮《诫子书》

【今译】

不恬淡寡欲就无法明确志向，不安宁清静就无法深谋远虑。（或译为：不清心寡欲就不能使自己的志向明确坚定，不安定清静就不能实现远大理想。）

【评述】

《诫子书》是诸葛亮写给儿子诸葛瞻的，当时诸葛亮54岁，儿子只有8岁。这封家书，对时人、对后人颇多教益，其中最为人称道的，就是这两句，它们既是诸葛亮一生经历的总结，也是对他儿子的要求和期望。（参见《美德诗文》）

不过，这话说得很"写意"，因而理解起来难免出现歧义。比如"明"，应该是"明确"的意思，但有人加上了"坚定"，"志"也成了"远大志向"；"致远"，除深谋远虑之外，还有解释成"实现远大理想"的。但考虑到诸葛瞻只有8岁，而诸葛武侯并非高调之人，

诸葛亮《诫子书》盘

还是解释得"淡泊宁静"一些为好。

淡泊与宁静,可以使人滤除杂念、摒弃诱惑,明确自己真正想要的是什么,怎样才能做到这些。做人、做事,要想达到理想境界,使自己心地澄静、心无旁骛是必不可少的。可以说,淡泊、宁静,才能够进入自我完善、人格升华的至纯至美之境。这恐怕也就是历来许多人,都喜欢把诸葛武侯的这句格言铭之座右、悬之厅堂的原因所在。只可惜的是,一些人既铭矣、悬矣,但心里头还是淡泊不下来、宁静不下来,志不明、远难致也就在所必然了。

【原文】

志当存高远。——诸葛亮

【今译】

立志应当心存高远。

【原文链接】

夫志当存高远,慕先贤,绝情欲,弃凝滞,使庶几之志,揭然有所存,恻然有所感;忍屈伸,去细碎,广咨问,除嫌吝,虽有淹留,何损于美趣,何患于不济?若志不强毅,意不慷慨,徒碌碌滞于俗,默默束于情,永窜伏于凡庸,不免于下流矣。(一个人应当心存高远的志向,追慕先贤,节制情欲,舍弃障碍,使希圣希贤的高远志向,在自己身上高举朗现,内心感动而心领神会。要能屈能伸,去掉琐碎杂事的纠缠,广泛请教他人,根除嫌隙吝啬,这样即使因挫折而滞留不前,又怎会有损于高尚的情趣,又何必担心事业不能成功?如果志向不刚强坚毅,意气不慷慨激昂,徒然碌碌无为地被世俗牵滞,默默无闻地被情欲束缚,永远混杂在平凡庸俗的人群之中,难免沦落到人生长河的下游。)

——《诫外生书》

【评述】

一个人能达到什么样的成就,与其所立志向有着密切的关系。如果立志高远,必然就会放眼未来,不断进取,从而取得更大的成就;如果志量狭小,对自己的要求就不会太高,努力有限,取得的成绩也就大不到哪里去。因此,一个人如果有远大的理想、崇高的抱负,并为之不懈努力,那么他势必会做出一番惊天动地的大事业来。从全文可知,诸葛亮不仅从正反两方面谈到了树立志向的作用,还论及了树立志向的具体方法,我们不妨一试。

【原文】

丈夫志四海,万里犹比邻①。——曹植《赠白马王彪》

【译注】

译:男子汉应该胸怀天下,万里之遥也如同比邻之近。(或译为:大丈夫应该胸怀广大,万里的距离在眼中看来就像邻居这么近。)

注:① 比邻:近邻。比,指并,紧挨着。

【评述】

皇室兄弟之间,向来很少存在和睦,曹植、曹丕兄弟更是如此。黄初四年(223),曹植与两个兄弟——白马王曹彪、任城王曹彰,一起到京城洛阳参加朝会,结果曹彰在洛阳暴毙。回封地的时候,曹植和曹彪(曹植异母弟)打算同路东归,叙叙兄弟阔别之情,但朝廷派出的监国使者不让,于是曹植写下了组诗《赠白马王彪》,抒写自己的愤懑和兄弟情谊。

这里的两句话,出自组诗的第六首,上下文还有"恩爱苟不亏,在远分日亲。何必同衾帱(qīnchóu,被子和帐子),然后展殷勤"等句,可见说的是兄弟之间的情谊——不能待在一起,劝慰兄弟把万里之遥看成近邻。不过,后人引用时,用其胸怀天下、志在四海,不屑屑以儿女私情、朋友私谊为念之意;所怀、所志,是百姓冷暖、国家兴亡。

【原文】

刑天舞干戚①,猛志固常在②。——陶渊明《读山海经》

【译注】

译:刑天不停地挥舞着盾牌和大斧,他的勇猛斗志坚定如昔、永存常在。

注:① 刑天:神话传说人物。据《山海经·海外西经》记载,刑天因和天帝争权位,失败后被砍了头,埋在常羊山,但他不甘屈服,以两乳为目,以肚脐为嘴,仍然不停地挥舞干戚。干戚:盾牌和大斧。② 固:结实、牢固。

【相关链接】

被论客赞赏着"采菊东篱下,悠然见南山"的陶潜先生,在后人的心目中,实在飘逸得太久了,但……除论客所佩服的"悠然见南山"之外,也还有"精卫衔

《山海经》里的刑天

微木,将以填沧海;形天舞干戚,猛志固常在"之类的"金刚怒目"式,……

——鲁迅《题〈未定草〉草》

【评述】

陶渊明的《读山海经》组诗共十三首,这里的诗句出自第十首。陶渊明退居田园,与世无争,似乎更多一些"柔和"的品性。但诚如鲁迅先生所说,陶渊明"不为五斗米折腰",心中自然有其刚骨,歌咏刑天,便使他的"金刚怒目"显现于世。精卫的矢志不渝,刑天的凌厉不屈,都是陶渊明所推崇的,也可以说是他的"不为五斗米折腰"的"先导"。俗话说:人活着是要有些脾气的。敢于对世俗之人、之事来点儿脾气,这人就立得住。

【原文】

纵横计不就①,**慷慨志犹存**②。——魏征《述怀》

【译注】

译:虽然所献计策未有成果,但雄心壮志依然在胸。

注:① 纵横计:谋取天下的谋略。不就:不被采纳。② 慷慨志:奋发有为的雄心壮志。

【评述】

魏征的这首《述怀》诗,写他先在瓦岗军李密帐下,多次献出计策,却不为所用;后来投向唐朝,献计唐高祖,自告奋勇招降李密旧部,获得成功。这里说"纵横计不就",说的就是向李密献计而不为所用;而"慷慨志犹存",则预示着志气不衰,还可以为李唐王朝效力。后人用这句话，则主要取其不能因为一两次的挫折、失利，就心灰意冷，丧失了斗志，而应该振奋精神、再次出发，这样才能实现人生志愿。

【原文】

即今江海一归客，他日云霄万里人。——高适《送桂阳孝廉》

【今译】

现在虽然是回归故乡的普通人，但来日便会成为超群出世的非凡之人。

【评述】

这是唐朝诗人高适送别友人的诗句，同时又是他的自勉之语，意思是：不要看你我现在普普通通、地位低微，但是经过努力，我辈定能够成就一番事业，成为超群出世的非凡人物。此言展示了高适对未来充满成功的信心与豪情，也教导着后人：人只要有远大的志向，不因眼前的失利裹足不前，放眼未来、积极进取，一定会有一个美好的前程。

高适与李白、杜甫吹台相会塑像

【原文】

仰天大笑出门去,我辈岂是蓬蒿人①。——李白《南陵别儿童入京》

【译注】

译:仰面向天纵声大笑着走出门去,我怎么会是长期身处草野之人?

注:① 蓬蒿人:草野之人,即没有做官的人。蓬、蒿,都是草本植物,这里借指草野(民间)。

【原文链接】

白酒新熟山中归,黄鸡啄黍秋正肥。呼童烹鸡酌白酒,儿女嬉笑牵人衣。高歌取醉欲自慰,起舞落日争光辉。游说万乘苦不早,著鞭跨马涉远道。会稽愚妇轻买臣(朱买臣),余亦辞家西入秦。仰天大笑出门去,我辈岂是蓬蒿人。

——《南陵别儿童入京》

【评述】

李白素有远大抱负,他立志要"申管晏之谈,谋帝王之术,奋其智能,愿为辅弼(bì),使寰区大定,海县清一"(《代寿山答孟少府移文书》)。但在很长的时间里,他都没有得到实现的机会。天宝元年(742),李白已经42岁,却不意得到唐玄宗召他入京的诏书。李白异常兴奋,满以为实现政治抱负的时机已经到来,立刻回到南陵家中,与儿女告别,并写下了这首洋溢着喜悦的古诗。诗中最后这两句,表明志向,慷慨激昂,可谓替千古草根志士扬眉吐气。

【原文】

宁知草间人，腰下有龙泉①。——李白《在水军宴赠幕府诸侍御》

【译注】

译：岂知我这个草莽之间的人，腰间也有龙泉宝剑，志在为国效力。

注：① 龙泉：宝剑名，古代传说中的名匠人欧冶子和干将铸造的利剑。

【评述】

李白一生狂放不羁，胸怀大才却不被赏识。怀才不遇使李白"白发三千丈，缘愁是个长"；使李白"抽刀断水水更流，举杯消愁愁更愁"。但即使在最失意、最不为当道所用的时候，他时刻挂念的仍然是腰佩三尺龙泉剑，驰骋疆场，为国效力。心系国家的中华儿女，即使身在草莽之中，心中也时刻牵挂着社稷大事。

【原文】

丈夫誓许国①，愤惋复何有②。——杜甫《前出塞》

杜甫草堂之诗史堂

【译注】

译：男子汉发誓以身许国，哪还有什么怨愤和惋惜。

注：① 许：答应，这里指以身许国。② 愤惋（wǎn）：怨恨、惋惜。

【评述】

杜甫是杰出的爱国诗人，他关心国事，忧国忧民，写下了许多反映现实的诗篇。他虽然官位卑微，却没有一刻忘怀国家的前途和百姓的安乐。他的许多诗歌，都在为国家和人民歌唱。这首《前出塞》，是"安史之乱"爆发之前的天宝末年的诗作；诗中的这两句，意在勉励征夫以身许国。实际上，这也正是杜甫的心声。

【原文】

功名只向马上取，真是英雄一丈夫。——岑参

【今译】

功名富贵只向马上求取，您真是一位英雄大丈夫。（或译为：依靠驰骋沙场奋勇杀敌、战功赫赫来博取功名，才是豪迈的英雄、堂堂的大丈夫。）

【原文链接】

火山六月应更热，赤亭道口行人绝。知君惯度祁连城，岂能愁见轮台月。脱鞍暂入酒家垆，送君万里西击胡。功名只向马上取，真是英雄一丈夫。

——《送李副使赴碛西官军》

【评述】

岑参是盛唐边塞诗的杰出代表,可谓率兵打仗、驻守边疆的马上诗人。这首《送李副使赴碛(qì)西官军》诗,是他写给出征西域的友人的。这两句诗豪气万丈,既勉励友人,也有自勉的意味。作者直抒胸臆,以示肝胆。沙场历来是英雄们展现才能的地方,勇冠三军、运筹帷幄,乃英雄所为,只有这样,才能实现远大志向,赢得生前身后名!

【原文】

为天地立心,为生民立命①,为往圣继绝学②,为万世开太平!——张载(横渠)《横渠语录》(《张子语录》)

【译注】

译:为天地确立生生之心,为百姓确保其安身立命,继承孔孟等往日圣人失传的学问,为天下后世开辟永久太平的基业。(或译为:为世界确立文化价值,为人民确保生活幸福,传承前辈创造的文明成果,开辟永久和平的社会愿景。)

注:① 立命:使百姓全其正命。朱熹注曰:"立命,谓全其天之所赋,不以人为害之。"又曰:"尽其道而死者,正命也。桎梏死者,非正命也。"一作"立道",即指明共同遵循的大道。② 绝学:断绝统序的学说。宋朝理学家认为,儒学道统自尧、舜、禹、汤、周文王,至于孔子、孟子。孟子既没,其道不传,

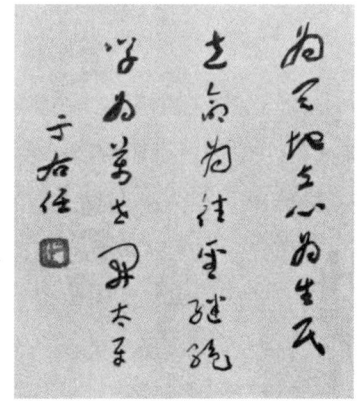

于右任手书"横渠四句"

故称"绝学"。至宋儒兴起,才倡明了千载不传之学。故称"为往圣继绝学"。

【相关链接】

天地以生生为心,圣人参赞化育,使万物各正其性命,此为天地立心也;建明义理,扶植纲常,此为生民立道也;继绝学,谓缵(zuǎn)述道统;开太平,谓有王者起,必取法利泽,垂于万世。——叶采

昔横渠先生有四句话,今教诸生立志,特为拈出,希望竖起脊梁,猛著精采。依此立志,方能堂堂正正做一个人。须知人人有此责任,人人具此力量。切莫自己诿卸,自己菲薄。此便是仁以为己任的榜样,亦即是今日讲学的宗旨,慎勿以为空言而忽视之。——马一浮《横渠先生四句教发微》

【评述】

张载的这四句话,被人们概括为"四句教"(冯友兰先生谓之"横渠四句"),可谓相当有名。这四个方面,涉及学问、事功,可以说是传统知识分子全部志向的凝练、概括,是无以复加的"大志"。马一浮先生以为"依此立志,方能堂堂正正做一个人",因而希望弟子们"竖起脊梁,猛著精采"。这种志向实在是够宏大,一般人怕是难以企及;但"虽不能至",也无妨"心向往之",因而我们也无妨"竖起脊梁,猛著精采"。

【原文】

立志不可大小。志小则易足,易足则无由进[①]。人若志趣不达[②],心不在焉[③]。——张载《经学理窟·学大原下》

【译注】

译:树立志向可大可小。志向小就容易满足,容易满足就没有进步的动力。人如果志趣不到某种地步,心也就不会用在那里。

注:① 无由:没有理由,指没有心气、动力等。进:前进,进步。② 达:到。③ 焉:于此,在这里、在那里。

【评述】

一般谈论志向,多是从立大志角度切入,这里却是论述"志小"。"志小则易足,易足则无由进",很容易理解:志向不够远大、目标不够高远,自然容易达成、实现,也就满足了;没有新的目标,也就失去了前进的动力。"人若志趣不达,心不在焉",却是颇为新颖、也值得记取的。我们平常以为"心不在焉",是因为精力不集中;而张载却指出其根本在于"志趣不达",很有道理。比如读书,如果漫无目的,没有与自己的志趣联系起来,必然心不在焉。因此,要克服心不在焉,就要把所做的事情与志趣牢固地联系起来。

【原文】

古之立大事者[①],不惟有超世之才[②],亦必有坚忍不拔之志[③]。——苏轼《晁错论》

【译注】

译:自古以来成就大事业的人,不仅有超绝世人的才能,也一定有坚忍不拔的意志。

注:① 立:成立,造就。② 超世:意指杰出不凡、异乎寻常。③ 坚忍不拔:形容信念坚定,意志顽强,不可动摇。坚忍,指坚定、忍耐;不拔,指不可拔除,亦即不可动摇。

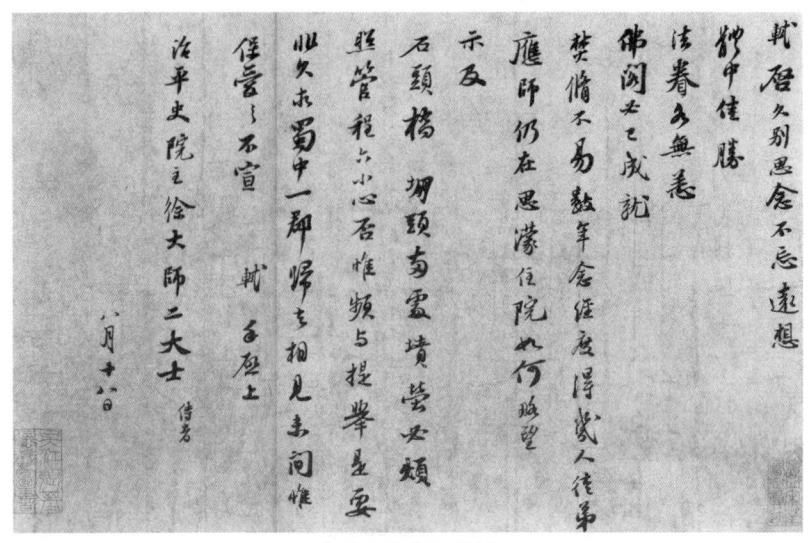

苏轼手迹《治平帖》

【评述】

《晁错论》是苏轼参加科考写的文章,其中提出了不同常人的见解。晁错力主削藩,招致藩王嫉恨,吴楚七国便以"讨晁错以清君侧"为名,发动叛乱,结果晁错被杀。历来人们论及此事,多以为晁错忠于朝廷,不该杀之。但苏轼却认为,酿成此祸,也有晁错自己的原因:想获得美名却又不肯承受患难,为了安全自己留守却让皇帝御驾亲征。这里的话,正是针对晁错缺点而言的。

一个人,如果想成就一番事业,才能与意志缺一不可,而且某种程度上,甚至可以说意志更为重要一些。对前进路上可能出现的坎坷、磨难,尤其要有心理准备,无所畏惧,不屈不挠。苏轼在这几句话之后,举了大禹治水的例子,说是:"方其功之未成也,盖亦有溃冒冲突可畏之患;惟能前知其当然,事至不惧,而徐为之图,是以得至于成功。"像大禹这样志向高远而且最终成功的人,关键之处并不是其才能比别人高,而是他们具有坚忍不拔的意志。

【原文】

莫等闲①，白了少年头，空悲切②。——岳飞《满江红·写怀》

【译注】

译：不要虚掷时光，等少年的黑发变成白发，便只能空自悲伤了。

注：① 等闲：随便，轻易。② 空：徒然。悲切：悲伤。

【评述】

岳飞的《满江红》词，气壮山河。这里的词句，说的是建功立业。岳飞主张积极抗金，并多次取得战争胜利。但朝廷主和派占上风，主战派有志不得伸，英雄无用武之地，因而岳飞才发出了这样的感慨。脱开时代环境，岳飞这话，可谓励志名句——不论做什么，都要及时努力，奋发有为。如果蹉跎岁月，老大无成，就只能徒然伤悲了。（参见《美德诗文》）

【原文】

百尺竿头，更进一步。——朱熹《答巩仲至》

【译注】

即使是到了百尺长竿的顶端，也还要继续努力，更进一步。

【相关链接】

师（招贤禅师）示一偈曰："百丈竿头不动人，虽然得入未为真。百尺竿头须进步，十方世界是全身。"（"……百丈的竹竿并不算高,尚需更进一步,十方世界才算是真正的高峰。")

——释道原《景德传灯录》卷十

位于福建省武夷书院的朱熹雕像

【评述】

朱熹在写给巩仲至的信中,勉励他说:"故聊复言之,恐或可以少助百尺竿头、更进一步之势也。"百尺竿头、更进一步,意即学问、成绩等达到较高程度后,应该继续努力,争取更大进步。做任何事,都应该抱着精益求精、更上层楼的态度。即使是已经取得了较高的成就,也不能沾沾自喜,不思进取。应该继续保持积极向上的心态,争取更大的进步,不断地超越别人、超越自我。

【原文】

士固有大意①,秋毫岂能干②?——曾巩《寄舍弟》

【译注】

译:读书人原本就怀有远大的志向,一点小小的挫折怎能影响他呢?

注:① 大意:即大志。② 秋毫:本指秋天鸟兽身上新长的细毛,后用来比喻细微的事物。干(gān):干预,冒犯。

【评述】

想要实现自己远大的志向,必须做好承受失败的准备。世上之事并不总是一帆风顺,总要经历种种挫折与磨难。如若一遇到挫折就垂头丧气,怀疑自己的理想与追求,那就永远无法实现自己的抱负。读书人应该有广阔的胸襟、盖世的豪情和坚定的信念,面对挫折,一笑置之,才算得上真正的大丈夫。

【原文】

立志欲坚不欲锐,成功在久不在速。——张孝祥《论治体札子》

【今译】

树立志向应该坚定恒久,而不应该锋芒毕露;成功在于久久为功,而不在一时的急速。

【评述】

这两句话是说,志向达成的关键在于坚定与持久。人们常说:"君子立长志,小人常立志。"要想获得成功,就应该仔细考虑,选定志向。一旦确立了自己的志向,就应该持之以恒,百折不挠,一步步地去实现。相反,如果匆忙立志,急于求成,只能是欲速而不达,最终陷入"常立志"的怪圈而一事无成。

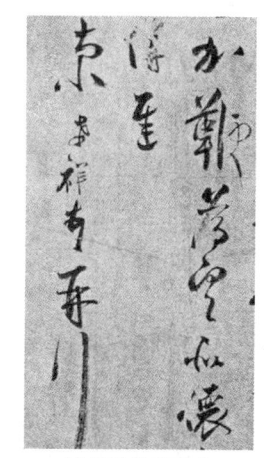

张孝祥书法真迹

【原文】

桑弧未了男子事[①]**,何能局促甘囚山**[②]。——文天祥《生日和谢爱山长句》

【译注】

译：桑弧蓬矢的男儿事业还没有了结，怎么能守在狭小之地无所事事呢？

注：① 桑弧："桑弧蓬矢"的略语。古时男子出生，以桑木作弓、蓬草为矢（箭），射天地四方，象征男儿志在四方。后用来勉励人应该树立远大志向。② 囚山：典出柳宗元《囚山赋》。柳宗元因贬谪地多山，故以山为囚笼而作赋。后多以赋"囚山"，喻指抒发对投闲置散生活的感慨。

【评述】

这是文天祥一首和诗中的句子。当时，他因触怒奸相贾似道，而免官回乡。就在此时，至交好友谢爱山翩然来访，还赠他长诗，于是文天祥写了这首和诗。生日所写的诗歌，不免抒写志向、感慨人生，这首诗即如此。这里的诗句，体现了文天祥的抱负。他不愿无所作为，老死于默默无闻之中，而是要志在四方，手握弓箭，挽弓射雕。绝不能忍受像燕雀一样低飞，像井底之蛙一样狭隘。

【原文】

沧海可填山可移，男儿志气当如斯①。——刘过《盱眙行②》

【译注】

译：海可填平、山可移走，男子汉的志气应该如此。

注：① 斯：此，这里指填海移山。② 盱眙（xūyí）：县名，今属江苏省淮安市。

【评述】

　　填海移山，可谓绝大的事业。宋朝豪放词人刘过，在诗句中说"男儿志气当如斯"，可见对男子汉的期许。无论男女，都应该胸怀大志，豪气冲天，哪怕是移山填海，也在所不辞。当然，移山填海之志，与脚踏实地、勤勉任事是相辅相成的。夸父逐日，志向高远，需要忍耐；精卫填海，志气不凡，需要坚持。移山填海的志向，需要纤针绣花的细致手段，需要水滴石穿的不懈坚持。

【原文】

手提三尺龙泉剑，不斩奸邪誓不休。——"九纹龙"史进等

【今译】

　　手提三尺龙泉宝剑，不斩奸邪之人誓不罢休。

【原文链接】

　　浩气冲天贯斗牛，英雄事业未曾酬。手提三尺龙泉剑，不斩奸邪誓不休！
　　——施耐庵《水浒传》第七十二回

【评述】

　　这是《水浒传》第七十二回"柴进簪花入禁苑　李逵元宵闹东京"中的诗句。元宵节那天，宋江、柴进等，在汴梁城中的樊楼上饮酒观灯，忽然听到隔壁有人作歌，"宋江听得，慌忙过来看时，却是'九纹龙'史进、'没遮拦'穆弘，在阁子

"九纹龙"史进（《水浒叶子》）

建功立业　志向高洁

内吃得大醉,口出狂言"。歌中的这两句,把梁山好汉的侠肝义胆、万丈豪情描绘得淋漓尽致。"奸人",恐怕不论在什么时代都会有,因此,"三尺龙泉剑"还是不能轻易放下的。

【原文】

蚯蚓霸一穴,神龙行九天①。——方孝孺

【译注】

译:蚯蚓独占一个巢穴,神龙纵横高天长空。(或译为:蚯蚓独占区区一穴之地就心满意足,而神龙却要飞上九天凌空翱翔。)

注:① 九天:九重天,指天的极高处。

【原文链接】

我非今世人,空怀今世忧。所忧谅无他,慨想禹九州。商君以为秦,周公以为周。哀哉万年后,谁为斯民谋?凤随天风下,

方孝孺墓牌坊

暮息梧桐枝。群鸱（chī，鸱鸮）得腐鼠，笑汝长若饥。举头望八荒，默与千秋期。一饱亮（谅）易得，所存终不移。池鱼不知海，越鸟不知燕。蚯蚓霸一穴，神龙行九天。大小万相殊，岂惟物性然。君子勿叹息，彼诚可哀怜。

——方孝孺《闲居感怀》其三

【评述】

人的志向的不同，诚如方孝孺所言，有如蚯蚓与神龙。胸无大志的人，只是像蚯蚓一样独占自己的洞穴，有个舒适的安乐窝就别无他求；而像神龙一样有冲天之志的人，则高瞻远瞩、胸怀天下，以天下为己任，奋发进取，为国为民服务奉献终生。英雄豪杰与凡庸鄙吝者的抱负，就是如此迥然不同。一个人，该做蚯蚓还是做神龙，昭然若揭。

【原文】

志不可一日坠[①]**，心不可一时放。**——胡居仁《居业录·学问第二》

【译注】

译：志气一天也不能消沉；心思一刻也不能放纵。

注：① 坠（zhuì）：落，下沉。放：放纵。

【相关链接】

志不可一日坠，心不可一日放。

——王豫《蕉窗日记》卷二

【评述】

　　不论"一日"还是"一时",总归是心、志要时时紧握,一刻不能放松。如果一日消沉、一时放松,就可能在这一日、一时之间出现疏失,产生断裂,影响学问、事业。更何况人人皆有惰性,一日消沉、一时放纵,就可能逐渐趋于消沉、放纵,以至于无日不消沉、无时不放纵,那就会彻底坏了事情。生活告诉我们,许多人并不是坏人,可就是因为一时放纵而失足,一失足而成千古之恨。志气、心思,还是紧握不放为好。

【原文】

男儿不展风云志,空负天生八尺躯。——题壁诗,冯梦龙《警世通言·旌阳宫铁树镇妖》

【今译】

　　有志气的男儿如果不能施展凌云之志,就辜负了上天赐予的八尺身躯。

【评述】

　　这是小说中的题壁诗,题写者不是什么英雄豪杰,却是一条"孽龙",意在复仇。不过,抛开背景不论,这两句诗却是铿然有生气。有着八尺身躯的堂堂男儿,若只是贪图安乐,心甘情愿堕入平庸之辈,不思进取,那就辜负了父母的养育之恩,泯灭了上天赋予的灵性。男儿生于人世间,就应该怀有"凌云之志",并为实现之而竭尽全力、奋斗终生,或纵横驰骋,或叱咤风云,或力挽狂澜、有所建树,方显男儿本色。

【原文】

名骥骋长途①,安得恋栈阜②。——归庄《送二兄尔德赴史阁部幕府》

【译注】

译:骏马渴望着能够驰骋万里,哪里会留恋马厩里安乐的日子啊!

注:① 骥(jì):骏马。骋:驰骋。② 栈阜(zhànfù):马栈(养马的木棚)和山丘(放马的山坡)。阜,也可以解释为"富足"。

【评述】

曹操曾用诗表明自己的志向:"老骥伏枥,志在千里;烈士暮年,壮心不已。"老骥尚且如此,名骥就更加渴望驰骋万里,不愿意安守在马厩里,放养在山坡上。以马比人,指有志向、有才能的人怀有远大的抱负,不畏艰险、努力拼搏,朝着自己的志向奋勇前进,而不愿意留恋安乐无忧的生活。

【原文】

丈夫志四方,有事先悬弧①,焉能钓三江②,经年守菰蒲③。——顾炎武《丈夫》

【译注】

译:男子汉大丈夫志在四方,天下战事若起,就应挺身而出,携带武器出战,怎么能垂钓于三江,终年与水草相守呢?

注:① 悬弧:古代风俗,家中生男,则于门左挂弓一张,后因称生男为"悬弧"。这里指佩带武器。② 焉能:怎能。③ 菰蒲(gūpú):

顾炎武故居

两种水草，生长在浅水处。

【评述】

顾炎武是明末清初文人，胸有大志。他心目中的"丈夫"，不是逃避现实、"独善其身"的人，而是以天下为重，志在四方、志在国家、志在为民之人。国难当头之际，正是大丈夫建功立业之时，此时应主动请缨，为国效力，这才应是志向所在，这样的人才可谓之"丈夫"。

【原文】

岂无怀土心，所羡千里途。——顾炎武《丈夫》

【今译】

哪里是没有思恋故乡之心，只是更羡慕能够奔上千里之途。

【评述】

古语云：忠孝不能两全。这就是说，居家尽孝与为国效力两者难以兼顾。男儿纵使扬鞭纵马、驰骋疆场,又怎会不怀念自己的家乡与亲人?但是居家尽孝,与为国效力相比较而言,大丈夫宁愿将怀土之心深深地埋在心底,而热切地期盼着能够踏上千里之途,为国家尽自己拳拳之心、绵薄之力。大丈夫舍家为国的崇高品格感人至深,引人思索。

【原文】

丈夫当为黄鹄举①,下视燕雀徒啁啾②。——王士禛《采石太白楼观萧尺木画壁歌》

王士禛放鹇图(清·禹之鼎绘)

【译注】

译:大丈夫应当像黄鹄那样高飞远行,看着燕雀在下边徒然地鸣叫。

注:① 黄鹄:大雁之类的飞禽。举:抬高,这里指高飞;比喻志向远大的人。② 燕雀:麻雀一类的小鸟;比喻没有远大抱负的人。啁啾(zhōujiū):指燕雀叽叽喳喳的叫声。

【评述】

这是一首观画诗,所观是萧云从的壁画,所见所感,吟而成诗。从这两句诗中,树立志向之外,还可以领悟:一个人要成就一番事业，总免不了遭到一些小人的非议。这时，你是努力奋发、积极进取呢，还是被小人的议论羁绊而裹足不前？答案是明确的。只要你胸怀大志，像黄鹄那样飞得高，行得远，世俗小人的议论又算得了什么呢？只要自己心怀远大理想，就不要在意是非之人的闲言碎语，就像高飞的黄鹄看着下面的燕雀徒然啁啾一样。

【原文】

志不真则心不热，心不热则功不紧。——颜元《习斋记余》

【今译】

志向不真诚，内心就难以产生热情；内心缺乏热情，事情就难以抓紧。

【评述】

颜元号习斋，清朝儒家学者，颜李学派的代表，直隶博野人。一生以行医、教学为业。他猛烈抨击宋明理学家"穷理居敬""静坐冥想"，主张"实学""致用"，故其学说也被称为"实学"。他的思想主张，受到近现代学者梁启超、胡适、钱穆等人的大力推崇和提倡。

这里的格言，说的是志向与事功的关系。没有志向，得过且过，自然对什么事情都不关心；不关心，也必然没有热心；没有热心，不论事业、学问，当然都不会抓紧了。如此一来，最后结果怎样，不言自明。可见志向不仅规定目标，还影响动力，真是需要严肃对待了。

郑板桥自画像

【原文】

扫云扫雾真吾事,岂屑区区扫地埃。——郑燮(xiè)

【今译】

扫尽天空的云雾才是我的事情,怎能甘心于只扫除地上的尘埃呢?

【原文链接】

一阵狂风倒卷来,竹枝翻回向天开。扫云扫雾真吾事,岂屑区区扫地埃。

——郑燮《题画》

【评述】

郑板桥(郑燮,号板桥)的诗,多数是题画诗,而他又喜欢画竹子,所以诗作写竹子的不少。这首诗即如此。诗作写竹子扫云扫雾,不屑于扫除地上的尘埃,其实也是剖白诗人自己的志向。这种志向与抱负,就是扫尽人世间污浊阴晦的云雾,还天下人一片清静透亮的天空。当然,做大扫帚,天上的雨雾要扫,地上的尘埃也要扫,这样才能天地同一清明。

【原文】

有志不在年高，无志空长百岁。——石成金《传家宝·俗谚》

【今译】

有志气并不一定非要等到年岁高，没有志气活到一百岁也是白活。(或译为：只要具有远大志向，就算年纪小也不打紧；缺乏远大志向，即便活到百岁也是虚度光阴。)

【评述】

这话是国内流传已久的俗语，很多人将之视为自己的座右铭，以此来激励自己奋发图强、成就大业。志气对人而言极其重要。如果一个人从小就拥有远大志向，以此来激励自己、要求自己，那么他的一生必将有所收获；如果一个人从来都没有什么志向，只是饱食终日、无所用心，那么即使活到一百岁，最终也只是两手空空，生命于他而言没有任何意义。

【原文】

凡将相无种，圣贤豪杰无种，只要人肯立志，都可以做得到的。——曾国藩《曾国藩家书》

【相关链接】

盖士人读书，第一要有志，第二要有识，第三要有恒。有志则不甘为下流；有识则知学问无尽，不能以一得自足；有恒则断无不成之事。此三者缺一不可。

——曾国藩《致澄弟温弟沅弟季弟》(道光二十二年十二月廿日)

【评述】

曾国藩是成就了大事功的人,也获得了封建时代令人羡慕的高位,因此他说出什么豪言壮语,也不会显得过分。所谓"无种",是说并非天生,而要"无种"变"有种",关键在于"肯立志"。也许有人会说:谁不肯立志?是啊,似乎谁都肯立大志,可许多人也就是立一立而已,今天立了,明天就忘了,其实等于没有立。而这里所谓立志,是要把这志向装在心里,时刻提点、振作、奋发,这样才会"都可以做到"。

【原文】

古之成大事者,规模远大与综理密微①,二者阙一不可②。——曾国藩《致沅弟》

【译注】

译:古来成大事的人,规模远大与综理密微,两个方面缺一不可。

注:① 规模:指人的才具气概,以及目标、规划。综理:综合管理。综,指综合;理,指管理,整理。密微:邃密而微妙,细密而微小。② 阙:同"缺"。

曾国藩家书手迹

【相关链接】

世间事各有恰好处,慎一分者得一分,忽一分者失一分。全慎全得,全忽全失。小事多忽,忽小则失大;易事多忽,忽易则失难。存

建功立业 志向高洁 —— 163

心君子，自得之体验中耳。

——曾国藩《曾文正公语录》

【评述】

这是咸丰七年十月初四，曾国藩给九弟曾国荃信里的话。这话指出了成大事必备的两种素养：规模宏大与综理密微。文字比较概括，理解起来还需细心推求。好在曾氏在信中已有论列，尤其是对于"综理密微"，从中不难理解其含义。或者，我们也可以用俗语"眼高手低"来推究："规模远大"，可略等于"眼高"；"综理密微"，则可略等于"手高"，而曾氏也有过"大处着眼，小处着手"之说。"规模远大"，似乎较为容易做到；"综理密微"，则颇不易易，因为不仅需要心意到，还要功夫、工夫兼到。曾氏行文中，缺一不可的二者，似乎也更偏重强调后者。再从信中提到胡润芝（胡林翼）称赞曾国荃"才大器大"之语，我们似乎可以体会到曾氏此信的用心——针对"才大器大"，提点兄弟重视"综理密微"。

【原文】

丈夫志四方，忍为别离哀。——郭嵩焘《送王归汀乡兼寄曾九弟》

【今译】

男子汉大丈夫志在四方，怎么能为别离而哀伤呢？

【评述】

"多情自古伤离别"，生离死别之痛是人之常情。如果因为别离而哀伤不已，将胸中的抱负抛之脑后，终将一事无成，这绝非有志男儿所应为。大丈夫志在四方，以四海为家、漂泊不定，应该胸怀宽广、视野宽阔，以天下为己任，这样才能建功立业、报效国家。郭嵩焘送别诗里的这两句，首先是在劝慰、勉励友人，同时也以此自勉，并激励后人要胸怀报国建业的大志。

【原文】

人生当作五湖游，安能终老荒山丘。——郭嵩焘《题〈望云思亲图〉》

【今译】

人生在世应当走遍五湖四海，怎么能在荒僻的山丘终其一生。

【评述】

古语云："父母在，不远游。"如今，时代不同了，许多人毅然远离家乡，历经种种磨难，希望有所作为，实现自己的人生梦想，这才是

郭嵩焘参观巴黎世博会

人生的意义所在；而消极处世，安于现状，庸庸碌碌，又怎会有人生乐趣呢？"好男儿志在四方"，"人生当作五湖游"，这些话语无不激励着年轻人志存高远、积极进取，成就一番事业。

【原文】

男儿志兮天下事，但有进兮不有止，言志已酬便无志。——梁启超

【今译】

有志男儿以天下为己任,前进没有止境,如果以为壮志已酬,那就是没有志向。

【原文链接】

志未酬,志未酬,问君之志几时酬?志亦无尽量,酬亦无尽时。世界进步靡有止期,吾之希望亦靡有止期。众生苦恼不断如乱丝,吾之悲悯亦不断如乱丝。登高山复有高山,出瀛海复有瀛海。任龙腾虎跃以度此百年兮,所成就其能几许?虽成少许,不敢自轻,不有少许兮,多许奚自生。但望前途之宏廓而寥远兮,其孰能无感于余情。吁嗟乎,男儿志兮天下事,但有进兮不有止,言志已酬便无志。

——梁启超《志未酬》

【评述】

何为有志,何为无志?这个问题从古至今历来众说纷纭,莫衷一是。在梁启超看来,有志就是为国效力、积极进取而永无止境。若做出些许贡献就认为自己劳苦功高,志得意满地躺在床上睡大觉,以功臣自居,只会贻笑天下,根本算不得有志向。做有志之人,须"独上高楼",忍得住寂寞;须"衣带渐宽终不悔",坚持不懈,才能终有所成。

【原文】

吾志所向,一往无前,愈挫愈奋①,再接再励②。

吾心信其可行,则移山填海之难,终有成功之日;吾心信其不可行,则反掌折枝之易,亦无收效之期也。

——孙中山《建国方略·孙文学说——行易知难（心理建设）》

【译注】

译：向着我的志向所指的目标，我将一往无前，越是挫折越是奋发，更加向前、更加努力。

我心里相信事情行得通，就是移山填海那么难，也终究有成功的一天；我心里相信事情行不通，就是回手折树枝那么容易，也不会有收效的日子。

注：① 奋：奋发，奋勇。② 再接再励：继续接战，继续努力。也写作"再接再厉"。

孙中山手书"奋斗"

【评述】

这两段话，都出自孙中山先生所著《建国方略》之一《孙文学说——行易知难（心理建设）》的"自序"。前一段，孙中山表达了自己矢志不渝、愈挫愈奋的志向和意志。后一段，由孙中山先生倡导的"行易知难"观生发而来，强调了信念的极端重要性。合起来看，也可以说是阐述了志向与信念的辩证关系。人的一生，信念或曰信仰，是十分重要的，没有信仰，没有坚定的信念，所谓远大志向，有可能在困难面前逐渐缩减，在挫折面前瞬间坍塌；而有了信仰，有了坚定的信念，志向就会无比坚定，直至理想变成现实。

【原文】

当立心做大事，不立心做大官。——孙中山《在上海中国国民党本部的演说》

【今译】

应当打定主意做大事,而不是打定主意做大官。

【相关链接】

平日立志,应该想做大事,不可思做大官。

——孙中山,1918年10月在广州国民党恳亲大会上

我劝诸君立志,是要做大事,不可要做大官。

——孙中山,1923年12月对岭南大学师生

【评述】

中国国民党正式成立半年后,在上海本部专门召集"考绩会议",讨论治党问题,孙中山先生在会上发表了演说。在演说中,孙中山强调党员应该注重党德和人格修养,尤其"要立心做大事,不要立心做大官"。这句话,孙中山后来在不同场合说过,成了"常劝大家"的话。我们国家,"官文化"传统深厚,许多人做官只是为了获得权势、利益,做事反倒成了"副业"。正是鉴于这种历史惯习,孙中山才强调做大事而非做大官。在今天看来,孙中山先生的这话,也可谓振聋发聩。

【原文】

死生一事付鸿毛,人生到此方英杰。——秋瑾《宝剑歌》

【今译】

把生死看得像鸿毛一样,人生能如此才算得上英雄豪杰。

【评述】

秋瑾是巾帼英豪,她身上的豪气,实在是令万千须眉男子自愧弗

如。她有《宝剑歌》,又有《宝刀歌》,诗歌中豪侠之气逼人。为了革命,她置生死于度外。她以自己的实际行动告诉人们:不要贪生怕死,要勇于为理想而献身,只有如此,才算得上英雄豪杰。试想,如果没有这些英雄豪杰流血牺牲,又怎会有我们今天和平幸福的生活呢?

【原文】

画工须画云中龙,为人须为人中雄。——秋瑾《赠蒋鹿珊先生言志且为他日成功之鸿爪也》

【今译】

画家就要画云中之龙,做人就要做人中之雄。

【评述】

中国历代"巾帼不让须眉"的女性不胜枚举,秋瑾可谓最为杰出的一位。宋朝女词人李清照用诗表白志气:"生当作人杰,死亦为鬼雄。"两人虽然处于不同的时代,但都有铮铮傲骨、逼人豪气,辉耀千古,使青史生色。

秋瑾牺牲后,孙中山题词缅怀

【原文】

古今之成大事业、大学问者,必经过三种之境界。"昨夜西风凋碧树,独上高楼,望尽天涯路。"此第一境也。"衣带渐宽终不悔,为伊消得人憔悴。"此第二境也。"众里寻他千百度,回头蓦(mò)见,那人正在灯火阑珊处。"此第三境也。——

王国维《人间词话》

【今译】

古往今来成就大事业、大学问的人,必然经过三种境界。"昨夜西风凋碧树,独上高楼,望尽天涯路。"这是第一阶段的境界。"衣带渐宽终不悔,为伊消得人憔悴。"这是第二阶段的境界。"众里寻他千百度,回头蓦见,那人正在灯火阑珊处。"这是第三阶段的境界。

这里的三段词句,分别出自晏殊《蝶恋花》、柳永《蝶恋花》、辛弃疾《青玉案》词。辛词"回头蓦见",一作"蓦然回首"。

【评述】

王国维是美学大家,《人间词话》举世知名。有趣的是,他从古人词作描摹中,总结出了成就大事业、大学问的三种境界,即三个阶段。第一阶段是混沌迷茫,不知前路何在,颇有些孤独无助;第二阶段是上下求索,历尽艰辛,不屈不挠,坚持不懈。第三阶段是柳暗花明,豁然开朗,光明顿现,成就在即。这三个阶段,可以概括为迷惘—求索—彻悟,要想成就一番事业、学问,几乎无法躐等逾越。有人把这三个阶段称为"人生三境界",每一境界均蕴含人生真味,何妨细加体味。

【原文】

铁肩担道义,妙手著文章。——李大钊,自撰对联

【评述】

李大钊是早期中共党员之一,一生与中国革命事业紧密联系。1916年9月的一天,一位朋友请他题写对联,李大钊记起了明人

杨继盛在甘肃省临洮县的超然书院题写的名联

杨继盛的名联"铁肩担道义,辣手主文章",于是题写了"铁肩担道义,妙手著文章"一联,与朋友共勉。杨继盛是反对权奸的义士,上疏力劾严嵩"五奸十大罪",文章自然以"辣手"出之;李大钊改"辣"为"妙",显示出为文的建设性意义。联中的"道义"指为国为民的理想和志向,"文章"则指宣传马克思列宁主义、建设"新纪元"。

【原文】

一个人有了远大的理想,就是在最艰苦的时候,也会感到幸福。——徐特立《谈幸福》

【评述】

对"幸福"的诠释,历来是仁者见仁、智者见智。然而,生活毫无目标,人生没有志向,这样的生活状态,无论如何都算不上幸福的内涵。理想对于人生的意义，就像火炬对于黑暗中摸索者的意义一样。一个人若是有了远大的理想，即使为之付出异样的艰辛，遍尝难耐的痛苦，但他心灵深处却会为自己的所作所为感到自豪，为自己逐步靠近理想而感到幸福。这种幸福，是缺乏理想的人体会不到，也理解不了的。

【原文】

立大志，做大事，探讨大学问。——陶行知《学做一个人》

【评述】

青年人应该树立宏大志向，只有确立了自己的志向，才能够做成大事，探讨出大学问。陶行知有志于中国的教育事业，他信奉王阳明的学说，又超越了王阳明；他在留美期间师承杜威，又在回国几年后完善了杜威的教育思想，并创立了"生活教育"学说。陶行知始终坚守自己的志向与理想，并为之做出艰苦的努力，最终成为杰出的人民教育家和深受人民爱戴的教育改革家。

鲁迅先生自己设计的《呐喊》封面（新潮社，1932）

【原文】

我想：希望本是无所谓有，无所谓无的。这正如地上的路；其实地上本没有路，走的人多了，也便成了路。——鲁迅《呐喊·故乡》

【相关链接】

什么是路？就是从没有路的地方

践踏出来的，从只有荆棘的地方开辟出来的。

——鲁迅《鲁迅语录》

【评述】

鲁迅先生的《故乡》，是人们耳熟能详的作品，其中闰土和迅哥的关系，让人难以忘怀。传统观念对劳苦大众的精神束缚，造成纯真人性的扭曲和人与人之间的隔膜。鲁迅先生希望改造旧社会、创造新生活，但现实又是如此令人不满。不过，先生并未沮丧，并未气馁，因为他知道，所有的路都是人走出来的，尽管开路者需要翻山越岭，需要披荆斩棘，甚至需要做出牺牲……如今，还有许多的路尚未开辟，鲁迅先生肯定希望后来者勇往直前，踏出国家、民族、人民需要的路来。

【原文】

敌人只能砍下我们的头颅，绝不能动摇我们的信仰！因为我们信仰的主义，乃是宇宙的真理。——方志敏《可爱的中国》

【评述】

从古至今，中国从来都不缺乏为自己的信仰而献身的人；方志敏烈士，是其中的佼佼者。正是因为他们不断追求真理，才推动着社会的发展、历史的进步。近代中国内忧外患，一大批仁人志士不懈探索救国救民之道，并为之浴血奋战。生命可以终止，对真理的追求却不会停止，任何事情都无法改变他们心中坚定的信仰。追求真理，也应该是我们现在、将来永远的信仰。

【原文】

支配战士行动的力量是信仰。他能够忍受一切艰难、痛苦，而达到他所选定的目标。——巴金《怎样做人》

【评述】

坚定而正确的信仰，是一个人崇高的精神状态，它能迸射出无穷的光芒，让人看轻困难，漠视痛苦，果敢前行。战士，就是为信仰而战的斗士；而信仰，就是支撑他们奋斗的力量。不论是与敌人作战、与困难作战，都需要信仰的支撑。有信仰的支撑，虽不能"无往而不胜"，但总不会半途而废。

【肆】

勤学精进
自强不息

篆刻"他山之石，可以攻玉"

【原文】

他山之石①，可以攻玉②。——《诗经·小雅·鹤鸣》

【译注】

译：别的山上的石头，可以拿来琢磨玉器。

注：① 他山：其他的山，别的山。② 以：用。攻：这里指琢磨。

【原文链接】

鹤鸣于九皋，声闻于野。鱼潜在渊，或在于渚。乐彼之园，爰（yuán）有树檀，其下维萚（tuò）。他山之石，可以为错。（幽幽沼泽仙鹤鸣，声传四野真亮清。深深渊潭游鱼潜，有时浮到渚边停。在那园中真快乐，檀树高高有浓荫，下面恶木叶凋零。他方山上有佳石，可以用来磨玉英。）

鹤鸣于九皋,声闻于天。鱼在于渚,或潜在渊。乐彼之园,爰有树檀,其下维榖。他山之石,可以攻玉。(幽幽沼泽仙鹤唳,声传天边很整齐。浅浅渚滩游鱼浮,有时潜入渊潭嬉。在那园中真快乐,檀树高高枝叶密,下面榖树矮又细。他方山上有佳石,可以用来琢玉器。)

【评述】

按照一般的解释,《鹤鸣》里这句话,原本用来比喻别国的贤才也可以为本国效力。后世人们使用这句话,更多侧重个人修养而言,即比喻别人可以帮助我们改正缺点、获得进步。这种作用,不仅见于品德培养,也见于学问、事功等诸多方面。在我们的一生中,利用好各种类型的"他山之石",对于我们的进步和成就,都会大有助益。

【原文】

日就月将①,学有缉熙于光明②。——《诗经·周颂·敬之》

【译注】

译:日日有所收获,月月有所进步,学习就能达到无比光明的境界。/"日有所就,月有所进,续而明之,以至于光明。"——朱熹《诗集传》

注:① 日就月将:每一天、每个月都接近一点。就,指靠近、接近;将,指行、进。② 缉熙(jīxī):积累光亮,比喻掌握知识渐广渐深。马瑞辰《毛诗传笺通释》:"《说文》:'缉,绩也。''绩'之言'积'。缉熙,当谓渐积广大以至于光明。"

【原文链接】

敬之敬之,天维显思,命不易哉。无曰高高在上,陟(zhì)

降厥士，日监在兹。维予小子，不聪敬止。日就月将，学有缉熙于光明。佛（bì，通"弼"，辅助）时（通"是"，这）仔肩（责任），示我显德行。（小心谨慎莫忘记，上天监察最明显。保持天命真困难，莫说高高在上面。事物由它定升降，每日监视这下边。想我这个年轻人，敢不听从不恭敬？日有成就月有进，学问积渐向光明。群臣辅我担大任，示我治国好德行。）

【评述】

一般认为，《敬之》是周成王表达自己心志的诗歌。其中的"日就月将，学有缉熙于光明"，说的是学习问题。"缉熙"，一般解作"光明"，那么"缉熙于光明"就是"光明之中的光明"，即"无比光明"的意思。另一种解释把"缉熙"二字分开来说，谓"积累光明"，朱夫子《诗集传》的解释，谓"续而明之"，似乎两个意思有所兼顾。其实，这话所言之理，总归是说：长期不懈地坚持学习，日积月累，不断有所收获、有所进步，就能达到无比光明的境界。

【原文】

少而好学①，如日出之阳②；壮而好学③，如日中之光；老而好学，如炳烛之明④。——师旷

【译注】

译：少年的时候好学，如同初升的太阳；壮年的时候好学，如同正午的阳光；老年的时候好学，如同燃烛的明亮。

注：① 好（hào）：喜欢，喜好。② 阳：阳光。③ 壮：壮年，古人三十岁以上为壮年。④ 炳烛之明：点燃蜡烛照明所产生的光亮。

师旷塑像

【原文链接】

晋平公问于师旷曰:"吾年七十,欲学,恐已暮矣。"师旷曰:"暮,何不炳烛乎?"平公曰:"安有为人臣而戏其君乎?"师旷曰:"盲臣安敢戏君乎?臣闻之:少而好学,如日出之阳;壮而好学,如日中之光;老而好学,如炳烛之明。炳烛之明,孰与昧行乎?"平公曰:"善哉!"(晋平公问师旷说:"我年已七十,想要学习,恐怕已经晚了。"师旷回答说:"晚了,为何不点燃蜡烛学习呢?"平公说:"哪有做臣子的戏弄他的君王的呢?"师旷说:"我怎敢戏弄君王呢?我听说过:年少时喜欢学习,就像是太阳刚刚出来时的阳光;壮年时喜欢学习,就像是正午时的光芒;老年时喜欢学习,就像是点燃蜡烛照明的光亮。点燃蜡烛照明,和摸黑走路哪个更好呢?"平公说:"说得好啊!")

——刘向《说苑·建本》

【评述】

师旷是先秦时期的盲音乐家,善于弹琴,辨音能力极强,以"师旷之聪"闻名于后世。他也是晋国的大夫,博学多才,很有见识。这里的话,讲的是学习的问题。师旷指出一生中几个时期的学习,都会放射出光芒——都会有其价值存在;即便年纪大了,学习还是会发挥作用。"炳烛之明"与"昧行"的对比,充分说明了学习的意义。因此，不管年纪如何，我们都不应该忘记学习，都应该抓紧学习，以避免"昧行"。让学习的光芒，照亮我们的人生吧！

【原文】

吾十有五而志于学①，三十而立②，四十而不惑③，五十而知天命④，六十而耳顺⑤，七十而从心所欲，不逾矩⑥。——孔子（引自《论语·为政》）

【译注】

译：我十五岁开始立志学习；三十岁，立身于社会；四十岁，掌握了各种知识而明辨是非、不致迷惑；五十岁，了解并顺应了上天安排的规律；六十岁，对耳闻的东西能够融会贯通；到了七十岁，便可以随心所欲，又不超越礼仪法度。

注：① 有：同"又"。古人在整数和零数之间多用"有"字，表示整数加零数。② 立：字面意思是"站得住"。《论语》中本来指懂得礼仪，引申指立身于社会。③ 惑：疑惑。④ 天命：自然规律，上天的安排。⑤ 耳顺：听到就能明白，指对耳闻的东西能够融会贯通。⑥ 逾：越过，超越。矩：法度，规范。这里指礼仪法度。

【评述】

这几句话是孔子的自述，总结了他一生的学习和修养过程。可以看出，孔子终生都在不断学习、修养，而随着学习和修养，知识程度和人生境界节节提升，最后到了"随心所欲不逾矩"的地步。后世的人们，常常用这里的"人生阶段"，按年龄来逐一要求自己——给自己设定阶段性目标；来逐一衡量自己——是不是像夫子那样做到了立身、不惑、知命等。就是说，孔夫子对于自己的人生总结，几乎成了后人的一把标尺。当然孔夫子是"至圣"，他的境界非一般人所能致；但虽不能至，心向往之——有一颗向上的心，是很重要的。

【原文】

学而时习之[①]**，不亦说乎**[②]**？**——孔子（引自《论语·为政》）

【译注】

译：学习之后按时复习，不也很令人愉快吗？

注：① 时：按时，时常。习：温习，复习。也有解释成"实习"的。② 说（yuè）：通"悦"，高兴，愉快。

【相关链接】

学而又时时习之，则所学者熟，而中心喜说，其进自不能已矣。

——朱熹《四书集注》

【评述】

读书学习的苦乐，向来聚讼纷纭，说乐的有，说苦的也不少。孔子认为，学习并不是一件痛苦的事情。能够全身心地投入学习之中，从中汲取所需要的知识，并不断地温故而知新，以此来提升自己的知识储备与身心修养，这该是一件多么快乐的事啊！能够以学为乐，以知为乐，才算达到了"学而不厌"的境界，也才是学有所成的有效途径。

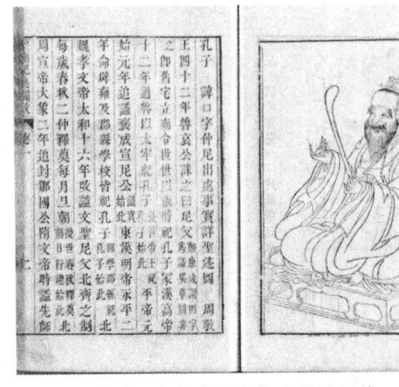

清《圣庙祀典图考》中的孔子像

【原文】

学而不思则罔①，思而不学则殆②。——孔子（引自《论语·为政》）

【译注】

译：只学习而不思考，就会迷惑不解；只思考而不学习，就会茫然无知。

注：① 罔（wǎng）：通"惘"，惘然，不知所措的样子。② 殆（dài）：疑惑。也有解释为"怠惰"的。

【相关链接】

就认识论，与康德所说"感性无知性则盲，知性无感性则空"，几乎同一思路。这一道理至今仍不过时。东海西海，此心相同，此理相同。

——李泽厚《论语今读》

【评述】

这里论述的是读书与思考的关系。孔子认为，在学习中，学和思不能偏废；否则，都不可能取得好的效果。如果只是被动地接受知识，不去积极思考、辨别和理解，就无法形成自己的观点与见解；同样，如果不去学习已有知识与经验，思考必然缺乏基础，只能是凭空想象，就难免流于肤浅与幼稚。因此，在学习中努力思考，在思考中努力学习，这才是学习的正确途径。

【原文】

温故而知新①,可以为师矣②。——孔子(引自《论语·为政》)

【译注】

译:温习学过的知识,能有新体会和新认识,靠这就能做老师了。

注:① 温:温习。故:已经过去的。新:刚刚学到的。② 以:凭借。

【评述】

学习知识不可能一蹴而就,一劳永逸。知识的学习和掌握,是一个反复学习、不断领会的过程。同样的知识,每一次学习,都会与以前有所不同,都应该有新的体会、新的领悟,这就是"温故知新"。温故知新是很有用的学习方法,也是创新的途径;因为人们的新知识、新创意,往往都是在过去所学知识的基础上发展而来的。人的学习,一个阶段之后,有必要回过头来,总结、温故,这样不仅会有新的收益,也有助于后面的学习。

【原文】

知之为知之,不知为不知①,是知也②。——孔子(引自《论语·为政》)

【译注】

译:知道就是知道,不知道就是不知道,这才是最明智的。

注:① 知之、不知:这两个"知"(zhī),是知道的意思。② 是知也:是,代词;知(zhì),同"智",聪明,智慧。

【相关链接】

古人质实,不尚智巧,言论未详,事实先著。知之为知之,不知为不知。

——陆九渊《与朱元晦(朱熹)书》

【评述】

孔子的话,是讲给弟子仲由(子路)的,说的是正确的学习态度。孔子认为,只有正确对待学习,才能学到真知识,不会骄傲自满,而这也才是明智之举。读书学习,不懂装懂是大忌。当今世界,书海浩瀚,知识日增,谁也不可能是"事事通"。遇到不懂的问题,就应该认真学习、虚心请教,这样才能丰富自己的知识,不断上进。如果不懂装懂,不仅不会长进,还肯定有一天会出乖露丑,大煞风景,何苦来哉!

【原文】

敏而好学①,不耻下问②。——孔子(引自《论语·公冶长》)

孔子问礼老聃

【译注】

译：聪敏而虚心好学，不以请教下面的人为耻。

注：① 敏：敏捷，勤勉。② 下问：向下求教。耻：羞耻。下，指下面的人，因为孔文子是卫国的大夫；泛指不如自己的人。

【相关链接】

凡人性敏者多不好学，位高者多耻下问。故谥法有以"勤学好问"为文者，盖亦人所难也。孔圉（即孔文子）得谥为文，以此而已。

——朱熹《论语集注》

【评述】

这原本是孔夫子回答子贡问题的话。子贡问道：孔文子谥号为何叫"文"？孔子答曰："敏而好学，不耻下问"就是"文"。后来人们用这句话，已经完全脱离了原本的环境，而且更为突出其中的"不耻下问"。读书为学之人，不仅要多学，也应该多问；不仅要向贤者，向比自己地位高、知识多的人请教，也要向下级、向草根、向知识不如自己渊博的人请教。尺有所短、寸有所长，不断地从别人身上学到东西，读书为学者才会获得最大的益处。

【原文】

当仁①，不让于师②。——孔子（引自《论语·卫灵公》）

【译注】

译：遇到应该做的事，不能犹豫不决，即使有老师在一旁，也应该抢着去做。（或译为：面临仁德，就连对老师也不能谦让。也有译为：担当实现仁道的重任,即使和老师相比,也不逊色。)

注：① 当(dāng)仁：常见两种解释：面临仁德；担当实现仁道的重任。② 让：谦让；逊让,引申为逊色。

【相关链接】

当仁,以仁为己任也。虽师亦无所逊,言当勇往而必为也。盖仁者,人所自有而自为之,非有争也,何逊之有？

——朱熹《论语集注》

可惜如今是"当名,不让于师",总以为天下第一,举世无双,老师更不在眼里了。

——李泽厚《论语今读》

【评述】

这句话,就是成语"当仁不让"的由来。词典对成语的解释是："原指以仁为任,无所谦让。后指遇到应该做的事就积极主动去做,不推让。"可见,这话解释起来,颇有歧义。

谦恭礼让是孔子提倡的德行,何况还是对老师。但"仁德"是原则问题,碰到这样的问题,应当奋勇争先,就连老师也不能谦让；应当是非分明,就连老师也不能退让；应当疾恶如仇,就连老师也不能忍让。孔子的话,使人联想起古希腊哲人亚里士多德的名言："吾爱吾师,吾更爱真理。"东西方两位先哲的话,如出一辙,足以醒世。

【原文】

吾尝终日不食①,**终夜不寝**②,**以思**③,**无益,不如学也。——孔子**(引自《论语·卫灵公》)

【译注】

译:我曾经整天不吃饭,整夜不睡觉,来苦苦思索,但毫无益处,不如去学习啊。

注:① 尝:曾经。② 寝(qǐn):睡觉。③ 以思:用来思考。以,指用,表示"思"的条件。

【评述】

这里说的还是学与思的关系。孔子曾说过:"学而不思则罔,思而不学则殆。"这话强调了学与思的同等重要性。孔子在这里认为,不读书学习而只是苦思冥想,即使花费再多的功夫,也只是浪费时间,还不如去读书学习。——强调了"学"超越于"思"的绝对重要性。而且孔子讲的是自己的经验,一般人恐怕更为如此了。当然,孔子绝不是否定"思"的重要性,而是强调"思"要建立在"学"的基础之上。从另一个角度来看,"思"似乎比"学"来得容易一些、写意一些,而读书学习青灯黄卷,不无苦楚。因而,孔子这话,应该也有纠正时弊、劝人舍易就难的意思?

【原文】

发愤忘食,乐以忘忧,不知老之将至云尔。——孔子(引自《论语·述而》)

【今译】

发奋读书就忘了吃饭,乐在其中就忘了烦忧,连衰老即将到来都抛在了脑后。

【评述】

　　这话可谓孔夫子的自画像——叶公问孔子的学生子路,老师孔子为人如何,子路没有回答。孔子得知后,对子路说:"你为什么不这样说:他这个人啊,发愤读书时就忘了吃饭,乐在其中就忘了烦忧,连衰老即将到来都忘在脑后了。如此而已。"

　　孔子认为,自己一生最突出的就是"好学"。这里的话,就是孔子好学的真实写照。可见他读书、学习不仅废寝忘食,而且乐在其中、忘乎所以,似乎时间都停滞了。孔夫子学习之刻苦、态度之认真、情绪之投入,宛然目前。

【原文】

学而不厌①,诲人不倦②。——孔子

【译注】

译:努力学习永远不会满足,教导别人从不觉得疲倦。

注:① 厌:厌烦,满足。② 诲:教诲。

【原文链接】

　　子曰:"默而识(zhì)之,学而不厌,诲人不倦,何有于我哉?[孔子说:"默默地记住(所学知识),学习不觉得满足,教人不知道疲倦,对我来说,还有什么遗憾呢?"]

　　——《论语·述而》

孔子杏坛讲学图

【评述】

孔子是学问家,是教育家,学习、教人是他一生最主要的志业。而且对此,他很是自信,也很感欣慰。就是说,孔子认为自己很好地做到了"学而不厌,诲人不倦"。他不仅学识渊博、知识丰厚,还教育出了包括七十二贤在内的三千弟子。后人遵循孔子的教诲,提倡"学而不厌,诲人不倦":学习的人要有韧性,不怕困难,不畏挫折,持之以恒;教学的人应有耐心,认真负责,循循善诱,不能厌倦懈怠。

【原文】

三人行,必有我师焉[①]**,择其善者而从之**[②]**,其不善者而改之。——孔子**(引自《论语·述而》)

【译注】

译:三个人(几个人)一起行路,其中一定有值得做我老师的人;我选择其中好的并且向他学习,不好的就作为借鉴,改正过来。

注:① 焉:兼词,"于之"的意思。三:泛指多人,不一定是确数。② 从:追随。

【评述】

孔子的学识,在当时已经驰名遐迩,很少人能够企及。但他依然人皆可师,虚心向别人学习。针对当时社会上流行的耻于从师的世俗观念,孔子提出了"三人行,必有我师焉"的观点。尤为可贵的是,他不仅要以善者为师,而且也以不善者为师。他认为每个人都有值得别人学习的地方,其优点固然应该学习、效法,而其缺点也会提醒人们自省、防范。其中包含的深刻哲理,至今,对于指导我们处事待人、修身养性、增长知识，都是有益的。

【原文】

学然后知不足，教然后知困①。知不足，然后能自反也②；知困，然后能自强也③。——孔子（引自《礼记·学记》）

【译注】

译：学习之后才知道自己有所不足，教授之后才知道自己有所困惑。知道有所不足，然后才能够自省；知道有所困惑，然后才能够自励。

注：① 困：不通，理解不清。② 自反：自我反观，反省自己。③ 自强（qiǎng）：自我勉励。强，指勉励。

【评述】

人贵有自知之明。自知之明何来？孔夫子这里说得明确：来自学、教。只有不断学习、教授，才能知道自己的不足和困惑所在，从而检讨、反省，自勉自励。也许有人会问：一般人可以学习，却不一定有机会教授，那是否就难以"知困"了？其实，教授也可以理解成思考、转述、应用的过程，而这些是每个人都可以做到的。在此基础上，不断发现问题、分析问题，就能提高、完善自己。

【原文】

博学而笃志①，切问而近思②，仁在其中矣。——子夏（引自《论语·子张》）

【译注】

译：广泛学习，牢固记忆（坚定志向），恳切提问，切实思考，仁德就在其中了。

注：① 笃志：厚识。笃，指厚实；志，通"识"，记住。也有解释为"意志坚定"的。② 切：恳切，亲切。近思：联系自己的情况思考。

【相关链接】

博，广也。笃，厚也。志，识也。言广学而厚识之，使不忘。"切问"者，亲切问于己所学未悟之事，不泛滥问之也。"近思"者，思己历未能及之事，不远思也。若泛问所未学，远思所未达，则于所习者不精，所思者不解。仁者之性纯笃，今学者既能笃志近思，故曰"仁在其中矣"。

——孔颖达《论语正义》

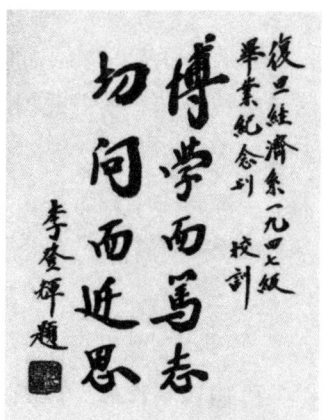

复旦大学校训（老校长李登辉书）

四者皆学问思辨之事耳，未及乎力行而为仁也。然从事于此，则心不外驰，而所存自熟，故曰"仁在其中矣"。程子曰："博学而笃志，切问而近思，何以言仁在其中矣？学者要思得之。了此，便是彻上彻下之道。"又曰："学不博则不能守约，志不笃则不能力行。切问近思在己者，则仁在其中矣。"又曰："近思者以类而推。"苏氏曰："博学而志不笃，则大而无成；泛问远思，则劳而无功。"

——朱熹《论语集注》

【评述】

按照朱夫子的解说，博学、笃志、切问、近思，"四者皆学问思辨之事"，那么"笃志"就是扎扎实实地记住；孔颖达也正是这样具体解释的——与"志向""意志"之类无干。不过，今人理解，"笃志"还是多和"志向"联系起来，说得也通。就是说，既要广泛地学习，又不漫无边际，而要有个追求的中心；既要多问问题，又不凭空驰想，而要多想自己近前的事情。

　　无论如何理解，"博学、笃志、切问、近思"四者，与"博学、审问、慎思、明辨、笃行"一样，受到教育界的追捧，复旦大学就以"博学而笃志，切问而近思"为其校训。曾任复旦校长的杨玉良这样解说校训：读书要细，需进行文本之精读，此为"切问"；知识分子应当心有隐忧，对问题要有独立的思考，即是"近思"；在人心灵成长的不同阶段，要读不同的原典，这就是"博学"；要为心灵和精神而阅读，在阅读中生活，这也正是"笃志"的意思了。

【原文】

日知其所亡[①]，月无忘其所能，可谓好学也已矣[②]。——子夏（引自《论语·子张》）

【译注】

译：每天学到一些过去不知道的，每月不忘记已经掌握的，这样就能说是好学了。

注：① 亡（wú）：同"无"。② 好（hào）：爱好，乐于。

【相关链接】

尹氏曰："好学者日新而不失。"《正义》曰：此章劝学也。亡，无也。旧无闻者当学之，使日知其所未闻。旧已能者当温寻之，使月无忘也。能如此者，可以谓之好学。

——朱熹《论语集注》

【评述】

怎样才算好学？有人可能会答以"手不释卷"。子夏关于"好学"的论述，也可以说是"手不释卷"，但表述得更为明确，这也就是尹氏所概括的："好学者日新而不失。"天天都学到新的知识，却从不失去。这样日积月累，知识越来越丰富，见闻越来越广博，必然会有所成就。不过，"日新不失"，是一种天长地久细水长流的工夫，简单至极，却并不容易做到。问题的关键，当然是持之以恒，这就需要突出的意志品质。

【原文】

博学之，审问之①，慎思之②，明辨之，笃行之③。——子思

中山大学校训

【译注】

译：广泛地学习,详细地询问(求教),慎重地思考,明确地辨析,认真地实行。

注：① 审：仔细,精审。② 慎：慎重,谨慎。③ 笃：切实,笃实。

【原文链接】

博学之,审问之,慎思之,明辨之,笃行之。有弗(不)学,学之弗能,弗措(搁置)也；有弗问,问之弗知,弗措也；有弗思,思之弗得,弗措也；有弗辨,辨之弗明,弗措也；有弗行,行之弗笃,弗措也。人一能之,己百之；人十能之,己千之。果能此道矣,虽愚必明,虽柔必强。(要广泛地学习,详细地询问,慎重地思考,明确地辨析,认真地实行。不学则已,既然要学,不学到通达晓畅绝不终止；不去求教则已,既然求教,不到彻底明白绝不终止；不去思考则已,既然思考了,不探究出一番道理来绝不终止；不去辨别则已,既然辨别了,不到分辨明白绝不终止；不去做则已,既然做了,不确实做到圆满绝不终止。别人学一次就会,我要学一百次；别人学十次就会,我要学一千次。果真能够实行这种方法,即使愚笨的人也一定会聪明起来,即使脆弱的人也一定会坚强起来。)

——子思《中庸》第二十章

【评述】

这段话,可谓儒家为学的经典论述。它从五个方面,指导做学问的途径和方法。所谓"博学",就是要广泛涉猎,汲取各种知识；所谓"审问",就是要详审查问,有针对性地求教,把不明白的问题弄清楚；所谓"慎思"，就是要周全地思考，在"慎"字上狠下功夫；所谓"笃行"，就是要把所学的东西付诸实行，指导实践。前四个方面，重在突出如何求知；后一个方面，则重在强调如何把所学知识运用到实践中去，使之发挥作用，"修身、齐家、治国、平天下"。

短短几句话，容量可谓极大。也正因为其短，表述简洁，易于记忆，加上丰厚的思想容量，这十五个字被后人视为修养的科目，笃实遵行。有些大学，还以之为校训，如中山大学的校训就是"博学、审问、慎思、明辨、笃行"，这也是孙中山先生的遗训；2006年7月，华南理工大学启用新校训："博学审问，慎思笃行"。

【原文】

玉不琢，不成器；人不学，不知道。——《礼记·学记》

【今译】

玉石不经过雕琢，就不会成为精美的器物；人不经过学习，就不懂得做人的道理。

【相关链接】

玉不琢，不成器。人不学，不知义。

——《三字经》

【评述】

玉石虽然非常珍贵，但不经雕琢，仍然成不了精美的器物；一个人即使天赋很高，如果不学习，也终将一事无成。此处以琢玉成器为喻，强调了学习与教育在育人成才方面的重要性。小至个人的发展，大至国家的治理，学习与教育都是发展之根本。

【原文】

士虽有学，而行为本焉。——墨子

【今译】

读书人虽然有学问，但是亲身实践才是根本。

【原文链接】

君子战虽有陈（阵），而勇为本焉；丧虽有礼，而哀为本焉；士虽有学，而行为本焉。是故置本不安者，无务丰末；近者不亲，无务来远；亲戚不附，无务外交；事无终始，无务多业；举物而暗，无务博闻。是故先王之治天下也，必察迩来远。

——《墨子·修身》

【评述】

在先秦诸子中，墨家学派是最注重实际行动的。墨子和他的弟子，不仅提出、宣扬不同于儒家、道家的主张，更在社会上亲身实践，胼手胝足，在所不辞。这与墨家人物多出身于小生产者，有着很大的关系。这种学以致用、实践为本的主张，在当时和今天都具有积极的意义。只读书而不去实践，总归是纸上谈兵，对社会没有多大用处，也不可能获得多大学问。

【原文】

尽信《书》，则不如无《书》。/ 尽信书，则不如无书。——孟子

【今译】

完全相信《尚书》，那还不如不去读《尚书》。

【相关链接】

甲子昧爽，受（纣王）率其旅若林，会于牧野。罔有敌于我师（没有人愿意和我为敌），前途倒戈，攻于后以北，血流漂杵（chǔ，捣衣棒）。一戎衣（军衣），天下大定。（甲子日清早，商纣率领他如林的军队，来到牧野会战。他的军队没有抵抗我军，前面的士卒反戈，向后面攻击，因而大败，血流之多简直可以漂起木杵。一举讨伐殷商，而天下大安了。）

——《古文尚书·武成》

孟子曰："尽信书，则不如无书。吾于《武成》，取二三策而已矣。仁人无敌于天下，以至仁伐至不仁，而何其血之流杵也？"（孟子说："完全相信《尚书》，还不如没有《尚书》。我对于其中《武成》一篇，就只相信两三页罢了。仁道的人在天下没有敌人，以极为仁道的周武王去讨伐极不人道的商纣王，怎么会打得惨烈到血流漂杵呢？"）

——《孟子·尽心下》

孟子塑像

【评述】

孟子在读《尚书》时，看到这样一段记载文字：周武王讨伐商纣王时，两军作战，血流漂杵。孟子认为：周武王是仁道之王，讨伐商纣王这样的不仁之人,怎么会血流漂杵呢?因此,孟子不相信《尚书》中的这一记载,并提醒后人:不要盲目迷信书本,而应该仔细加以分析,从而形成自己的观点和判断,这样才是读书的真正价值所在。

【原文】

博学而详说之,将以反说约也①。——孟子《孟子·离娄下》

【译注】

译:广博地学习、详细地解说,然后就可以返回到(融会贯通)说出要领的境界。

注:① 反:通"返",返回。说:说出。约:简约,这里指大意或要义。

【评述】

学习既是一个由少至多的过程,这样才能由不知到知、由知之甚少到知之较多,从而获得越来越多的知识;同时,学习也必须经过一个由博返约的过程,这样才能从众多知识中提炼出精义,把握到要领,从而获得简明扼要的真理。其实岂止学习,好多事情都是如此。比如为文,只会由浅入深,不能深入浅出,那自然算不得高明;比如处世,只会铺张扬厉、日趋奢华,不懂"绚烂归于平淡",那必然有大吃苦头的一天。

【原文】

不闻不若闻之①**,闻之不若见之,见之不若知之**②**,知之不若行之**③**,学至于行而至矣**④**。……闻之而不见,虽博必缪**⑤**;见之而不知,虽识必妄**⑥**;知之而不行,虽敦必困**⑦。——荀

子《荀子·儒效》

【译注】

译：没有听到不如听到，听到不如见到，见到不如理解，理解不如实行，学习到了实行也就到了极致。……听到而没有亲眼见到，虽然听的多，必定会有许多是错误的；见到而不能理解，虽然记住了，必定会有许多是虚妄的；知道而不去施行，虽然知识渊博，也必定会遇到困扰。

注：① 不若：不如。② 知：知道，理解。③ 行：实行。④ 至：极、最，指顶点、极致。⑤ 缪（miù）：通"谬"，错误，荒谬。⑥ 识（zhì）：记住。妄：虚妄，荒谬。⑦ 敦：厚，这里指知识渊博。

【评述】

认识事物有不同的途径，或者说不同的阶段。在这里，荀子就指出了"耳闻、目见、心知"三个方面，并进行了排列。而知识、道理并不以获得、懂得为止境，更重要的是"力行"，运用到实践中去。因为"力行"不仅是检验前三者的标准，还是创造和发展知识的根本。学到的、懂得的知识、道理，切实实行了，学习才算是达到了目的；否则，就可以说是前功尽弃了。

【原文】

青①，取之于蓝而青于蓝②；冰，水为之而寒于水。——荀子《荀子·劝学》

【译注】

译：青色染料是从蓝草里提炼出来的，但颜色比蓝草更蓝；冰是

荀子《劝学》名句随处可见

由水冷冻而来的,但比水更寒冷。

注:① 青:靛(diàn)青,一种深蓝色染料。② 蓝:蓼(liǎo)蓝,叶子可做染料。

【评述】

荀子作《劝学》,意在劝勉人们好好学习。在后世,这篇文章广为收录、引用,可谓流传千古。这两句话,出自这篇文章开头,以精确的比喻,强调学习不是重复已有的知识,而是要在前人的基础上有所创新,有所进步,超越前人。(参见《美德诗文》)

【原文】

不积跬步①,无以至千里;不积小流,无以成江海。——荀子《荀子·劝学》

【译注】

译:不一小步一小步地累积起来,就不能达到千里远的地方;没有一条条小河汇聚在一起,就不能形成大江大海。

注：① 跬（kuǐ）：半步。古代称跨出一脚为"跬"，跨两脚为"步"。

【评述】

荀子的这句话，与老子的"合抱之木，生于毫末；九层之台，起于累土；千里之行，始于足下"讲的是同一个道理，都是强调积累的可贵，并告诫世人：无论为学还是做事，都应该有坚忍不拔的毅力和持之以恒的追求，这样才能有所进步，并最终取得成功，实现理想。（参见《美德诗文》）

【原文】

锲而舍之①，朽木不折②；锲而不舍，金石可镂③。——荀子《荀子·劝学》

【译注】

译：雕刻如果半途而废，那么即使腐朽的木头也断不了；如果不停地雕刻，那么即使金属、石头，也能在上面雕刻出花纹来。

注：① 锲（qiè）：用刀子雕刻。② 折：切断。③ 镂（lòu）：原指在金属上雕刻，泛指雕刻。

【评述】

荀子以雕刻作为比喻，劝诫世人学习必须要有毅力和恒心，要锲而不舍。如果中途放弃，那么将会一事无成。（参见《美德诗文》）

【原文】

学至乎没而后止①。——荀子

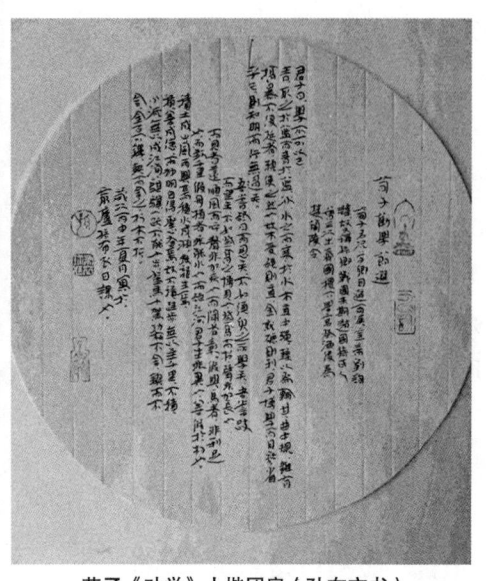

荀子《劝学》小楷团扇（孙布衣书）

【译注】

译：学习到了生命的最后一刻才会终止。

注：① 至乎：至于。乎，介词，相当于"于"。没（mò）：消失，这里指死。

【原文链接】

学恶乎始？恶乎终？曰：其数则始乎诵经，终乎读礼；其义则始乎为士，终乎为圣人。真积力久则入，学至乎没而后止也。[学习从哪里开始？在哪里结束？答曰：学习的步骤，应当从诵读《诗》《书》等经典入手，到阅读《礼经》结束。学习的意义，则从做读书人开始，到成为圣人结束。切实积累、持久努力，就能深入其中（得其乐趣），直到生命结束才会停止学习。]

——《荀子·劝学》

【评述】

荀子这里的"学至乎没而后止"，可谓得"终身学习"的先声；通常所说"活到老，学到老"，指的也是这个意思。当今世界日新月异，知识更新速度不断加快。如果有人认为出了学校大门就意味着今生学习的终结，那么，即使他拥有再高的学历，也会很快被不断发展的社会淘汰。终身学习的主张并非空穴来风，因为唯其如此，才能不断补充新知，增长见识，提升思想，跟上时代前进的步伐。

【原文】

善学者,假人之长以补其短。——吕不韦《吕氏春秋·用众》

【今译】

善于学习的人,能够借鉴别人的长处来弥补自己的短处。

【评述】

善于学习的人,应该注重学习的方法,不仅应该学习书本知识,更应该从身边之人学起。再优秀的人,都会有缺点需要改正;再笨拙的人,都会有其不易为人所发现的闪光点,值得别人去学习。真正善于学习的人,他会找到别人身上的闪光点,看到别人比自己所强之处,从而加以学习,这样才会使自己不断臻于完善。

【原文】

剑虽利,不厉不断①;材虽美②,不学不高。——韩婴

【今译】

译:宝剑虽然锋利,不打磨也无法斩断东西;天资虽然聪颖,不学习也不会提高学养。

注:① 厉:磨刀石,引申指"磨"。② 材:这里指资质、禀赋。

【原文链接】

剑虽利,不厉不断;材虽美,不学不高。虽有旨酒佳肴,不尝,不知其旨;虽有善道,不学,不达其功。故学然后知不足,教然后知不究。不足,故自愧而勉;不究,故尽师而熟。(宝剑

虽然锋利，不打磨也无法斩断东西；人的天资虽然聪颖，不学习也不会提高学养。虽然有美酒佳肴，不品尝也无法知道它的美味；虽然有正确的道理，不学习也无法发挥它的功效。所以说，学习之后才会知道自己的不足，教授之后才会知道自己研究不透。发现不足，所以感到惭愧而努力学习；知道不透，所以到处求教而深入了解。）

——《韩诗外传》卷三

【评述】

人们经常会了解到这样的事情：有的人天资不错，却一事无成；有的人天资平平，却有所成就。其间原因，不言自明，就在于努力与否。我们总是羡慕那些天才，比如达·芬奇、牛顿、鲁迅，可他们几乎异口同声地说：天才不敌勤奋，天才源自勤奋。看来，自恃天资出众，不肯勤奋努力，最终也只能是个"聪明的笨伯"。

【原文】

知无务^①，不若愚而好学。——刘安《淮南子·修务训》

【译注】

译：聪明而专心致力，还不如愚钝而勤奋好学。
注：① 知（zhì）：同"智"，聪明。务：致力，从事。

【评述】

人之天然禀赋不同，乃先天造就，不可强求。不过，天赋并不与学好和功成画等号，后天的努力有时候更为关键。资质高的人博闻强识，人所不及，这本来是一件值得庆幸的事情，但若其自视才高，终日游玩而无所事事，终将一事无成。"聪明反被聪明误"的现象并不少见，倒不如"愚而好学"者"笨鸟先飞"，甚至是"笨鸟常飞"，学得更多、更好。

【原文】

人而不学，虽无忧，如禽何①**？——扬雄《法言·学行》**

扬雄塑像

【译注】

译：为人而不去学习，虽然暂时没有什么忧患，但与禽兽有什么区别呢？

注：① 如禽何：能把禽鸟怎么样呢，即连禽鸟都不如。禽，指飞禽。

【评述】

从古至今，人们总是会与动物比较，来说明人能超越世间万物。这里，扬雄的人禽之比，意在强调学习对人的重要性。众所周知，动物靠遗传本能求生，人则是靠自觉学习立世。这种区别是显而易见的。反面论说，等于在说：人不学习，还不如畜生——学习于人的重要性，可谓无以复加。

【原文】

君子强学而力行。——扬雄《法言·修身》

【今译】

君子勤奋学习,努力实行。

【评述】

扬雄在这里谈到了君子修身的两个方面:强学和力行。一个"而",把二者连接起来,说明缺一不可。"强"和"力"的限定,又说明学和行,必须勤奋努力。勤奋学习,然后把学到的知识、道理努力运用到实践中去,这才是君子所为。话虽简单,道理不浅,不妨牢记心中。

【原文】

不学自知,不问自晓,古今行事①,未之有也。……故智能之士②,不学不成,不问不知。——王充《论衡·实知》

【译注】

译:不用学习就自己知道,不用求教就自己明白,自古至今,这样的事从未有过啊。……所以,即使聪明能干的人,不学习就不会有所成就,不请教就不会知晓道理。

注:① 行事:做事,所行之事。② 智能之士:有智慧和才干的人。

【评述】

王充在这里,用否定的方法,从反面强调了学习、求教的重要性。道理其实很简单，凡是要知道些什么、懂得些什么，必须勤学不已、虚心好问。任何人幻想不学自知、不问自晓，最终都要碰一鼻子灰。因为不仅是一般人，即便是"智能之士"，也是经过学习和求教才有所知、才有所成的。

【原文】

学问之法，不为（畏）无才①，难于距师②，核道实义③，证定是非也④。——王充《论衡·问孔》

【译注】

译：做学问的方法，不在于有没有才干，难的是不盲从老师错误的观点，核实道理、意义，明确孰是孰非。

王充《论衡》书影

注：① 不为：不是，不在于。为，一作"畏"；不畏，不害怕。② 距：通"拒"，拒绝，意指不盲从，敢质疑。③ 核道实义：即"核实道义"。④ 证定：证明并确定。

【评述】

王充的《问孔》，提出了一个十分重要的学习问题，那就"距师"——敢于质疑老师，反驳老师。尊师重教，是中华民族的优良传统，但不能因此忽略真理的追求，因为归根结底，老师的教诲正在于明辨是非、明确真理。不盲从于老师的观点，有辨别是非的能力和追求真理的勇气，才是为学最大的目的所在。

【原文】

少壮不努力，老大徒伤悲。——《长歌行》

【今译】

青春年少时不发奋图强，到了老年，就只能徒然悲伤了。

【相关链接】

少壮不努力，老大徒伤悲。平日弗用功，自到临期悔。——张岱《课儿读》

——汉乐府《长歌行》

【评述】

青少年时期是学习知识的大好时光，是贮备知识的最佳阶段。年少时不努力，虚掷时光，其实是虚掷了自己的生命，到了年事已高，再着急也是白费。人生的自然规律是不可逆的，千万不要拿它开玩笑；否则，被"忽悠"的只能是我们自己。青少年朋友们，还是趁年少时光努力学习吧！

【原文】

读书百遍，而义自见[①]。——董遇

【译注】

译：读书读过一百遍，书中之义就会自然显现。

注：① 见（xiàn）：通"现"，显现。

【原文链接】

人有从学者,遇不肯教,而云:"必当先读百遍!"言:"读书百遍,其义自见。"从学者云:"苦渴(为……苦恼、焦急)无日。"遇言:"当以'三余'。"或(有人)问"三余"之意。遇言:"冬者岁之余,夜者日之余,阴雨者时之余也。"(有个想向董遇求教的人,董遇不肯马上就教,而是要那人一定先读书百遍再看,还说:"读书一百遍,书里的意思就会自然显现出来。"求教的人说:"苦于没时间。"董遇说:"应当利用'三余'。"有人问"三余"的意思,董遇说:"冬天是一年的余闲,夜晚是一天的余闲,下雨天是四季的余闲。")

《秋林读书图》局部
(明·项圣谟绘)

——鱼豢(huàn)《魏略·儒宗·董遇传》;陈寿《三国志·魏书·王肃传》

【评述】

董遇是三国时期的魏国人,性格质朴,不善言辞,但十分好学。汉朝末年,天下大乱,董遇以拾稻、打柴维生。每次出去打柴,董遇总是带着书籍,一有空闲就拿出来阅读,最终成为一代儒宗。在这里,他突出强调了诵读在学习中的重要性,而这也是旧时塾童、儒生学习的重要方法。近现代以来,有人以新的教育理念否定这种方法,以为不科学。如今回顾百多年来的历史,可知:对于一些经典性的著作,读一两遍是不够的,要多读、常读,从而牢记于心,经常思考,不断得到新的解读和启发。这句话,后来也作"读书百遍,其义自见"或"书读百遍,其义自见"。

【原文】

盛年不重来,一日难再晨。及时当勉励,岁月不待人。——陶渊明《杂诗》其一

【今译】

年富力强的时期一去不回,一天之中哪有两个早晨。抓紧时间努力,岁月不会等人。

【评述】

陶渊明《杂诗》里的这几句,本义与后人应用时大为不同。这里的"及时",一如一般的理解;而这里的"勉励",却不是珍惜光阴、努力学习、奋发上进,而是鼓励人们及时行乐、尽情享受。不过,陶渊明有他的心思,我们也可以有我们的理解。时间是极其宝贵的,享受生活固然没错,但这还得有条件,比如国泰民安,比如生活小康,而这些,又都需要我们每一个人的努力。

【原文】

好读书,不求甚解①,每有会意②,便欣然忘食③。——陶渊明《五柳先生传》

【译注】

译:喜欢读书,但不苛求自己弄清每个字句的意思,每逢对书中

意旨有所领会，就高兴得忘记了吃饭。

注：① 不求甚解：这里指读书只求领会要旨，不在字句上过分考究。甚解，明确的解释，指拘泥于字句。② 会意：领会书中意旨。会，指领会，体会。③ 欣然：高兴的样子。

【评述】

陶渊明的这话，是他读书态度和读书方法的自我写照。他喜欢读书，手不释卷，但并不像那些死抠字句的"书呆子"，苛求自己弄懂每一个字的含义。书，尤其是好书，只读一遍是无法领会个中奥妙的，历经无数次品味、思考，方能茅塞顿开，如醍醐（tíhú）灌顶、春风拂面，这种精神上的愉悦是无法言传的。（参见《美德诗文》）

【原文】

天下事以难而废者十之一①，以惰而废者十之九②。——颜之推《颜氏家训》

【译注】

译：天下的事情，因为困难而废止的只有十分之一，因为懈怠而废止的则有十分之九。

注：① 废：停止，废止。② 惰（duò）：懒惰，懈怠。

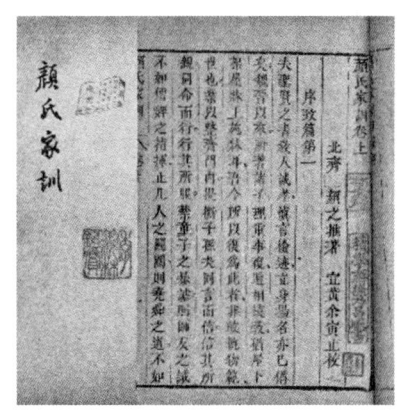

《颜氏家训》书影

【评述】

颜之推是南北朝时期的文人,所著《颜氏家训》有"家训之祖"的称誉。该书是一部系统完整的家教著作,可谓作者一生立身、治家、处事、为学的经验总结,在旧时家庭教育中有着重要影响,后世称之为"家教规范"。这里的话,作者运用数字对比,说明事情的兴废、成败,并不是因为困难重重,而是因为懈怠连连。与"惰"相对的,自然是"勤",那也就可以说,事情之兴、成,"十之九以勤"。

【原文】

读书破万卷,下笔如有神。——杜甫《奉赠韦左丞丈二十二韵》

【今译】

读书超过了一万卷,再下笔写作就如同有神灵帮助一样。

【相关链接】

盖破其卷,取其神,非囫囵用其糟粕也。……读书如吃饭,善吃者长精神,不善吃者生痰瘤(脂肪瘤)。(这说的是读过书卷,取其精神,而不是囫囵吞枣,用其糟粕。……读书就像吃饭,善于吃的长精神,不善于吃的长肥膘。)

——袁枚《随园诗话》(解说杜诗"读书破万卷,下笔如有神"句)

【评述】

杜甫这里说的,是读书与写作的关系。下笔流畅,如有神助,是以博览群书、积累丰厚为前提的;相反,腹笥干瘪,闻见简陋,下笔必然滞涩不畅。"诗圣"杜甫,以自己的亲身经历,指出了读书对于写作的极大助益。岂止杜甫,历来的文章大家——无论是文学创作还是学术撰著,无不是硕学之士;又岂止写作,好多事情的成功,其实都是以丰富知识为前提的。让我们拒绝碎片化浏览,静下心来认真读书吧。

【原文】

业精于勤,荒于嬉①;行成于思,毁于随②。——韩愈《进学解》

【译注】

译:学业因为勤勉努力才会日益精进,因为嬉戏游乐而被荒废;德行因为深思熟虑才会有所成就,因为随声附和而被毁掉。

注:① 嬉:戏乐,游玩。② 随:因循随俗。

【评述】

唐朝文豪韩愈,曾担任国家最高学府国子监的教师。这篇《进学

位于河南省焦作市韩文公祠的韩愈名句石刻

解》，就是他在任时给刚入学太学生的训诫，是一篇专门谈论学习的文章。这里的话，从正反两个方面，强调成就学业、养成德行的关键所在。勤奋学习，善于思考，充实自己，完善自己，就能有所成就，出类拔萃。今天的学生，入学之时，不妨读读这篇文章，相信会大有获益。

【原文】

古之学者必有师①。师者，所以传道、受业②、解惑也。……是故无贵无贱③，无长无少，道之所存，师之所存也。

圣人无常师④。……是故弟子不必不如师，师不必贤于弟子，闻道有先后⑤，术业有专攻，如是而已。

——韩愈《师说》

【译注】

译：古代求学的人一定有老师。老师，是（可以）依靠来传授道理、教授学业、解答疑难的。……因此，无论地位高低，无论年纪大小，道理存在的地方，就是老师存在的地方。

圣贤之人没有固定的老师。……因此，学生不一定不如老师，老师不一定比学生贤能，听到的道理有早有晚，学问技艺各有专长，不过如此罢了。

注：① 学者：求学的人。② 受：通"授"，传授。③ 是故：因此。④ 常：经常，这里指固定。⑤ 闻：听见，引申为知道、懂得。

【评述】

韩愈的《师说》，是他担任四门博士时，写给学生李蟠的。这篇文章，全面论述了老师之作用、从师之必要以及择师之原则。针对当时"士大夫之族"耻于从师的错误观念，韩愈倡导从师为学，指出古之学者必有师,并以"传道、受业、解惑"简略而精准地概括了老师的作用;同时,他又指出"圣人无常师","道之所存,师之所存",因而随时随地都可能有值得请益的老师,也只有这样,才能多闻道、精术业。

【原文】

少年辛苦终身事,莫向光阴惰寸功①。——**杜荀鹤**

【译注】

译:少年时期辛勤努力是有益终身的事情,面对逝去的光阴不要丝毫放松努力用功。

注:① 惰:懈怠。寸功:这里指极短的时间。

【原文链接】

何事居穷道不穷,乱时还与静时同。家山虽在干戈地,弟侄常修礼乐风。窗竹影摇书案上,野泉声入砚池中。少年辛苦终身事,莫向光阴惰寸功。

——《题弟侄书堂》

【评述】

"一日之计在于晨,一年之计在于春",那么,一生之计自然应该在于青少年时期了。杜荀鹤在这里指出,少年时期用功,是受益一生的事情;这样的逻辑,好多过来人都有体会。按照科学的道理来解释,青少年时期是求知欲最旺盛的时期,也是记忆力最好的时期,因此无疑是学习的黄金时期。青少年时期打下的学习基础,会伴随终生,终身获益。不过,还应该加上一句:"一生之计在于勤",

尤其是青少年时期的勤奋努力。

宋真宗赵恒画像

【原文】

男儿欲遂平生志①，勤向窗前读六经②。——赵恒

【译注】

译：男子汉想要实现自己一生的志向，就要在窗前勤奋读书、精通六经。

注：① 遂：实现。平生：终生。② 六经：指《诗》《书》《礼》《易》《乐》《春秋》六部儒家经典。

【原文链接】

富家不用买良田，书中自有千钟粟。安居不用架高堂，书中自有黄金屋。出门无车毋须恨，书中有马多如簇。娶妻无媒毋须恨，书中有女颜如玉。男儿欲遂平生志，勤向窗前读六经。

——《劝学诗》

【评述】

赵恒是宋朝的第三个皇帝，史称宋真宗。他在《劝学诗》里的一些句子，好多人都熟悉。如此劝学，倒也别致，也能令不少人歆动。扫兴的是,并非翻开书就有"黄金屋""颜如玉",而是要"勤向窗前",读的又是"六经";否则,古往今来,绝对不会缺少读书种子。封建时代的皇帝提倡读"六经",自然符合身份。虽然现在我们不能只读"六经",但也还是要给予"六经"更多的时间和精力——它们毕竟是我们民族的文化元典,而且有益世道人心。

【原文】

共君一夜话,胜读十年书。——程颐《伊川先生语录》

【今译】

和你一夜畅谈,胜过读书十年。

【相关链接】

(伊川)先生曰:"古人有言曰:'共君一夜话,胜读十年书。'若一日有所得,何止胜读十年书也?尝见李初平问周茂叔(周敦颐)云:'某欲读书,如何?'茂叔曰:'公老矣,无及也。待某只说与公。'初平遂听说话,二年乃觉悟。"

——《二程遗书·伊川语录》

说此便可见,载之简牍,纵说得甚分明,那似当面议论,一言半句,便有通达处。所谓"共君一夜话,胜读十年书"。

——《朱子语类·训门人》

程颐、程颢雕像

【评述】

人获得知识的途径不外两条：一者源于直接经验，一者源于间接经验。不论读书还是谈论，基本上都属于间接经验。不过也有不同，书里的东西是固定的，也可以说是死的，只能由读书人自己去体会；谈论则不同，与良师益友的谈论，必然更具针对性，并能当面随机问难、讨论、启发，从而使人茅塞顿开、获益匪浅。因此，多与智者交谈，虚心向人请教，对于丰富知识、增加学养助益多多。

后世，根据程颐的话，演绎出了大同小异的俗语。如："与君一夕话，胜读十年书。"与程颐之言，几无差别；又如："听君一席话，胜读十年书。""一夕"变成了"一席"，没有了时间限定，故而应用也更为广泛。

【原文】

博观而约取①，厚积而薄发②。——苏轼

【译注】

译：广泛观览而简要取用，丰富积累而精当表达。

注：① 约：简，少。② 薄：这里有谨慎、有力不尽使的意思。

【原文链接】

吾少也有志于学，不幸而早得与吾子同年，吾子之得，亦不可谓不早也。吾今虽欲自以为不足，而众已妄推之矣。呜呼！吾子其去此，而务学也哉！博观而约取，厚积而薄发，吾告子止于此矣。(我少年时代便立志学习，不幸的是比你早两年考中进士。你考中进士，也不能说不早。我现在即便自认为不足，众人却已经不切实际地加以推许了。唉！你应当去掉这些，专心致志地去学习。广泛地观览而简要地吸取,丰富地积累而精当地表达,我能告诉你的也就只有这些了。)

——《稼说送张琥》

【评述】

苏轼这篇杂说,写在他京都任职时。进士张琥(hǔ)归家之前来看望,苏轼有感于当时士大夫急功近利、浅薄轻率的风气,特地写了这篇短文送给他,并与之共勉。所谓"稼说",就是以"稼"(种庄稼)作比喻。这里的话,主要说的是为学,针对性十分明显。贪多务得、浅尝辄止、不求甚解、轻率为文为说、错谬百出而浑然不觉,在当下也可谓比比皆是,均不会只属于东坡先生的时代。其实,问题并不在于非得"约取""薄发",关键在于你要在"博观""厚集"的基础上取精华,发卓见,而不是拾人牙慧、卖弄糟粕——而要弄清楚何者为"糟粕"、何者为"牙慧",就非得下一番艰苦卓绝的工夫,更不用说精解卓识了。

【原文】

书富如入海[①],百货皆有[②]。人之精力,不能兼收尽取,但得其所欲求者尔。故愿学者每次作一意求之[③],勿生余念,又别作一次。——苏轼《又答王庠书》

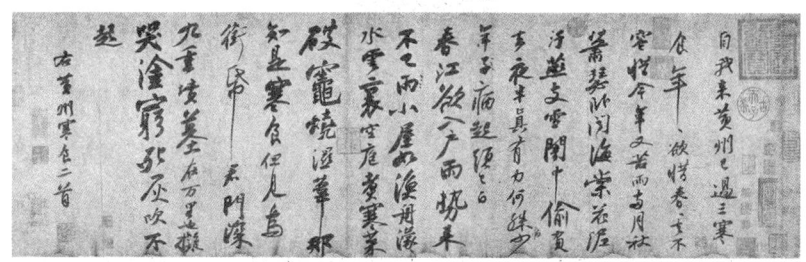

苏轼手迹《黄州寒食诗帖》

勤学精进 自强不息 —— 219

【译注】

译：书籍多得如同进入大海一样，什么都有。人的精力有限，难以兼收尽取，只能获取希望求得的那些罢了。所以，希望读书学习的人，每次阅读都抱定一个方面的主意去求知，不生其他念头，然后再以另外方面的主意一次一次地阅读。

注：① 富：多。② 百货：各种货物，此处指各种品类的书籍。③ 一意：一个主意。一意求之，指只从一个方面去求知获益。

【评述】

苏轼这里所论读书之法，有人概括为"一意求之法"。这里的"一意"，并非一心一意、专心致志，而是一个主意——一个注意的方向。这种读书法，是说读一本书，每读一遍，都应该选定一个方向、一个目标来读，不要毫无指向、随意浏览，也不要目标过多、泛泛涉猎。毫无指向，就有可能毫无收获；目标过多，就有可能顾此失彼。这样一次读懂一个方面、解决一个方面的问题，一本书读下来，会有巨大收获。当然，这样读书，针对的必须是那些经典，而且这已经是做学问、搞研究的路数。一般书籍，即便有时间、有精力，也无须如此。因为好书多的是，没有必要为乱七八糟的书耗时费力。

黄庭坚像

【原文】

士大夫三日不读书，则义理不交于胸中①，对镜觉面目可

憎②，向人亦语言无味③。——黄庭坚（引自苏轼《记黄鲁直语》）

【译注】

译：士大夫三天不读书的话，经义之理就不会在心中交会，对着镜子会觉得面目丑陋，对人说话则庸俗乏味。

注：① 交：接触，这里指交会，相互贯通。② 可憎：可恶，可恨。③ 向：朝向，向着。

【相关链接】

凡所以使吾面目可憎，语言无味者，皆子之志也。其名曰智穷。
——韩愈《送穷文》
士大夫三日不读书，则礼义不交，便觉面目可憎，语言无味。
——陈继儒《小窗幽记》
三日不读书，便觉语言无味，面目可憎。
——朱之瑜《书读书乐卷后》
士人三日不读书，则面目可憎，语言无味。
——东鲁古狂生《醉醒石》第七回

【评述】

黄庭坚，字鲁直，是"苏（轼）门四学士"之一（其余三位是张耒、晁补之、秦观），两人关系亦师亦友。这里的话，出自苏轼所记的黄庭坚语录，说的是读书与修养的关系。而这里的"修养"，是修养的外在显现——面貌、谈吐方面的表现。三天不读书，就会变得面目可憎、语言无味，可见读书的重要性；反面推广，那肯定是书读得越多，就会越面目可亲、谈吐高雅了。看来，读书问学，还不仅是"内秀"的问题,因此现在的人们也得注意了,否则就很可能"帅"中露出可憎,"美"中透出无味来。有句话叫"学问养成气质",与其总是羡慕别人气质好,不如多读读书吧!

【原文】

学无早晚,但恐始勤终随。——张孝祥

【今译】

学习不分早晚,就只怕开始勤奋、后来随意。

【原文链接】

学无早晚,但恐始勤终随(随意,懈怠)。今有二人焉,皆有百里之适。一人鸡鸣而驾,马瘠车敝,憩(qì)于涂(途)者数(shuò)焉,则穷日之力,未必能至。一人日中而驾,马良车驶,其行不息,吾知其必先于鸡鸣者矣。故夫车马者,质也;作辍,其勤堕(惰)也。

——《勉过子读书》

【评述】

张孝祥在这里说的,是早晚和勤随的关系。宽泛来说,什么时候开始学习都不算晚——尤其是对年轻人来说,都可以有所收获、有所成就。但学习勤奋还是懈怠,则大有不同,如若起初学习的时候意气风发,后来懒散松懈下来,这样是永远不可能有所成就的。不论从何时开始学习,都要坚持不懈,持之以恒,不能"三天打鱼,两天晒网";要善始善终,坚持不懈,"不知老之将至"(孔子语)。

【原文】

欲穷大地三千界①,须上高峰八百盘②。——刘过《登白云绝顶》

【译注】

译:想要把天下各个地方一览无余,就要攀上许多层盘山道,直至登上最高的山峰。

注:① 穷:穷尽,一览无余。三千界:各处的边界。② 八百盘:好多层的盘山道。三千、八百,均系夸张而言,并非实数。

【评述】

这两句诗,与杜甫《望岳》"欲穷千里目,更上一层楼"的诗句,揭示的是同样的道理:要想看得远,就要登得高。以之比喻读书学习,就是说:知识是无限的,要得到这无限的知识,就必须不断进取、探索。求知的道路上没有捷径可循,只有不畏险阻、奋勇拼搏,才有希望登上光辉的顶点。

【原文】

少年易老学难成,一寸光阴不可轻。——朱熹

【今译】

青春年华容易消逝,学问却很难成就,所以每一寸光阴都不应该轻易放过。

【原文链接】

少年易老学难成,一寸光阴不可轻。未觉(睡醒)池塘春草

梦,阶前梧叶已秋声。

——《劝学》

【评述】

朱熹是学有所成的学问大家,也是有名的教育家,因此对于学习体会深切。这里,他用切身体会告诫青少年,人生易老,学问难成,必须及早努力,爱惜光阴。这经验之谈,千古之下,依然有其真理意义。因而,青少年希望将来在事业上有所成就,就必须珍惜大好时光,不使青春年华虚度。

【原文】

问渠那得清如许①?为有源头活水来。——朱熹

【译注】

译:要问池塘里的水为何如此清澈?是因为有源头活水不断输送而来。

武夷山摩崖石刻"活源"二字取自朱熹《观书有感》

注：① 渠：塘，指方塘。那（nǎ）得：怎么会。那，即"哪"。如许：如此，这样。

【原文链接】

半亩方塘一鉴开，天光云影共徘徊。问渠那得清如许？为有源头活水来。

昨夜江边春水生，艨艟（méngchōng）巨舰一毛轻。向来枉费推移力，此日中流自在行。

——《观书有感二首》其一

【评述】

古人劝学，或以诗，或以文。劝学必然议论、说理，而宋人以文为诗，宋诗说理的特点十分突出，也便不妨劝学。朱夫子的《劝学》是如此，这里的两首《观书有感》也是如此，而且更为出色。单就字面意思来看，似乎与读书无干，但标题揭出"观书"，则绝不能谓之"跑题"。细读之下，可知是以池水、行舟比喻读书，表面含而不露，没有一字说到读书；内里确切不移，句句可联系到读书。尤其是"问渠那得清如许，为有源头活水来"一联，早已成为读书积学、永葆活力的名句。

【原文】

读书有三到，谓心到、眼到、口到。心不在此，则眼看不仔细；心、眼既不专一，却只漫浪诵读①，决不能记，久也不能久也②。三到之中，心到最急③，心既到矣，眼、口岂不到乎？——朱熹《训学斋规》

【译注】

译：读书有三到，叫作心到、眼到、口到。心思不在书本上，眼睛也就不会看得仔细；心和眼已不专心一意，而只是随随便便诵读，肯定不能记住，记住了也难以长久。三到之中，心到最要紧，心已经到了，眼、口难道会不到吗？

注：① 漫浪：放纵、随便而不受拘束。② 久也不能久：想记得长久也难以长久。③ 急：急迫，紧要。

【相关链接】

看文字须大段精彩看，耸起精神，竖起筋骨，不要困，如有刀剑在后一般。就一段中须要透，击其首则尾应，击其尾则首应，方始是。不可按（依照）册子便在，掩了册子便忘。

——朱熹《朱子语类》卷十

【评述】

朱夫子的读书"三到"，可谓甘苦之谈。心、眼、口都要到，可见读书是个全身心投入的事情，不能偏废。其中，心到又最为重要，因为心不到，不仅看不仔细、读不准确，也不会记住，思考、质疑、发明等就更是奢谈。如今，图像化、碎片化、即时性阅读盛行，好多时候是口也不到、心更不到，阅读效果如何，可想而知。要想真正获得知识、学问，我们以为还是谨遵古训为好。

【原文】

读书，始读，未知有疑；其次，则渐渐有疑；中则节节是疑。过了这一番，疑渐渐释，以至融会贯通，都无所疑，方始是学。读书无疑者，须教有疑；有疑，却要无疑，到这里方是

长进。——朱熹《朱子语类》卷十

【今译】

读书,刚开始读的时候,不知道有什么疑问;这之后,就会逐渐产生疑问;读到一半的时候,处处都是疑问。过了这个过程,再往下读,疑问就会逐渐解决,最终达到融会贯通的程度,再没有什么疑问,这才能称得上是学习。读书没疑问的,一定要产生疑问;有疑问,就要解决疑问,达到没有疑问,到这个地步才算得上是长进。

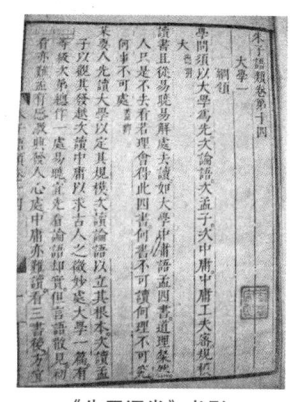

《朱子语类》书影

【评述】

这里论述的,是读书中的疑问问题。读书的几个阶段,从没有疑问、到渐有疑问、到处处疑问,然后疑问逐渐减少,以至于无,这样就算是读懂、领会了。到这一步,无论修身育德、立业任事、交游处世,也就都会有所长进了。可见,读书读出疑问来,是进步;解决疑问,更是进步。不过,有时候疑问总是萦绕心头,久久不能释怀,此时,一方面要向师友求教,一方面则要靠人生阅历来解决。

【原文】

十年窗下无人问,一举成名天下知。——刘祁《归潜志》

【今译】

长年闭门苦读无人问津,一旦成功出名则天下尽知。

【评述】

人生际遇,有许多说不太明白的事情。"一举成名天下知"固然荣耀,背后却可能是"十年寒窗无人问"。世俗的目光,大多是指向成功者的,也只有在成功之后,人们或许才会关注他们的过往。不过,我们却不能只惦记着"一举成名",而不肯"十年寒窗"。要知道,只有耐得住清苦,耐得住寂寞,才能学有所成、一举成名。

【原文】

万金之富,不以易吾一日读书之乐也。——薛瑄《薛文清公读书录》

【今译】

拥有万金的财富,也不能换来我一天读书的快乐。

【评述】

人生所好,各不相同。明朝理学家薛瑄(xuān)喜好读书,并著有《薛文清公读书录》。这里,他将财富与读书做对比,突出强调了读书之乐。这话,可以使我们在世俗所谓"书中自有黄金屋""书中自有颜如玉"之外,再加上一句"书中自有乐无比"了。能够在书中读出快乐的人,相信可谓是一个情趣高雅、追求不俗的人。

《薛文清公读书录》书影

【原文】

苟有恒①，何必三更眠、五更起；最无益，莫过一日曝②、十日寒。——胡居仁，自勉联

【译注】

译：若能持久，也就不一定要三更起、五更眠；最无益的，没什么胜过一日曝、十日寒。

注：① 苟：如果，假如。恒：持久。② 曝（pù）：晒。

【评述】

胡居仁是明朝理学家，一生力学，交游贤哲，教授学者，布衣终身。他的这副自勉联，可谓经验之谈，上下联一正一反，说明了学习等事情要有恒心、能持久。生活中，不乏一时之间熬灯把火、加班加点的人物，好像很是努力上进的样子。谁知过了这一阵子，就晃荡起来，若询之，则曰"张弛有度""劳逸结合"。其实，三更起、五更眠，肯定是不可能持久的，还是要养成规律的生活习惯，才能持之以恒，有所收获。

【原文】

君子之为学也①，将以成身而备天下国家之用也②。——宋纁《古今药石》

【译注】

译：君子学习的目的，是为了修身成才，以备国家的使用。

注：① 为（wéi）学：从事学习。为，

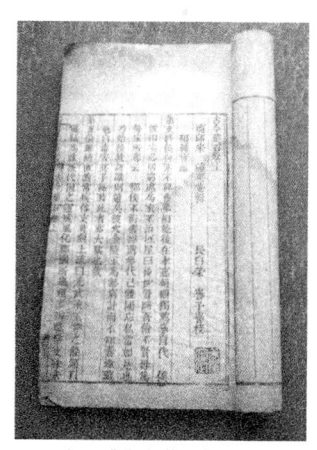

宋纁《古今药石》书影

指做。② 成身：犹言"修身"。《礼记·哀公问》："公曰：'敢问何谓成身？'孔子对曰：'不过乎物。'"

〔评述〕

宋缥（xūn）是明朝中期人，嘉靖年间进士，官至吏部尚书。他为人沉静有胆识，在朝中议事总是一丝不苟。他认为，如果不敢坚持自己的正确主张，国家就一定不会得到很好的治理。他在这里强调，年轻人只有认真学习，将来才能更好地为国家服务。这大概也是他自己一生中的切身体会吧。

〔原文〕

善学者穷于一物①，不善学者穷于物物②。——庄元臣《叔苴子·内篇》

〔译注〕

译：善于学习的人穷究一种事物；不善于学习的人穷究所有事物。

注：① 穷：穷尽，追究到底。② 物物：各种事物。

〔评述〕

善不善于学习，应该是有许多的衡量标尺。在庄元臣这里，以穷究一物还是物物为标尺，指的应该是较为高层次的学习，也就是所谓学术研究了。这个时候，想要"穷于物物"，必然只能是蜻蜓点水、浮光掠影，了解一些常识，不大可能深入探究；而"穷于一物"，才会穿透表象，深入本质，进而触类旁通、举一反三。如今，学者们很少"穷于物物"，甚至连"穷于一物"也说不上，知识面窄得可怜。理由冠冕堂皇,那就是知识爆炸和学术分工,而这理由之下,其实掩盖的是懒散。素质教育和通识教育的提倡,或许多少可以矫正时弊。

【原文】

一寸光阴一寸金,寸金难买寸光阴。——《增广贤文》

【译注】

一寸光阴就像一寸金子那样宝贵,而一寸金子也无法买回一寸的光阴啊。

【相关链接】

读书不觉已春深,一寸光阴一寸金。不是道人来引笑,周情孔思正追寻。(专心读书,不知不觉春天已经过完,每一寸光阴都像一寸黄金那样珍贵。如果不是被来往行人赞赏的逗笑打断了思绪,我正在深入钻研周公孔子的精义、教导呢。)

——王贞白《白鹿洞二首》其一

【评述】

时光如流水般容易流逝,如果年少时不努力学习,那么长大后就会无所作为,再后悔也没有用了。东晋书法家王羲之,七岁时跟随父亲去拜见当时有名的书法家卫夫人,希望卫夫人能够教他学书法。卫夫人想等他长大些再教,王羲之一听,连忙说:"学习是不能等的啊!"我们应该向王羲之学习,在生活中惜时如金、奋发学习,从而有所作为。

王夫之像

【原文】

才以用而日生,思以引而不竭。——王夫之《周易外传》

【今译】

才干因使用而不断增进,思想因疏导而不会枯竭。

【评述】

知识和才干,只有运用在实际事务中,才能实现其意义,而且知识和才干的掌握与应用,两者是相辅相成的,所谓"实践出真知",说的就是这个道理。读书是学习,做事也是学习;读书有益于做事,做事也有助于增加知识和才干。因而,两者不可偏废,应该随机应变,使之相得益彰。

【原文】

学贵得师,亦贵得友。师也者,犹行路之有导也①;友也者,犹陟险之有助也②。得师得友,可以为学矣。——唐甄(zhēn)《潜书·讲学》

【译注】

译:求学贵在得到老师,也贵在得到朋友。老师,犹如行路的向导；朋友，犹如攀登险峻的帮手。有老师、有朋友，就能依靠他们从事学问了。

注：① 导：引导，向导。② 陟（zhì）：登高。

【评述】

在求学的道路上，有老师就如同行路的时候有了向导，有朋友就如在攀登险峰的时候有了帮手。由此可见，老师和朋友，在我们求学的道路上是不可或缺的。有老师，可以请教；有朋友，可以切磋。无论请教还是切磋，对学习的进益都是必不可少的。当然，师友未必容易得到，这就要求我们学无常师、学多益友，尽可能从接触到的人那里受到教益和启发。

【原文】

人生之初，不食则死；人之幼稚，不学则愚。——戴震《孟子字义疏证》

戴震故居

【今译】

人生下来的时候，不吃东西就会死去；人在幼小的时候，不读书学习就会愚昧。

【相关链接】

学贵精不贵博。……知得十件而都不到地（犹"道地"，周详），不如知得一件却到地也。宁精勿杂，宁专勿多。

——戴震，段玉裁《戴东原先生年谱》

【评述】

戴震是清朝前期的大学问家，在诸多领域都有杰出贡献。这里，他用日常事物作比，说明了学习的重要性，而且字里行间强调了"早学"的紧要。人的一生，物质营养靠饮食，精神营养靠学习，这是几千年来无可更易的道理，即便是在互联网热络的今天亦不能外。就如身体要从小在饮食起居、生活习惯方面打下良好基础一样，精神也要在少年时期奠定基础，而这就要靠勤奋学习了。

【原文】

境遇休怨我不如人①，不如我者尚众②；学问休言我胜于人③，胜于我者还多。——李惺《药言賸稿》

【译注】

译：境遇不要埋怨自己不如别人，不如自己的还有很多；学问不要说自己胜过别人，胜过自己的还有很多。

注：① 境遇：境况和遭遇。休：不要。② 众：多。③ 胜：胜过。

【评述】

李惺是清朝文人，在文学、书法方面造诣颇深。他著有《药言》《药言賸（shèng，剩）稿》《老学究语》等，有学生集为《西沤外集》，其中多有格言警句。这里，一方面是说处世要甘贫乐道，不要与人攀比；另一方面是说学问要谦逊自明，要向博学者看齐。能做到这两点，必然生活快乐潇洒，学问日有所进。

【原文】

闻见广则聪明辟①，胜友多而学易成②。——魏源《默觚下·治篇九》

【译注】

译：听得见得多了就会眼界大开，好朋友多了就容易学有所成。

注：① 聪明：听觉和视觉灵敏。辟：打开，透彻。② 胜友：良友。

【评述】

离群索居，两耳不闻窗外事，这样的学习方法不一定就能启发

魏源铜像

心智、造就人才。俗话说:"读万卷书,行万里路。"只有亲身历练,才能增长见识,开阔眼界。"与君一席话,胜读十年书",说明良师益友对个人成长影响深刻,获益匪浅。因此,魏源认为,为学应该广采博取、多交益友,这样才能促使自己眼界宽广,见解深刻。

【原文】

天下古今之庸人①,皆以一"惰"字致败;天下古今之才人②,皆以一"傲"字致败。——曾国藩《致沅弟》(咸丰十年九月廿二日)

【注释】

① 庸人:普通人,一般的人。② 才人:有才能的人。

【相关链接】

欲去"骄"字,总以不轻非笑人为第一义;欲去"惰"字,总以不晏起(晚起)为第一义。

——曾国藩《致沅弟》(咸丰十一年正月初四)

【评述】

这里讲的是:人的能力不同,致败原因也不同。对于普通人来说,致败原因是懒惰,因为他没有资本骄傲;对于有才能的人,致败原因是骄傲,他骄傲的资本就是他的才能。当然,两句话也可作互文理解:志大才疏的普通人,也会骄傲;至于有才能的人,也并不是生就了懒惰的免疫力。就此看来,无论庸人、才人,懒惰、骄傲,都还是躲着点好,因为它们会坏你的事。

【原文】

唯有专心致志，把心力集中在学问上，才能事半功倍。——蔡元培《蔡子民先生言行录》

【评述】

同样的时间，同样的书籍，有的人看完可能会获益匪浅，有的人看完却可能仍是一知半解。这固然和理解力的强弱有一定关系，但与注意力是否集中也有着密不可分的联系。眼睛盯着书本，思想却飞到九霄云外，无论如何也是不能对该书有深刻的理解的；反之，如果看书时全神贯注，把身心都沉浸到学问中，调动大脑进行积极地思考与解析，这样就会达到事半功倍的效果，也会获得求知的乐趣。

【原文】

惟希望也故进取，惟进取也故日新。——梁启超《少年中国说》

【今译】

只有心怀希望，才会向前进取；只有向前进取，才会有不断创新。

【评述】

清朝末年，朝政腐败，列强入侵，国将不国。作为维新派领导人之一，梁启超大力呼吁国民要敢于进取、勇于创新，以期给衰弱老朽的国家注入新的活力。在《少年中国说》中，梁启超通过老人与少年的对比，阐述了依靠少年人创造少年中国。这里节选的两句话,可谓道出了少年人的精神实质和行事作风。如今的我们,应该一如既往,心怀希望,不断进取,不断出新,推动社会日益进步,以使国家日益富强。(参见《美德诗文》)

【原文】

天下无难事,惟"坚忍"二字为成功之要诀。——黄兴

【评述】

很多时候,人的潜力比自己所认为的要大得多。但许多人在做事之前,往往瞻前顾后,总是对自己没信心。即使终于硬着头皮去做了,但稍微遇到一点困难就叫苦不迭、裹足不前。实际上,只要怀抱必胜信念,不畏挫折、不怕险阻,以坚定的毅力、强韧的精神坚持下去,世界上并没有什么事情是难以做到的。孙中山、黄兴等民主革命者的实践活动,就充分证明了这一点。

孙中山与黄兴等共商国是(1911年底)

【原文】

哪里有天才，我是把别人喝咖啡的工夫都用在工作上的。——鲁迅《鲁迅全集编校后记》

【评述】

鲁迅先生是近代中国伟大的文学家、思想家和杰出学者。在日本留学期间，鲁迅弃医从文，肩负起了启蒙的使命。在不算长的一生中，鲁迅在文学创作、杂文写作、学术研究诸多方面取得了卓越成就。当有人因为他的成就而称赞其为天才时，鲁迅先生说："哪里有天才，我是把别人喝咖啡的工夫都用在工作上的。"正是因为珍惜光阴、分秒必争，鲁迅先生才取得了那样的成就。天才或许不是没有，然而，天才也需要勤奋努力，因为成功仅仅需要一分天赋，却需要九十九分的汗水。

【原文】

时间就像海绵里的水，只要你愿意挤，总还是有的。——鲁迅

【相关链接】

时间就是性命。无端的空耗别人的时间，其实是无异于谋财害命的。

——鲁迅《且介亭杂文·门外文谈》

生命是以时间为单位的，浪费别人的时间等于谋财害命，浪费自己的时间等于慢性自杀。

时间，每天得到的都是二十四小时，可是一天的时间给勤勉的人带来智慧和力量，给懒散的人只留下一片悔恨。

——鲁迅

北京鲁迅故居的书房兼卧室

【评述】

　　鲁迅先生兴趣广泛，涉及多个领域，所以时间对先生来说，实在是非常重要。尽管一生多病，工作条件和生活环境都不算好，但他每天都要工作到深夜。因此，鲁迅先生最讨厌那些"成天东家跑跑，西家坐坐，说长道短"的人，在他忙于工作的时候，如果有人来找他聊天或闲扯，即使是很要好的朋友，他也会毫不客气地对人家说："唉，你又来了，就没有别的事好做吗？"在鲁迅先生眼中，时间如同生命，并有许多言语论及，都堪称格言。

【原文】

　　只看一个人的著作，结果是不大好的：你就得不到多方面的优点。必须如蜜蜂一样，采过许多花，这才能酿出蜜来，倘若叮在一处，所得就非常有限、枯燥了。——鲁迅《致颜黎民》

【相关链接】

　　爱看书的青年，大可以看看本分以外的书，即课外的书，不要只将课内的书抱住。……应做的功课已完而有余暇,大可以看看各样的书,即使和本业毫不相干的,也要泛览。譬比如学理科的,偏看看文学书;学文学的,偏看看科学书,看看别个在那里研究的,究竟是怎么一回事。这样子,对于别人、别事,可以有更深的了解。

——鲁迅《读书杂谈》

【评述】

鲁迅先生是知名的学问家,学识渊博,著述宏富。同时,他也是教育家,是青年导师,最愿意关心青年的成长。对于青年人的求教,他总是有问必答,把自己的读书、治学的经验和盘托出。这里的两段话,可谓先生的读书经验谈。

如今,很多父母只强调孩子的学习成绩,却不关心他们的课余生活,甚至不允许他们看课外书,这种教育方法实在是有失偏颇。社会越来越需要复合型人才,只懂一种知识,对其他知识缺乏常识的人,已经难以适应社会发展的要求。在知识经济迅猛发展的现代社会,获取全面的知识变得尤为重要。

【原文】

好问是好的。……如果自己不想,只随口问,即能得到正确答复,也未必受到大益。所以学问二字,"问"放在"学"的下面。——谢觉哉《不惑集》

【评述】

这里说的是学习中的学、问的关系,同时也涉及"思"。学习中,向人请教是必然的,却不能未经思考,随便乱问。应该在发现问题之后，先自己加以思考，然后进一步学习。在经过这样的过程之后，再把积淀下来的问题提出请教，这样才会有更大的收获。有口无心地提问，只会是走个过场，在学问上不会有什么进益的。

〔原文〕

知识是引导人生到光明与真实境界的灯烛，愚昧是达到光明与真实境界的障碍，也就是人生发展的障碍。——李大钊《危险思想和言论自由》

〔评述〕

李大钊曾任北京大学图书馆馆长，对于读书，他可谓深有经验，对知识的认识也格外深刻。在这里，他把知识放到人生发展高度予以论说，指出了其极端重要性。关于书本是灯塔的言论，中外都有过。李大钊这里的"灯烛"，大同小异，同样准确，同样精彩。

李大钊在集会上演讲（李大钊故居）

【原文】

世上无难事，只要肯登攀。——毛泽东

【原文链接】

久有凌云志，重上井冈山。千里来寻故地，旧貌变新颜。到处莺歌燕舞，更有潺潺（chán）流水，高路入云端。过了黄洋界，险处不须看。　风雷动，旌旗奋，是人寰。三十八年过去，弹指一挥间。可上九天揽月，可下五洋捉鳖，谈笑凯歌还。世上无难事，只要肯登攀。

——《水调歌头·重上井冈山》

【评述】

人类生存的历程，就是克服一个个困难的过程。困难无处不在，我们应该以一种积极的态度来面对，不能一味逃避。只要有大无畏的精神、坚忍不拔的毅力，再加上认真的思考、全面的考察、缜密的计划，所有问题都会迎刃而解。孙中山、黄兴等旧民主主义革命者，经过不懈努力实现了自己的理想；毛泽东、朱德等新民主主义革命者，也经过不懈努力实现了自己的理想。这充分证明：世上无难事，只要肯登攀。

【原文】

虚心使人进步，骄傲使人落后。——毛泽东

【原文链接】

国无论大小，都各有长处和短处。即使我们的工作得到了极其伟大的成绩，也没有任何骄傲自大的理由。虚心使人进步，骄傲使人落后，我们应当永远记住这个真理。

——毛泽东《中国共产党第八次全国代表大会开幕词》

【评述】

上了年纪的人，对于这句话，恐怕都是耳熟能详。话说得很是浅显，又以对偶句出之，透着几分文雅，易懂好记，所以也就深入人心。据说，就在人们争相传颂这句话时，毛泽东本人却站出来澄清事实，消除误会，他说："这不是我写的，是一个少壮派，叫田家英，是我的秘书。"

毛泽东这里说的是一个国家；对于一个人，又何尝不是如此。对于我们来说，无论已经取得了怎样的成就，都应该清醒地认识到还有很长的路要走，还需要虚心学习、求教，这样才能使自己不断进步。如果刚刚取得一点小成绩就骄傲自满起来，那就只会停滞不前，被社会进步的车轮抛在后面。

【原文】

为中华之崛起而读书。——周恩来，少年时修身课上答校长问

周恩来手迹

【评述】

"为中华之崛起"仿佛是一个大而空的概念，但周恩来却以其所学所知，与其他革命先辈一起开创了中国历史上划时代的新篇章。

国家的发展需要人才，也唯有国家的进步才能为个人提供广阔的发展空间。生于斯、长于斯，既然个人的命运与国家的命运连接如此紧密，那就为祖国的崛起而努力学习吧！（参见《美德故事》）

【原文】

做学问的功夫，是细嚼慢咽的功夫。好比吃饭一样，要嚼得烂，方好消化，才会对人体有益。——陶铸《理想·情操·精神生活》

【评述】

民间有句俗话，叫作"贪多嚼不烂"。陶铸在这里也以吃饭作比，说明学知识、做学问，不能只是贪多务得，囫囵吞枣，不求甚解，而是必须细嚼慢咽，深入理解。只有这样，才能将书本知识化为自己的学识，从而形成自己的见解和观点，实现学习的终极目标。

【原文】

博闻强记，多思多问，取法乎上，持之以恒。——茅以升《学习研究"十六字诀"》

【评述】

茅以升是我国著名桥梁专家，我国第一座现代化大桥——钱塘江大桥的建造主持者。（大桥建成通车仅89天，为阻断日寇南侵，他又亲手炸毁了大桥。）当时，我国科学技术十分落后，许多桥梁都由外国人建造。对此，茅以升深感痛心，于是发愤读书，最终学有所成，为祖国的桥梁建设做出了贡献。总结自己的学习经验，茅以

茅以升（左一）在钱塘江大桥建设工地（1937年）

升认为应该广泛涉猎、强化记忆，多思考、多请教，目标远大、严格要求，如此长期坚持，必能有所成就。

【原文】

聪明在于勤奋，天才在于积累。——华罗庚《聪明在于勤奋，天才在于积累》

【评述】

华罗庚因家庭贫困，初中毕业后不得不辍学，到杂货铺当了学徒。但他始终未放弃梦想，坚持利用业余时间自学数学，先在地方中学任会计，后到清华大学工作，直至赴英国剑桥大学研究深造，最终成为我国知名的数学家，为祖国、为人民做出了杰出贡献。

华罗庚还是一位杰出的数学教育家，他的《聪明在于勤奋，天才在于积累》一书，收录《谈谈同学们学科学的几个问题》《谈自学》《写给向科学进军的青年们》《和青年谈学习》《学与识》《天才与锻炼》《学·思·锲而不舍》等文章,结合自己自学成才和教书育人的亲身经历、经验,总结出一系列可供青少年借鉴的读书学习的好经验、好方法。以上所选格言,就大多出自此书。从这些格言中,我们完全可以理解华罗庚成就的渊源所在。

【原文】

科学上没有平坦的大道,真理长河中有无数礁石险滩。只有不畏攀登的采药者,只有不怕巨浪的弄潮儿,才能登上高峰采得仙草,深入水底觅得骊珠。——华罗庚《聪明在于勤奋,天才在于积累》

【相关链接】

天才是不足恃的,聪明是不可靠的,要想顺手拣来的伟大科学发明是不可想象的。

科学的灵感,决不是坐等可以等来的。如果说,科学上的发现有什么偶然的机遇的话,那么这种"偶然的机遇"只能给那些

华罗庚与小朋友在一起

学有素养的人，给那些善于独立思考的人，给那些具有锲而不舍的精神的人，而不会给懒汉。

【评述】

　　文学创作需要灵感，科学发明也需要灵感，这是不可否认的。然而，灵感可遇而不可求，并非坐等可以获得。不过，诚如机遇只向有准备的人招手一样，没有独立思考的能力和刻苦求学的精神，即使机遇出现，也没有能力去抓住它；没有成百上千次的思考求索，灵感也不会毫无缘由地突然迸射出它的光芒。通往科学的道路并不是一条坦途，更没有什么"偶然的机遇"可以让人直达目的地。想要在科学上取得辉煌的成绩，除了努力，还是努力！

【原文】

　　钉子有两个长处：一个是"挤"劲，一个是"钻"劲。我们在学习上，也要提倡这种"钉子"精神，善于挤和钻。——雷锋《雷锋日记》

【评述】

　　对于学习的重要性，很多人都有清醒的认识，却始终没有多少长进。说到这个问题，他们会异口同声，一致抱怨没有时间学习。众所周知，时间对每一个人都是公平的，为何这些人没有时间？症结何在？原来，大多数人没有在意时间的"下脚料"，零碎的时间都被浪费掉了。而那些学有所成的人，则是像雷锋这样，发扬了钉子"挤"和"钻"的精神。不止雷锋，历史上的许多杰出人物，正是这样才在某一方面有所成就的。

【伍】从严律己 修身养德

【原文】

惟德动天，无远勿届，满招损，谦受益，时乃天道。——伯益（引自《尚书·虞夏书·大禹谟》）

【今译】

译：德行感动上天，无远不到，骄傲自满会招致损失，谦虚谨慎能得到益处，这是自然规律。

【相关链接】

君子胜人不以力，有化存焉，化者，诚服之也。故曰：满招损，谦受益。（君子超过别人的不是力量，而是感化；感化，才真正能够使人服从。所以说：自满招致损失，谦虚得到益处。）

——陈师道《拟御试武举策》

【评述】

《大禹谟》记叙的是大禹、伯益与帝舜谋划政事，"谟"即谋划。这里的话，是伯益辅佐大禹时所说的。其中"满招损，谦受益"，最为后人征引称说，其意是指：自满于已经取得的成绩，将会招来损失和灾害；谦虚而及时改正自己的过错，就能因此而得益处。而"时乃天道"，则是说"满招损，谦受益"就像"天道"（自然规律）

一样,是任何时代都适用的。一个人,无论是统治者还是普通人,如果取得些微成绩就洋洋自得、骄傲自满,丢掉谦逊求教、踏实做事的作风,恶果就会随之而来。只有保持谦虚的作风,不为浮名所累,才能谨慎、务实,进而取得不同凡响的成就。

【原文】

苟日新,日日新,又日新。——《汤盘铭》;《礼记·大学》

【今译】

如果能够一天新,就应保持天天新,还要每天进一步地新。

【相关链接】

君子之学必日新,日新者日进也。不日新者必日退,未有不进而不退者。(君子学习一定要做到日新,日新的人每天都会有所进步。不能日新的人必然每天都会退步,从来没有不进步却不退步的。)

——程颐《河南程氏遗书》卷第二十五

君子之为学也,必刻励其功,濯(zhuó,洗涤)旧见以来新机,使其所得有日新之益。……若不日新,便是心有间断,私欲相乘(chéng,凌驾),非昏则倦,日退必矣。未有半上落下,能站得住,不进而不退者。(君子追求学问,一定要刻苦勤勉下功夫,涤除陈旧

较《汤盘》晚的《周散氏盘》铭文更多

见识以获得新的生机，使自己的每天都有新的获益。……如果不能日新，就意味着心念有了间断，私心欲念趁机侵袭，不是昏聩就是疲倦，必然天天退步。没有上到半腰停下来，却能够站得住脚，不前进也不后退的。）

——张伯行《困学录》

[评述]

"苟日新，日日新，又日新"是刻在商汤王洗澡盆上的铭文，故称"汤盘铭"。原本说的是洗澡的问题：假如今天把一身的污垢洗干净了，以后便要天天把污垢洗干净，这样一天天地下去，每天都要坚持，自然就洁净无垢了。后人由此引申，精神上的洗礼，品德上的修炼，学问上的精进，思想上的改造，也应是如此。尤其是品德修养，更是受到儒家学派的强调，《礼记·儒行》有"澡身浴德"之说，就把儒者的品德修养与身体洗澡并列，形象说明"浴德"如同"澡身"，"苟日新，日日新，又日新"。三个"新"，层层递进，说明"浴德"是个动态的过程，一天也不能放松，这样才会天天进步、日日常新。

[原文]

至治馨香①，感于神明②。黍稷非馨③，明德惟馨④。——周成王（引自《尚书·周书·君陈》）

[译注]

译：繁荣盛世的馨香，能够感动神明；并非黍稷的芳香，而是明德的芳香。

注：① 至治：指最好的治理，安定昌盛、教化大行的政治局面

位于苏州市木渎古镇的"明德惟馨"门匾

或时世。至,极、最。② 感于神明:使神明感受到。③ 黍稷(shǔjì):古代主要农作物,泛指五谷。④ 馨(xīn):散布很远的香气。明德:光明之德,美好的德行。

【相关链接】

所闻上古圣贤之言,政治之至者,芬芳馨气动于神明。所谓芬芳,非黍稷之气,乃明德之馨,励之以德也。

——孔颖达《尚书正义》

【评述】

这里的话,是周成王对君陈所言。周公去世之后,周成王命君陈去治理东郊成周,临行予以教诫,其中就包括这话。

这几句话之间有着联系,其间的关节点就是"馨香"。古代祭祀用黍稷,意在让神明享受到其馨香,这也就是所谓"感于神明"。神明感受到了,自必欣然愉快,这样就会降福于人。而这里说的是,让神明欣然的并非黍稷的香气,而是明德的。孔颖达《尚书正义》

正是这样解释的。

"励之以德",是说勉励君陈修养德性。虽然是针对统治者治政而言的,对于普通人的个人修养,这几句话也是很有意义的。后人使用"明德惟馨"一语,也更多落实在个人修养的意义上。南朝宋刘义庆《世说新语·规箴》:"知几其神乎,古人以为难;交疏吐诚,今人以为难。今君一面尽二难之道,可谓'明德惟馨'。"唐韩愈《明水赋》:"明德惟馨,玄功不宰,于以表诚洁,于以戒荒怠。""交疏吐诚""表诚洁、戒荒怠",都是着眼于德行而言的。

【原文】

必有忍①,其乃有济②;有容③,德乃大④。——周成王

【译注】

译:一定要有所隐忍,事情才能成就;有所宽容,德行才算广大。

注:① 忍:忍耐。② 济:成事。③ 容:容纳。④ 大:广大;也可解释为"高尚"。

【原文链接】

尔无忿疾于顽,无求备于一夫。必有忍,其乃有济;有容,德乃大。(你不要对冥顽不化的人愤然嫉恨,不要对一个普通人求全责备。必须有所忍耐,事情才会有补益;有所宽容,德行才算广大。)

——《尚书·周书·君陈》

【评述】

这话也是周成王对君陈所说,着眼的仍旧是德行。"容""忍"

二字，说来容易，做起来却并不简单。能容忍之人，才能广纳贤才、集思广益，才能韬光养晦、坚忍不拔，最终养成大德，成就大事。

【原文】

如切如磋^①，如琢如磨^②。——《诗经·卫风·淇奥》

【译注】

译：像切像磋，像琢像磨。

注：① 切、磋（cuō）：指加工骨器，如象牙等。切，指切割；磋，指打磨。② 琢（zhuó）、磨：指加工玉石。琢，指雕琢；磨，指打磨。

【相关链接】

《诗》云："瞻彼淇澳，菉（lù，通"绿"）竹猗猗。有斐君子，如切如磋，如琢如磨。瑟兮僴（xiàn）兮，赫兮喧兮。有斐君子，终不可喧兮。""如切如磋"者，道（言说）学也；"如琢如磨"者，自修也；"瑟兮僴兮"者，恂栗也；"赫兮喧兮"者，威仪也；"有斐君子，终不可喧兮"者，道盛德至善，民之不能忘也。(《诗经》说："看那淇水的河湾，绿竹婀娜郁郁葱葱。斐然文雅的君子，像切磋过的象牙、琢磨过的美玉纯美无瑕。庄严而又刚毅，显赫而又坦荡。斐然文雅的君子啊，让人始终难以忘怀！"像切磋过的象牙，说他勤于学问；如琢磨过的美玉，指他修养德性；庄严而又刚毅，指他敬心常存，态度谨慎；显赫而又坦荡，指他尽善尽美，民众景仰爱戴他，始终难以忘怀。)

——《礼记·大学》

切磋，是治骨角的事，治骨角者，既用刀锯切了，又用鑢锡

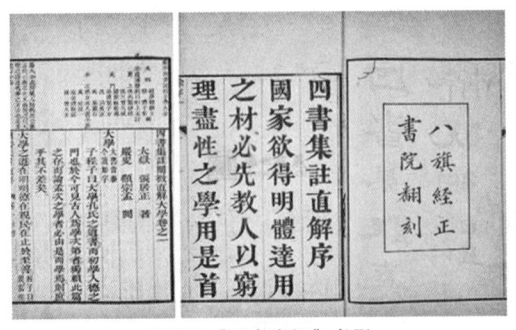

张居正《四书直解》书影

（lù tāng）磋它，是已精而益求其精也。君子用功之精，与那治骨角的一般。琢磨，是治玉石的事，治玉石者，既用椎凿琢了，又用沙石磨它，是已密而益求其密也。君子用功之密，与那治玉石的一般，既有这等的功夫，所以德之存于心者，便瑟然严密而不粗疏，僴然武毅而不怠弛，形于身者，便赫然宣著而不暗昧，喧然盛大而不局促。

——张居正《四书直解·大学》

【评述】

切磋、琢磨，原指将骨头、玉石等加工制成器物，后来引申到学问进益、品德修养领域，指学习和修养就像加工骨器，切了还要磋；就像加工玉器，琢了还得磨。《礼记·大学》说"'如切如磋'者，道学也"，朱熹解释"道"是言说，而"学"指的是"讲习讨论之事"；《大学》说"'如琢如磨'者，自修也"，朱熹解释说"自修者，省察克治之功"。就是说，学习要"讲习讨论"——对古圣先贤的教诲要讲解、温习，有了疑问要商讨、论辩；自修要"省察克治"——经常反省、检查自己，有了缺点不足就要克服、整治。

【原文】

不恒其德①，或承之羞②。——《周易·恒》

【译注】

译：不能恒久保持自己的德行，有时候就会因此蒙受耻辱。

注：① 恒：恒久，持久。② 或：有时候。承：承受。羞：耻辱。

【相关链接】

子曰："南人有言曰：'人而无恒，不可以作巫医。'善夫！""不恒其德，或承之羞。"子曰："不占而已矣。"[孔子说："南方人有句话说：'人如果没有恒心，就不能当巫医。'这句话说得真好啊！""人不能长久地保持自己的德行，免不了要遭受耻辱。"孔子说："（这句话是说，没有恒心的人）就用不着去占卦了。"]

【评述】

孔子用南方人的俗谚，引出了《易经》"恒"卦的"爻辞"。做巫医，需要恒心；做人，需要恒德。一时的决心不难，难的是持久的恒心；一时的德行也不难，难的是长期持守这种德行。易卦爻辞从反面说明问题：如果不能长期持守德行，就可能蒙受耻辱。孔子认为，这样的人，占卦也不能。如今，有很大一部分人，拜佛、拜菩萨、拜关公，却不肯行善积德，而是蝇营狗苟、违法乱纪。这种人，照孔子的意思，占卦无用；推而广之，求神拜佛也必然无用。

【原文】

（君子以）见善则迁①，有过则改。——《周易·益》

【译注】

译：见到好的要学习改进（见到美好的人和事就要去接近），有了过错要及时改正。

注：① 善：好，好的。迁：迁移，转变。

【评述】

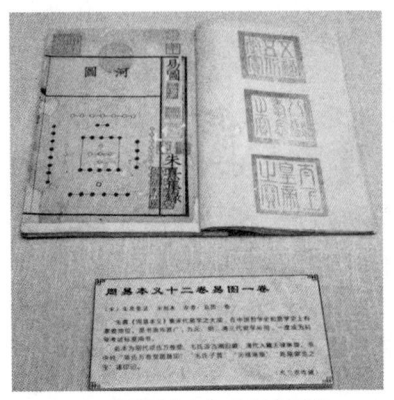

《周易本义》宋刻本展出

这句话，出自《周易》"益"卦的"象辞"，是系于"君子"的。君子固然需要"改过迁善"，普通人也莫不应该如此。人总是有不足、有过错，也总是有需要学习的人和事。只有不断地学习向善，不断地弥补不足、改正错误，才能不断进步，不断接近"君子"的品质，做出君子的事迹来。

【原文】

（君子以）言有物而行有恒①。——《周易·家人》

【译注】

译：说话要言之有物，行动要持之以恒。（或译为：说话要有根据和内容，行动要有准则和规矩。）

注：① 言有物：言之有物，即说话和写文章要内容具体而充实。行：行为，行动。恒：持久，恒常。

【评述】

这是《周易》"家人"卦的"象辞"，亦系于君子。"家人"卦的卦象，表现为风从火出，象征着外部的风来自于本身的火，就像家庭的影响和作用都产生于自己内部一样。因此，君子应该特别注意自己的一言一行，说话要有根据和内容，行动要有准则和规矩，不能朝三暮四和半途而废。脱开易卦的情形不论，"言有物而行有恒"，对我们也是很有借鉴意义的，尤其是当今这个自媒体泛滥、趋新时尚的时代，这更算得上是一剂上好的清凉药。

【原文】

不自见①，故明；不自是②，故彰③；不自伐④，故有功；不自矜⑤，故长。——《老子》第二十章

【译注】

译：不自我表现（只看到自己），所以高明（明了世事）；不自以为是，所以显著（彰显自己）；不自我夸耀，所以能建立功勋；不骄傲自满，所以能够长久（长期有所长进）。

注：① 见（xiàn）：同"现"。自现，即自我表现。② 是：正确。③ 彰（zhāng）：明显，显著。④ 伐：自夸，自吹自擂。⑤ 矜（jīn）：自满，骄傲。

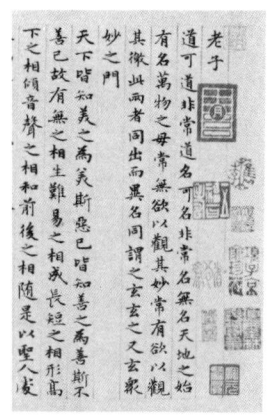

元赵孟頫书《道德经》（局部）

【评述】

这句话出自《老子》第二十二章。这里，老子从否定的角度，辩证地论述了修养德性、处理世事的一些原则、要领。这些，都可谓老子的思维精华、经验总结，虽然论题指向未必一致，但都会给我们以深深的人生启迪。生活在现实社会的人们，不可能做任何事情都一帆风顺，"人生不如意事常八九"，遇到困难、挫折才是正常的。因而，对于正面价值的追求，有时候则要采取否定的方式，所

谓以退为进、以守为攻。做人应该踏踏实实、虚怀若谷，既不妄自菲薄，也不妄自尊大，面对成绩不居功、不自夸、不骄傲，这样才会赢得别人的尊敬，也才能成就自己的事业。

【原文】

笃信好学①，守死善道②。——孔子

【译注】

译：对自己的道德和事业抱有坚定的信念，此外还需勤奋学习，誓死坚守真理。

注：① 笃（dǔ）：诚实。② 守死：死守，至死不离。守，指坚守。

【原文链接】

子曰："笃信好学，守死善道；危邦不入，乱邦不居。天下有道则见，无道则隐。邦有道，贫且贱焉，耻也；邦无道，富且

孔子退修诗书

贵焉，耻也。"（孔子说："君子立身处世，应该诚实守信，好学不倦，坚守善道，至死不渝；危险的国家不进入，混乱的国家不居住。天下政治清明，就出来为国服务、有所表现；天下政治混乱，就隐居起来。国家政治清明时，仍然贫穷卑贱而不能有所作为，是可耻的；国家政治混乱时，不肯退隐，仍然既富有又占据高位，也是可耻的。"）

——《论语·泰伯》

【评述】

这话，孔子原本讲的是自己的为官之道。这里的"信"，简单说是"诚信"；进一步来说，也可指"信念"。而"道"，则是儒家所提倡的经国济世、为人处世准则。孔子认为，诚信、好学和守道，是他出去做官所不能背离的原则。这些原则，不止做官应该奉行，做人做事同样也应该坚守。尤其是"死守善道"，道理很容易明白，做起来却十分不易。历史上临事背"道"而驰的人不知凡几，不能不引起我们的高度警惕。

【原文】

不降其志，不辱其身。——孔子《论语·微子》

【今译】

不降低自己的志向，不辱没自己的身份。

【评述】

孔子这话，是评论古人的时候说的。在一长段文字里，孔子对七个遁世隐居的贤人进行了评价。一类是柳下惠、少连，言论符合伦理,行动符合心愿,孔子认为"不过如此";一类是虞仲、夷逸,弃官隐居,敢说敢做,又等而下之。最为孔子称道的是伯夷、叔齐,因为他们"不降其志,不辱其身"。在评价这些隐士之后,孔子又把自己同他们区别开来:我孔丘与他们不一样,没什么可以的,也没什么不可以的。孔子的"无可无不可",并不是要做骑墙派(指立场不坚定的人),而是在坚持自己主张的前提下,一切从根本目标出发,不计荣辱,不顾得失,积极用世,成败利钝,在所不惜。

【原文】

岁寒①,然后知松柏之后凋也②。——孔子《论语·子罕》

【译注】

译:只有到天气寒冷的时候,才能看出松柏是最后凋零的。

注:① 岁:岁月,时间。② 然后:这样之后。凋(diāo):草木衰落。

【评述】

这里讲的是气节。气节如何,是怎么得知的呢?孔子举松柏为

孔子塑像及
"万世师表"匾

例：松柏的"气节"，在一般的季节，看不出什么特别之处来，只有经过"岁寒"的洗礼，其"后凋"才会为人所知。人的气节，也是如此，只有在艰难困苦中才能显露出来。拥有远大志向的人们，就应像松柏那样，能够经受各种各样的严峻考验。孔子的话，言简意赅，发人深思，被许多人当成座右铭。

【原文】

见贤思齐焉①，见不贤而内自省也②。——孔子《论语·里仁》

【译注】

译：看见贤德之人，就想着学习他的美德，并努力赶上；看见不贤之人，则应该以其缺点为鉴，并自我反省有没有类似的毛病。

注：① 贤：贤人。齐：等同，相等；向……看齐，与……等同。② 省（xǐng）：反省，反思。

【评述】

时刻拿别人来对照自己，取长补短，逐渐完善自我，这是古代贤人君子个人修养的日常功课。曾子"日三省吾身"，韩愈"生乎吾前，其闻道也，固先乎吾，吾从而师之"，正是他们自我完善的真实写照。想成为优秀的、高尚的人，就应该以人为镜，经常学习别人的优点，反省自己的缺点，从而不断改正错误、取得进步。

【原文】

德不孤①，必有邻②。——孔子《论语·里仁》

【译注】

译：有德行的人不会孤单，一定会有来亲近他的人（一定会有志同道合的人相伴相随）。

注：① 德：有德之人。孤：孤单。② 邻：邻人，邻居。这里指亲近、相随的人。

【相关链接】

邻，犹亲也。德不孤立，必以类应。故有德者必有其类从之，如居之有邻也。

——朱熹《论语集注》

子曰："为政以德，譬如北辰（北极星），居其所而众星共（同"拱"，环绕）之。"（孔子说："以道德原则治理国家，就像北极星一样处在一定的位置，所有的星辰都会围绕着它。"）

——《论语·为政》

曾子曰："君子义则有常，善则有邻。"（曾子说："君子行义就能持之以恒，为善就会有亲邻。"）

——《大戴礼记·曾子立事》

【评述】

德行高洁的人，从古至今的社会上，都说不上有很多。他们与众不同，显得突出，甚至曲高和寡。不过，孔子在这里指出，他们不会孤单，总是会有人亲近他们，与他们相伴相随。其实这不难理解，从反面也可以说明：坏人也是希望天底下好人多、坏人少；否则，坏人如过江之鲫，一个比一个更坏，坏人也就不好做了。因此，修养你的德行吧，人世间总会有人与你同行。

【原文】

饭疏食饮水①,曲肱而枕之②,乐亦在其中矣。不义而富且贵,于我如浮云。——孔子(引自《论语·述而》)

【译注】

译:吃粗饭喝白水,弯起胳膊当枕头,乐趣也就在其中了。靠不仁不义获得的富贵,对我而言就如浮云一般。

注:① 饭:作动词用,即"吃"。疏食:粗粮。水:古代指凉水。② 肱(gōng):胳膊由肘到肩的部分,即大胳膊。

【评述】

孔子一贯倡导"安贫乐道",认为只要拥有仁义、奉行仁道,即使过着贫穷的日子也乐在其中。同时,孔子还指出:不符合于道义的富贵荣华,他是坚决不予接受的,这些东西如天上的浮云一般,虚无缥缈,没有价值。

依靠卑劣的手段来获取财富,即使家财万贯、富甲一方,也会被人鄙视;以无耻的行径换取高官厚禄,即使官居一品、权倾一时,也会为人唾弃。孔子坚守道义,不为富贵所动,是历代仁人志士的榜样,而他的"不义而富且贵,于我如浮云",正是仁人志士行为的思想源泉。

【原文】

贫而无怨难,富而无骄易。——孔子(引自《论语·宪问》)

【今译】

贫穷而没有怨言难以做到,富有而不骄傲容易做到。

【评述】

如何身处贫富,孔子、子贡师弟都发表了自己的观点。这些观点,显然都是有针对性的。就是说,社会上的穷人,有的谄媚,有的抱怨;而富人,则多是自大、骄横。比较起富人的不"骄"来,孔子认为穷人的不"怨"更难做到。孔子这话说得很是实在:贫穷极有可能会饿肚子,生理机能不以人的意志为转移,肚子整天"咕咕"响,主观上想不抱怨也难——即便不抱怨,不是强人所难,就是虚情假意。孔子在评判人情世态时,能够考虑到人的基本生存条件,正是其以人为本的圣人气象。

孔子庙碑拓

【原文】

知者不惑①,仁者不忧②,勇者不惧③。——孔子(引自《论语·宪问》)

【译注】

译:聪明的人不会迷惑,仁德的人没有忧虑,勇敢的人无所畏惧。(或译为:有智慧的人不会迷惑,有德行的人不会忧虑,有勇气的人不会畏惧。)

注:① 知(zhì):同"智"。惑:疑惑,迷惘。② 忧:忧虑,烦恼。③ 惧:害怕,恐惧。

【评述】

在儒家道德中,智、仁、勇是三个重要方面。"智者不惑",是因为他的才智使自己明理,足以破惑;"仁者不忧",是因为他的仁德使自己无私,无私者公而忘私,何来个人烦忧?"勇者不惧",是因为他的勇敢来自正气,正气可压邪气,一身正气,就能侠肝义胆。

孔子认为,君子应该具备这三种品质,如此才能达到完美的人生境界。孔子对仁人君子提出的要求可谓高矣!一个人,能具有三者中的一种,已属难得;如若三者皆备,更是不易。不过,只要我们朝着这个目标不断努力,就能够不断进步,离完美的人生境界就会越来越近。

〔原文〕

见利思义,见危授命①,久要不忘平生之言②,亦可以为成人矣③。——孔子(引自《论语·宪问》)

〔译注〕

译:见到利益先想到义,遇到危险敢于献出生命,久居贫困而不忘平生的诺言,也就可以说是完人了。

注:① 授命:献出生命。授,指给,交出。② 久要:长久处于贫困。要(yāo),通"约",穷困。③ 成人:德才兼备的人。

〔评述〕

这里的话,是孔子回答子路请教"成人"的。这里涉及一个理想人格类型:成人。这里的"成人",并非长大成人,也并非成年人,而是指按某种标准成就了的人,也可谓之"完人"。孔子心目中的"完人"如何?他列举了"臧武仲之知,公绰之不欲,卞庄子之勇,冉求之艺,文之以礼乐",认为这些人的各自所长结合起来,"可以为成人"。就是说,理想中的"成人",应该具备如下美德和才干：智慧、清廉（不欲）、勇敢、有才艺，这些优点再加上礼乐文化的熏陶——也就是说，完人，应该是一个智慧勇敢、有才艺而清心寡欲的人，同时又自觉地接受社会道德的约束，成为道德楷模。

不过，孔子又觉得，完人的标准太高，恐怕找不到完人。于是孔子再度说话，提出了等而次之的"成人"标准："见利思义，见危授命，穷不忘平生之言"；就是说，坚守道义、勇于献身、信守诺言，即可谓之"成人"。这个标准具有现实针对性，具体而易于实践。三代以后的人们，能够做到这一点，已经相当不错了。

【原文】

君子有三戒①：少之时，血气未定②，戒之在色③；及其壮也，血气方刚，戒之在斗④；及其老也，血气既衰，戒之在得⑤。——孔子（引自《论语·季氏》）

【译注】

译：君子有三个方面应该引以为戒：年少的时候，血气还不成熟，要戒除女色诱惑；到了壮年，血气旺盛刚烈，要戒除争强好胜；到了老年，血气已经衰弱，要戒除贪得无厌。

注：① 戒：戒备，戒除。② 未定：未成熟，未固定。③ 色：女色，引申亦指各种诱惑。④ 斗：争斗，争强好胜。⑤ 得：泛指对于名声、地位、财富等的贪求。

【评述】

这是孔子对人生三个阶段提出的忠告，被称为"君子三戒"。"三戒"分别对应人生的三个时段，切中各时段人的生理、心理特点。年轻人贪色、壮年人争强，更多是生命的自然冲动，容易理解。

而老年人贪得，似乎更多是心理因素在起作用。现实官场中的"59岁现象"，可谓老年贪得的一个范本。我们要说的是，这"君子三戒"，其实也可以称作"人生三戒"，是我们每一个人都应该警惕、戒备或者戒除的。

【原文】

谨于言而慎于行。——孔子

【今译】

说话要严谨，行动要慎重。

【原文链接】

子曰："君子道人以言，而禁人以行。故言必虑其所终，而行必稽其所敝；则民谨于言而慎于行。"（孔子说："君子用言行引导人们行善，用言行禁止人们作恶，所以讲话一定要考虑它的后果，做事一定要考察它会带来什么弊端。这样一来，老百姓就说话谨慎、做事小心了。"）

——《礼记·缁（zī）衣》

【评述】

孔子的这话，是以"君子"立论的。讲的是君子的带头引领作用，从而影响到百姓。判断一个人，不但要听其言，还要观其行。人的一言一行，代表着一个人的品德修养。因此，一个有道德、有修养的人，就要对自己的言行负责。说话与做事之前要深思熟虑，言必信、行必果，说到做到，做了就要敢做敢当，切不可不假思索、率性而为。

位于山东省嘉祥县的曾庙"三省自治"牌坊

【原文】

吾日三省吾身①：为人谋而不忠乎②？与朋友交而不信乎③？传不习乎？——曾参（引自《论语·学而》）

【译注】

译：我每天都会多次反省自己：为别人做事有没有尽心尽力？与朋友交往是不是讲求诚信？老师传授的知识有没有认真复习？

注：① 日：日日，每天。三：表示多次，并非确数。省（xǐng）：省察，自我检查。② 谋：谋划、筹划。③ 传（chuán）：传授，这里指老师传授的知识、学业。

【评述】

这句话是孔子的弟子曾子（曾参）所说。曾子是备受孔夫子称赞的弟子，他讲"孝"重"俭"、性情沉稳、谦虚好学，最终成为一代名师，取得了较高的成就。从这里的话语中，我们可以明确感受到曾子修养所达到的境界，他对自己品格修养如此严格而苛刻的要求，赢得了后人的尊重和敬仰。

【原文】

贫而无谄①，富而无骄②。——子贡

【译注】

译：贫穷时对富人不要谄媚，富贵时对穷人不要骄横。

注：① 谄（chǎn）：谄媚，巴结，奉承。② 骄：自大，骄横。怨：埋怨，抱怨。

【原文链接】

子贡曰："贫而无谄，富而无骄，何如？"子曰："可也。未若贫而乐，富而好礼者也。"（子贡说："贫穷而能不谄媚，富有而能不骄横，怎么样？"孔子说："这也算可以了。不过，还不如贫穷却安贫乐道、富裕而又彬彬有礼的人。"）

——《论语·学而》

【评述】

孔子的学生子贡，觉得"贫而无谄，富而无骄"，应该受到赞赏，因此问老师"何如"。孔子认为，能做到子贡所说的，已经很不错了，但他又进一步提出，如果能做到"贫而乐，富而好礼"，即贫穷但快乐、富贵但懂礼就更好了。这就对人的修养提出了更高境界的要求。

【原文】

子绝四①：**毋意**②，**毋必，毋固，毋我。**——《论语·子罕》

【译注】

译：不主观臆测，不绝对肯定，不拘泥固执，不自以为是。

注：① 绝：杜绝，指绝对没有。② 毋：无，不。

【相关链接】

先生平日绝无四种心，一无臆测心，二无期必心，三无固执心，四无自我心。

——钱穆《论语新解》

孔子断绝了四种毛病，不瞎猜，不独断，不固执，不自以为是。

——李泽厚《论语今读》

毋意，是说孔子作人处世，没有自己的主观意见，本来想这样做，假使旁人有更好的意见，他就接受了，并不坚持自己原来的意见。毋必，是他并不要求一件事必然要做到怎样的结果，能适应，能应变。毋固，是不固执自己的成见。毋我，是专替人着想，专为事着想。

——南怀瑾《论语别裁》

【评述】

这是孔门弟子对孔子的评价：孔子杜绝四种弊病：不主观臆测，不绝对肯定，不拘泥固执，不自以为是。不过，对于这八个字的解释，却颇有些言人人殊。除了儒学人物的解释外，也有一些人喜欢援佛入儒，解释为"佛家的平等相"之类，就近似参野狐禅了。还是回到孔夫子本身的好，回到现世人生的好。

【原文】

傲不可长，欲不可纵，志不可满，乐不可极。——戴圣《礼记·曲礼上》

《礼记》书影

【今译】

傲气不可滋长，欲望不可放纵，心志不可盈满，欢娱不可过度。（或译为：骄傲不能滋长，欲望不能放纵，不能自以为是志得意满，不能乐到极端不加控制。）

【评述】

古语说："物极必反。"任何事情做过了头，都会走向事物的反面。一个人，如果骄傲自满、纵情欢乐，那么势必傲气凌人、纵欲伤身、得意忘形、乐极生悲，其结局也就在大家的意料之中。隋炀帝杨广初登帝位之时，国库充盈、百姓富足，但他纵欲无度、贪图享乐，又好大喜功、西巡东征，结果很快就耗尽了家底，失去了人心，杨家天下成了短命王朝，自己也落了个亡国断头之君的下场。隋炀帝的例子，可谓这几句话的反面例证，也给世人提供了生动的教训。

【原文】

临财毋苟得①，临难毋苟免②。——戴圣《礼记·曲礼上》

【译注】

译：面对钱财不要随便求取，遇到危难不要随便躲开。

注：① 毋（wú）：别，不要。② 苟：随便。难：危难。免：避免，这里指躲开。

【评述】

趋利避害，人之常情，说起来也不是什么见不得人的事情。但关键是，如果没有原则，面临钱财，不论其他，一味求取；遇到危难，一味躲避，这就很不可取了。所谓"苟得""苟免"，也就是不讲原则，不顾道义，随随便便，苟且从事。这样的行为，不仅不能被认可，反而应该受到谴责。贤人君子，面对钱财、危难，首先考虑的是道义，不合道义，无论多少钱财，都不会动心；符合道义，就是赴汤蹈火，也在所不辞。我们学习的，正应该是贤人君子的这种临财、临难的态度和行为。

【原文】

富润屋，德润身①。——**戴圣**

【译注】

译：财富可以装饰房屋，品德可以修养身心。

注：① 润：滋润，这里指修饰、装点。

【原文链接】

"富润屋，德润身"花钱

曾子曰："十目所视，十手所指，其严乎！"富润屋，德润身，心广体胖，故君子必诚其意。（曾子说："十只眼睛看着,十只手指着,难道不令人畏惧吗?"财富可以装饰房屋,品德却可以修养身心,使心胸宽广开朗而身体舒泰安适。所以,君子一定要使自己的意念真诚。")

——《礼记·大学》

【评述】

家是中国人的避风港、安乐窝,而家的物质形态就是房屋,因此盖房建屋(包括如今的买房)从来都是国人的大事。不过,富人和平民的房屋大是不同。"富润屋",没的说,而且富了的人很愿意在装饰房屋上下狠功夫。"德润身",恐怕大多数人也明白这道理,但肯不肯下狠功夫,那就难说了。对于富人来说,二者择其一,恐怕是先"润屋"后"润身",甚至是只"润屋"不"润身"。可在《大学》看来,"润屋"似乎没有什么可多说的;倒是"润身",可以使自己心胸宽广开朗、身体舒泰安适,益处不小。因此,提倡人们定要"诚意",然后"修身"——以德润身。在当今"富润屋"比比皆是的环境下,我们还是不要忘记"德润身"的好。

【原文】

古之欲明明德于天下者①**,先治其国;欲治其国者,先齐其家;欲齐其家者,先修其身……自天子以至于庶人,壹是皆以修身为本**②**。——戴圣**

【译注】

译:古时候想要彰显美德于天下的人,先要治理好自己的国家。要想治理好自己的国家,先要整齐好自己的家庭;要想整齐好自己的家庭,先要修养好自己的品德;要想修养好自己的品德……从天子到平民百姓，一切都以修身为本。

注：① 明明德：彰明美好品德。第一个"明"，用作动词，指彰明、弘扬的意思。明德，指美好品德，光明正大的品德。② 壹是：一概、一律。朱熹《大学章句》："壹是，一切也。"

【原文链接】

大学之道，在明（彰明）明德（美德，光明正大的品德），在亲（有二解：一以本义；一解作"新"）民，在止于至善。知止而后有定，定而后能静，静而后能安，安而后能虑，虑而后能得。物有本末，事有终始。知所先后，则近道矣。

古之欲明明德于天下者，先治其国；欲治其国者，先齐其家；欲齐其家者，先修其身；欲修其身者，先正其心；欲正其心者，先诚其意；欲诚其意者，先致其知，致知在格物。

物格而后知至，知至而后意诚，意诚而后心正，心正而后身修，身修而后家齐，家齐而后国治，国治而后天下平。

自天子以至于庶人，一是皆以修身为本。其本乱而末治者否矣，其所厚者薄，而其所薄者厚，未之有也！

——《礼记·大学》

【评述】

儒家学术被一些人称为道德哲学，这里的话，可以说是明证。《大学》认为，家庭、国家、天下都是末节，修身才是根本。由此可见，儒家对于自我修养是多么的重视。这种从内修养的路径，与西方外在约束的路径大为不同。一段时间以来，我们醉心于西方体制，以为法治可以解决一切问题，经过不少波折，才发现其实不然。品德修养，在任何时候都是需要的，难怪儒家会如此强调。近代以来，西学东渐，我们被所谓"现代性"大潮裹挟，甚至有些数典忘祖（现在仍旧有不少人是）。一个民族，割断传统是最可怕的，这将失去其作为独立民族的特性和价值。因此，传统文化中的许多精华——包括儒家道德哲学，我们还是应该积极汲取。

【原文】

知、仁、勇三者①，天下之达德也②。——戴圣

【注释】

① 知：同"智"。② 达德：通行天下的道德。达，指通达。

【原文链接】

知、仁、勇三者，天下之达德也。……子曰："好学近乎知，力行近乎仁，知耻近乎勇。知斯三者，则知所以修身；知所以修身，则知所以治人；知所以治人，则知所以治天下国家矣。"[智慧、仁义、勇敢三者，是通行天下的品德。……孔子说："爱好学习接近于智慧，努力实行接近于仁义，懂得羞耻接近于勇敢。知道这三者，也就知道了用什么来（该怎么）修养自身；知道了用什么来修养自身，也就知道了用什么来管理别人；知道了用什么来管理别人，也就知道了用什么来治理国家了。"]

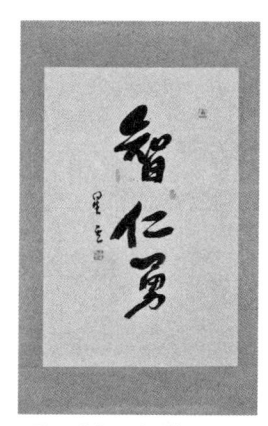

星云法师手书"智仁勇"

——《礼记·中庸》

【评述】

《中庸》里总结出的"三达德",是传统社会很有影响的德目,甚至可以统括所有的德行。也就是说,具备了"三达德",就具备了投身社会、服务大众、报效国家的品德,走到哪里都行得通。孔夫子进而对这三种品德的获得给出了具体内容,那就是好学、力行、知耻,从而使人有了入德的门径。好学、力行、知耻三个方面,看起来没什么了不得,做起来却很不容易,尤其是长期坚持不懈,那更是难能可贵。孔夫子从看似容易的日常行为方面指点我们,意在诱导我们起而实行、积渐深入,那我们就着眼这些方面,从现在做起吧。

【原文】

富贵不能淫①,贫贱不能移②,威武不能屈。——孟子

【译注】

译:富贵不能使其心志迷乱,贫贱不能使其志向改变,武力不能使其人格屈服。(或译为:富贵不能使之腐化堕落,贫贱不能使之改变志向,权势也不能使之屈服。)

注:① 淫:迷惑,迷乱。② 移:改变。

【原文链接】

孟子曰:"……居天下之广居,立天下之正位,行天下之大道;得志,与民由之,不得志,独行其道。富贵不能淫,贫贱不能移,威武不能屈,此之谓大丈夫。"[孟子说:"……居住于天下最广大的住宅(仁)里,站立在天下最正确的位置(礼)上,行走在天下最宽广的道路(义)上;能实现理想时,就与人民一起走这条正道;不能实现理想时,就独自行走在这条正道上。富贵不能迷乱他的思想，贫贱不能改变他的操守，强权不能屈服他的意志，这才配叫作大丈夫。"]

——《孟子·滕文公下》

【评述】

　　这句格言来自一段对话。有一次，有个叫景春的人和孟子对话。景春认为战国时魏国著名的说客公孙衍和魏国著名的纵横家张仪能够"一怒而诸侯惧，安居而天下熄"，是真正的"大丈夫"。孟子认为这些根本算不上"大丈夫"，接着提出了自己的意见，即符合以上三点的，"此谓之大丈夫"。

　　富贵是人所羡慕的，贫贱是人所厌恶的，威武是人所惧怕的，能不为之所动，显示一个人的节操、意志出类拔萃，就称得上"大丈夫"了。孟子的三句话十五个字，气势磅礴，铿锵有力，为"大丈夫"树立了千古不易的标准。在后世，这三句话成为立志、律身的名言，许多英雄豪杰、志士仁人以之为座右铭。

【原文】

穷则独善其身[①]**，达则兼善天下**[②]**。**——孟子

【译注】

　　译：困窘时独善其身，显达时兼善天下。（或译为：失意的时候，就加强自身的修养；得志的时候，就应该让天下人都好起来。）

　　注：① 穷：困窘，处境恶劣。后来主要是指做不上官。独：单独，独自。善：完好，美好。② 达：显达，地位显要。后来主要是指做了高官。兼善：使大家都得到好处。后人改"兼善"为"兼济"，指使天下民众、万物咸受惠益。

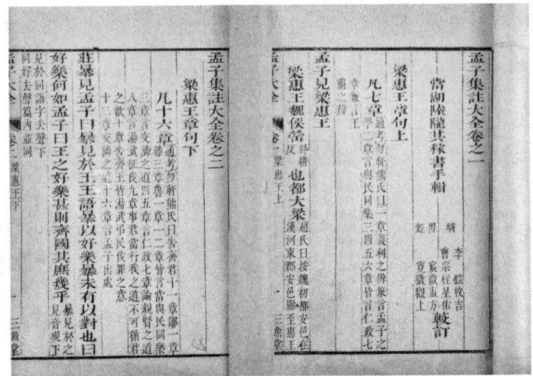

《孟子集注》书影

【原文链接】

（孟子）曰："尊德乐义，则可以嚣嚣（xiāo，安详自得的样子）矣。故士穷不失义，达不离道。穷不失义，故士得己（即自得）焉；达不离道，故民不失望焉。古之人，得志，泽加于民；不得志，修身见于世。穷则独善其身，达则兼善天下。"（"尊崇道德，喜爱仁义，就可以安详自得了。所以，士人困窘时不失去仁义，显达时不背离道德。困窘时不失去仁义，所以安详自得；显达时不背离道德，所以老百姓不失望。古代的人，得志时，恩惠施于百姓；不得志时，修养自身以显现于世。困窘时独善其身，显达时兼善天下。"）

——《孟子·尽心上》

【评述】

孟子这话，是对一个叫勾践的宋国人说的，论述的是如何才能"嚣嚣"（安详）。上文的几句话，也很有教益，可见孟子拈出这两句话时，已经做了相当的铺垫。人生失意时有之，得志时亦有之。失意时不要自怨自艾，更不要怨天尤人，而应该注意加强自己的修养，完善自己；得志时也不可忘乎所以，背离做人的基本道德，而应该以天下事为己任，怀揣报国与济民的宏远志向。

在后世，所谓"穷、达"，几乎就只指闲居和出仕，尤其是"达"，一定是指做了不小的官。可能正是因为如此，或者是变文避复，"兼善"变了"兼济"。做官自然是经国济世的事业，应该"兼济"；普通人也不能一味"独善"，也要"兼善"，为大众多做好事。单靠官们的"兼济"，是没有希望的，历史早已证明这一点。既然"民吾同胞物吾与"，"国家兴亡，匹夫有责"，我们每个人还是多多"兼善"为好。

【原文】

不以规矩，不能成方圆。——孟子

【今译】

不使用圆规和曲尺这两种工具，就画不出符合标准的方形和圆形。

【原文链接】

孟子曰："离娄之明、公输子之巧，不以规矩，不能成方圆；师旷之聪，不以六律，不能正五音；尧舜之道，不以仁政，不能平治天下。……"[孟子说："即使有离娄那样好的视力，公输子那样好的技巧，如果不用圆规和曲尺，也不能准确地画出方形和圆形；即使有师旷（春秋时期晋国的乐师，古代著名音乐家）那样好的审音能力，如果不用六律，也不能校正五音；即使有尧舜的主张，如果不实施仁政，也不能治理好天下。……"]

——《孟子·离娄上》

【评述】

　　孟子这话,是谈仁政时的比喻,即任何事情要想成功,都要守规律、用工具、讲方法。离娄是黄帝时期的人,目力极强,能于百步之外见秋毫之末;公输子即公输般(鲁班),是著名的巧匠。即便是他们,没有圆规和曲尺,也画不出标准的方圆来。在孟子看来,仁政就是平治天下的"规矩"。推而广之,为人处世,也要讲规矩,这样才能不断进步。

【原文】

不为穷变节,不为贱易志。——桓宽《盐铁论·地广》

【今译】

　　不要因为生活贫困而改变自己的节操,不要因为地位低贱而改变自己的志向。

【评述】

　　每一个人,恐怕都会有一些志向,有一些节操。但世事多艰,太能磨人了,因而志向难免为之衰减,节操难免为之褪色。尤其是贫穷和低贱,往往会让人无奈,会让人低头,从而改易了宿志,改变了节操。这个时候,考验也就随之出现了。只有在这种情况之下仍旧坚持理想、不甘堕落,才能做出一番成就来。

【原文】

人固有一死①,或重于泰山②,或轻于鸿毛③。——司马迁《报任安书》

〔译注〕

译：人原本都是要死的，但有的人死得比泰山还重，有的人却死得比鸿毛还轻。

注：① 固：指原本、本来。② 或：有的人。于：表示比较。③ 鸿毛：大雁的羽毛。比喻价值很小。

〔评述〕

太史公司马迁为投降匈奴的李陵辩护，触怒汉武帝，惹来了杀身之祸。按当时的律法，死刑有两种减免办法：一是拿钱赎罪，二是受"腐刑"。司马迁官小家贫，无钱赎罪。腐刑摧残人体和精神，又侮辱人格。但为了完成《史记》，司马迁接受了非人的刑罚。在事后写给朋友的信（即《报任安书》）中，司马迁表达了自己的上述观点。

人总有一死，但死的意义不同。司马迁正是认识到了这种不同，才有了常人也许难以理解的选择。两千多年之后，毛泽东在《为人民服务》一书中，用这句话赞扬张思德为人民服务而牺牲，其死重于泰山，从而使这句话几乎家喻户晓。可以说，司马迁这里表述的生死观、价值观，至今仍有其借鉴意义。

〔原文〕

桃李不言①，**下自成蹊**②。——司马迁

〔译注〕

译：桃树和李树不能言语，树下却踩出了小路来。（或译为：桃树、李树并无言语，但由于能开美丽的花，结甜美的果，因此人们喜欢它们，经常到树下，自然就踏出了一条小路。）

"飞将军"李广雕像

注：① 桃李：桃树和李子树。② 蹊（xī）：小路。

【原文链接】

太史公曰："《传》曰：'其身正，不令而行；其身不正，虽令不从。'其李将军之谓也。余睹李将军，悛悛如鄙人，口不能道辞。及死之日，天下知与不知，皆为尽哀。彼其忠实心诚信于士大夫也。谚曰：'桃李不言，下自成蹊。'此言虽小，可以谕大也。"（太史公说："《左传》说：'本身行为正，不下命令，人们也奉行；本身行为不正，即使下命令，人们也不奉行。'这是说的李将军啊。我见到李将军，朴朴实实像个乡下人，口不善于言辞。他死的时候，天下无论认识不认识的，都十分为他哀痛。他忠实诚恳的心地实在使士大夫崇敬。谚语说：'桃李不能言语，可树下踩出小路来。'这话虽小，却可以使人明白大道理啊！"）

——《史记·李将军列传》

【评述】

　　这是《史记·李将军列传》篇末,对"飞将军"李广的高度评价。太史公司马迁引用谚语,以桃树和李树赞扬李广的高尚品德。李广平时很少说话,但他骁勇善战、宽厚待人、不居功自傲,因此深得士兵的爱戴。这句话被后人用来比喻为人品德高尚、诚实、正直,不用宣扬,就自然会受到人们尊重和景仰之人。

【原文】

勿以恶小而为之,勿以善小而不为。——刘备(引自《三国志·蜀书·先主传》)

【今译】

不要因为坏事小就去做,不要因为好事小就不去做。

【评述】

　　这是刘备去世前,给儿子刘禅遗诏里的话。在这份遗诏里,刘备还说,"惟贤惟德,能服于人",并一再要求"勉之,勉之"。可见他对儿子品德修养的重视。而且我们也可以说,刘备这样说,也有一定的针对性——好高骛远,是人们常见的通病,身居高位者更为如此。

　　任何习惯都是从小事开始慢慢养成的。坏事虽小,积小成大,也会造成大的灾祸;好事虽小,累积起来,也可以形成大事。所谓"小时偷针,大时偷金","千里之堤,溃于蚁穴","千里之行,始于足下",说的都是这个道理。刘备在遗诏中如此劝勉刘禅,正是强调了小事不小。做人应该从小处入手,养成好的品德,从而有所作为。

【原文】

大丈夫宁可玉碎,不为瓦全。——元景皓(引自《北齐书·元景安列传》)

【今译】

宁可做玉器被打碎,也不做瓦器而保全。

【评述】

这是在南北朝时期,北魏皇族成员元景皓对堂兄元景安说的话。当时,高洋灭亡北魏,建立北齐,做了皇帝。元景安为了保全性命,决定跟着北齐国皇族改姓高。堂弟元景皓听后,说:"岂得弃本宗,逐他姓?大丈夫宁可玉碎,不能瓦全。"最终,元景皓因不改姓而被杀。后来,这句话也作"宁为玉碎,不为瓦全",人们常用这句话来表达坚守气节、宁死不屈的决心。

【原文】

源洁则流清,形端则影直。——王勃《上刘右相书》

【今译】

源头干净,水流就清澈;身形端正,影子就正直。

【评述】

这里的话,出自王勃给当时担任右相的刘祥道的上书。这句话以流水和影子,比喻人的品格。下游水流的品质,源于上游的纯净;事物影子的状貌,源于事物本身的形状。一个人,自己品格高洁、清白无瑕,不论别人如何诱惑、如何污蔑,都无损于其高洁、正直的形象。

晋朝官吏吴隐之，为官清正廉明，深受百姓爱戴。他曾遇到一处名为"贪泉"的水，传说喝了贪泉水就会变得贪婪。吴隐之认为：品德高洁的人，即使喝了贪泉的水，也不会成为贪婪之人。他从容饮下"贪泉"之水，清廉作风却依然如旧。吴隐之以其亲身所为，证明了"源洁则流清，形端则影直"的道理。

【原文】

达亦不足贵，穷亦不足悲。——李白《答王十二寒夜独酌有怀》

【今译】

显达之时不必自诩高贵，困窘之时也不必悲伤不已。

【评述】

宦海沉沉浮浮，有位高权重之时，也有官卑职微之日。李白认为，不能以"达"与"穷"来决定心境的好与坏。位高权重、春风得意之时，应该居安思危、虚怀若谷，所谓"十年河东，十年河西"，谁也不能一生都富贵如意；官卑职微、穷困潦倒之时，更无须妄自菲薄、长吁短叹，若能寄情于山水，纵意于美酒，也未尝不是人生一大乐事。

【原文】

取之有度，用之有节，则常足。取之无度，用之无节，则常不足——陆贽《陆宣公奏议》

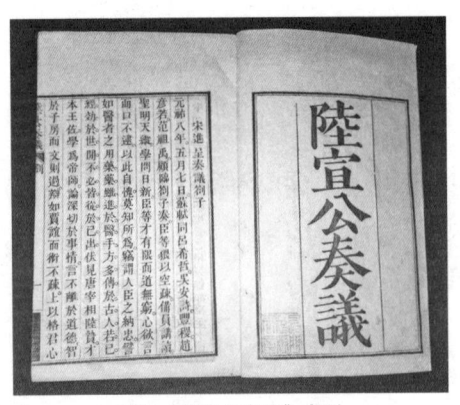

陆贽《陆宣公奏议》书影

【今译】

有计划地索取，有节制地消费，就会常保富足。而索取无度，消费与使用无节制，就会时常觉得不够用。

【原文链接】

夫地力之生物有大限，取之有度，用之有节，则常足。取之无度，用之无节，则常不足。是以圣王立程，量入为出，虽遇灾难，下无困穷。理化既衰，则乃反是，量出为入，不恤所无。桀用天下而不足，汤用七十里而有余，是乃用之盈虚在节与不节耳。

——《陆宣公奏议》

【评述】

陆贽是唐朝官员，在唐德宗时曾担任宰相。他的奏议非常有名，对历代也很有影响。这里的话，也见于《资治通鉴》卷二百三十四。这份奏疏，主要是谈用度的，前文有"地力之生物有大数，人力之成物有大限"，后面还说："生物之丰败由天，用物之多少由人"。并举了夏桀和商汤的实例，来说明问题，主要是劝诫德宗要珍惜人力物力，崇俭戒奢。

节俭是中华民族的传统美德。资源和物质财富是有限的，尤其在当代社会，生活方式越来越耗费，资源越来越匮乏，人们就更应该注重节俭，不能挥霍滥用。只有精打细算、量入为出，才能保证生活安康富足，才能保障人类永续存在。

【原文】

胜败兵家事不期①，包羞忍耻是男儿②。——杜牧

乌江亭

【译注】

译：胜败乃是兵家常事，难以预料；能够忍辱负重，才算是真正的男子汉。

注：① 兵家：一作"由来"。事不期：一作"不可期"。不期，难以预料。② 包羞忍耻：容忍羞愧和耻辱。包，指藏，忍耐。

【原文链接】

胜败兵家事不期，包羞忍耻是男儿。江东子弟多才俊，卷土重来未可知。

——《题乌江亭》

【评述】

杜牧的这首怀古诗，说的是项羽兵败垓下、自刎乌江的事情。看来，他不赞同项羽"不肯过江东"，因为"翻盘"的机会还是有的。就像此诗后两句所说："江东子弟多才俊，卷土重来未可知。"不过，对于项羽的最后决定，可谓见仁见智，李商隐的观点就与杜牧不同（参见《美德诗文》），姑置不论。

古语说："胜败乃兵家常事。"推而广之，人生之中，挫折、失利恐怕更是常事。因而，无论做什么，都不能因一时失利锐气尽丧，

一蹶不振。这是懦夫的选择，而非男子汉（也包括女子汉）所为。真正的有志男女，定会理智分析形势，忍辱负重，积蓄力量，伺机而发，再度辉煌。

【原文】

祸患常积于忽微①，而智勇多困于所溺②。——欧阳修《新五代史·伶官传序》

【译注】

译：人生中的祸患常常是从细微的事情中积淀下来的，人的智慧和勇气往往被自己溺爱的事物所困。（或译为：灾祸危难往往是由于细枝末节的过失积累而酿成，聪慧勇敢者多半是因为沉溺不良嗜好而陷入困顿的。）

注：① 忽微：极细小的东西。② 所溺：沉溺、迷恋的人或事物。

【评述】

《伶官传》是《新五代史》里的一篇合传，记载伶人（乐工和演员）景修、史彦琼、郭门高等人的事迹。欧阳修特意为这篇合传写了序，这就是《伶官传序》。在这篇序中，欧阳修概括了后唐庄宗李存勖的一生。庄宗即位之初，强敌当前，国难未已，他励精图治，最终统一中原。此后，他认为天下太平，竟沉溺酒色而宠任伶官，以致"身死国灭，为天下笑"。

治国如此，为人何尝不如此呢？祸患会积少成多，微小的细节便是决定成败的关键。人不能耽于声色，玩物丧志，而应该时刻保持警惕，否则就会招致失败。在这两句话之后，欧阳修又提醒人们："岂独伶人也哉！"（"难道只有宠爱伶人才会这样吗？"）可见，防微杜渐，事事不能疏忽，时刻不能放松。

【原文】

由俭入奢易，由奢入俭难。——司马光《训俭示康》

【今译】

从节俭转为奢侈容易，从奢侈转为节俭就很困难了。

【评述】

司马光的这句话，从人之常情出发，提醒世人自觉保持俭朴的生活作风，防止养成奢侈习气。"成由勤俭败由奢"，国如此，家如此，个人也如此。极度穷困之时，没有条件奢侈；稍微好了一些，就可能会讲究起来；之后，越来越讲究，居高难下，一遇到困境，就再也无从挣扎起来。（参见《美德诗文》）

因此，要格外注意"由奢入俭难"。宋朝的范仲淹，对此很有警惕。小的时候，范仲淹家里很穷，后来他到外地求学，生活依然艰苦。有个同学拿了点好吃的东西给他，范仲淹却拒绝了。他说："如果我吃了这些好吃的东西，就会厌弃稀饭和咸菜，那么以后就不能过艰苦的生活了。"

【原文】

吾无过人者，但生平行为，无不可对人言耳。——司马光《训子孙文》

【今译】

我没有什么过人的地方，只不过生平所做的事，没有什么是不能对人说的。

【评述】

生平所做可对人言，看起来似乎不是一个多么高的标准：做了什么，有何不可说的呢？实际上，真正做到这一点，可谓极难。不说阴谋诡计，就是上不了台面的小过失、小不堪，谁又会心甘情愿、理直气壮地说出来呢？人之一生，谁敢说没有过"麒麟皮下的马脚"——冠冕堂皇的外衣包裹之下的"小"呢？"生平行为，无不可对人言"，实在是大大的过人之处，说明司马光一生行事光明磊落，堪称表率。

【原文】

有则改之，无则加勉①。——朱熹

【译注】

译：有错误就改正它，没有就勉励自己做得更好。

注：① 加：更，更加。勉：勉励，这里主要是指自勉。

【原文链接】

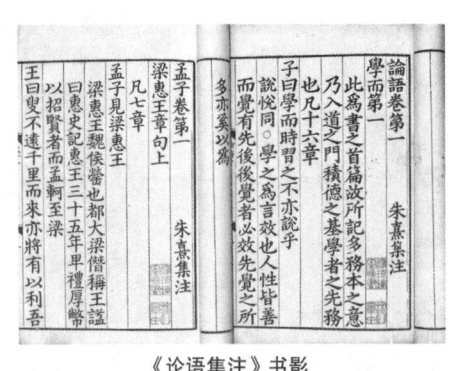

《论语集注》书影

曾子以此三者日省其身，有则改之，无则加勉，其自治诚切如此，可谓得为学之本矣。

——朱熹《论语集注》

【评述】

这是朱熹对《论语·述

而》中曾子"吾日三省吾身"这句话的诠释。朱熹认为,曾子每日三省其身,不仅包括有错则改,还包括无错自勉。有了错误就下决心立刻改正,这对一般人而言已是难能可贵。曾子则更进一步,没有错误也不沾沾自喜、停滞不前,而是勉励自己更加上进。因此,朱夫子称赞曾子,说他"自治诚切"(自我管理诚实恳切),达到了求学上进的根本。

就上下文来看,"有则改之,无则加勉"针对自我省察而言;在后世,则多用来针对别人的批评指正,即:对于别人指出的缺点错误,有就改正,没有就用来勉励自己。无论是自我省察还是他人指摘——也就是"批评和自我批评",这样的态度,都应该提倡。

【原文】

君子之遇险阻,必自省于身①**,有失而致之乎**②**?有所未善则改之,无歉于心则加勉**③**,乃自修其德也。**——程颐、朱熹、吕祖谦《近思录》卷二

【译注】

译:君子遇到艰难险阻时,一定要先反身自省,是否有过失而导致艰难困苦?如果有做得不好的地方,就及时改掉;如果问心无愧,就益加自勉,这正是品德的自我修养啊。

注:① 省(xǐng):省察,反省。② 失:过失,错误。致:导致。③ 无歉(qiàn):无愧。歉,指歉疚。

【评述】

曾子说自己"每日三省",即每天从三个方面省察自己。程颐这里,可以说是又增加了一个方面,那就是:凡事不那么顺利的时候,

就要反省自身，看看是否有什么过失。这样的反省，虽不是每日进行，但也是每遇险阻即省，而且"必"做。自然，逆境、困境的出现，并非均由个人本身所致，因而，反省检讨之后，自己有做得不够好的地方，就及时改正；没有，则要勉励自己更加精进。品德的修养提升，正是经过这样的途径成就的。

〔原文〕

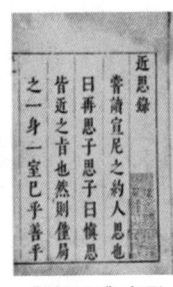

《近思录》书影

人之蕴蓄^①，由学而大^②，在多闻前古圣贤之言与行。考迹以观其用^③，察言以求其心，识而得之，以蓄成其德^④。——程颐、朱熹、吕祖谦《近思录》卷二

〔译文〕

译：人要蕴蓄才德，需经过学习来增广，主要在于多多学习古圣先贤的言、行。考寻圣贤的事迹而观察其作用，考察圣贤的言论而寻求其心意，切实牢记并融会贯通，以此来不断积累养成自己的德行。

注：① 蕴蓄（yùnxù）：蕴藏，蓄积。② 大：增广，扩大。③ 考迹：考察行迹。迹，指行迹，做事的路数。④ 识（zhì）而得之：记住并使之成为自己的。识，指记住。

〔评述〕

程颐在这里讲的是蓄德（德行养成）问题，而其途径就是学习。不过，这里所说的"学习"，并非一般的读书，而是要了解前古先贤

的言、行,也并不是知道就罢了,而是要进一步探究他们为何这样做、这样说,使之成为自己的指导,牢记在心,内化为自己的精神,进而体现于自己的言、行。我们知道,许多名家都曾说过,他们对自己孩子的教育,其中一个方法,就是让他们阅读名人传记。显然,这种方法,与伊川先生所言,用意如出一辙,可见"英雄所见略同"矣。

【原文】

闻过则喜,知过不讳①,改过不惮②。——陆九渊《与傅全美》

【译注】

译:听到别人说自己有错应当高兴,知道自己的过失应当不隐讳,改正自己的错误应当不害怕。

注:① 讳:隐讳,忌讳。② 不惮(dàn):不害怕。惮,指害怕。

【相关链接】

子路,人告之以有过则喜。

——《孟子·公孙丑上》

【评述】

陆九渊是南宋思想家,与朱熹齐名。他的这话,主要论述如何对待自己的过错。三句话,三个层次:首先,不怕被人指出错误,而是采取欢迎态度;其次,知道错了,不自欺欺人,进而分析错误成因;最后,勇敢面对,坚决改正。

三个层次，其实都不容易做到。别人挑错，很多人的反应是不接受，当然不会开心；知道自己有错，很多人的反应是隐藏起来，生怕被别人得知；改错，大多数人似乎有这意愿，但这样自己的过错就无可隐藏，会丢面子，会受人议论，因此需要"不惮"。做到了这三点，就会不断完善自己，取得成就。

【原文】

君子义以为质，得义则重，失义则轻；由义为荣，背义为辱。——陆九渊《与郭邦逸》

【今译】

君子以道义为本质，得到道义者就受到尊重，丧失道义者就受到轻视；遵守道义者光荣，背离道义者则耻辱。

【评述】

古人为人处世，总是突出强调"义"，要求人们的言行以道义为准。作为有德行、有才能的君子，则根本上将"义"作为自己不可忽略、不应改易的本质。立身处世，是重是轻，是荣是辱，都决定于道义。古人如此，今人的基本价值观，也是如此，并未南辕北辙。因此，处今之时，我们还是要：符合道义的事就认真去做，从而赢得别人的尊重和赞誉；背信弃义的事坚决不做，从而免受世人的唾骂和不齿。

【原文】

善恶之习，犹阴阳之相为消长①，无两大之理②。一人之身，善习长而恶习消，则为贤人，反是则为愚；一国之俗，善

习长而恶习消,则为治国,反是则为乱。——陆九渊《与杨守》

【译注】

译:善恶的习性,就好比阴阳之间的此消彼长,没有两个同时都大的道理。一个人的身心,善的习性扩充而恶的习性消亡,这个人就成为贤人,反之就会愚昧;一个国家的风俗,善的风气扩充而恶的风气消亡,这个国家就会得到治理,反之就会混乱。

注:① 相为消长(zhǎng):相互间此消彼长。消长,指增减,盛衰。② 两大:两者并大。

【评述】

习,可以是习惯、习气、习性,一般来说,有好坏、有善恶。在一个人的身上,善恶总是此消彼长的,不会出现同时都大的情况——既是大善人,又大恶人。这样,人们就可以在善恶之间做出取舍,扬善弃恶,从而使善不断扩大、恶不断消减。当然,长善的同时,也要时刻不忘抑制恶的生长。长此以往,善日长,恶日消,就会日益趋向贤人君子。

位于江西省贵溪市的象山阁与陆九渊塑像

【原文】

住世一日，则做一日好人；居官一日，则做一日好事。——罗大经《鹤林玉露·好人好事》

【今译】

活在世上一天，就要做一天好人；做一天官，就要做一天好事。

【评述】

人生一世，对于历史长河来说，是短暂的；而于其本身而言，则又是十分漫长的。然而，几十年的岁月，又都是由一个个日子构成的，因此，几十年的人品、事功也是由一个个日子累积的。因此，每一个日子，我们都不应该疏忽，以至于使自己某一天没做好人、没做好事。几十年的光景里，要天天做好人、做好事，确实不容易，但不能因此而放纵自己。

【原文】

一念之非即遏之①，一动之妄即改之②。——薛瑄《薛子道论》

【译注】

译：一个念头错了，就要马上遏止；一个举动错了，就要立即改正。（或译为：一有错误的念头要立即遏制住，一有错误的举动要立即改正过来。）

注：① 非：错。遏（è）：遏止，中止。② 妄：胡乱，指行为不正。

【评述】

薛瑄是明朝理学家,谥号"文清",因而后世多称之为"薛文清公"。这里的话,重在强调"防微杜渐",要求人们及时发现坏的苗头,不让它恣意生长,以致结出恶果。若对"一念之非""一动之妄"不及时加以遏制、纠正,等它们发展壮大、根深蒂固之时,纠正起来会十分困难,甚至不再存在改正的可能。"不因善小而不为,不因恶小而为之",讲的也是这个道理。我们要从小事抓起,及时摒弃不好的念头和行为,这样才能向着好的方向发展。

【原文】

一粥一饭,当思来之不易;半丝半缕,恒念物力维艰①。
——朱柏庐《治家格言》

【译注】

译:即使是一顿粥、一顿饭,也应当想到它的来之不易;即使是半根丝、半根线,也要经常想到劳作的艰辛。

注:① 恒:经常,恒久。物力:指财物的创造,也就是劳作。维:语助词。艰:艰难,艰辛。

【评述】

朱柏庐是明朝理学家、教育家,名用纯,字致一,号柏庐。他的《治家格言》,亦称《朱子治家格言》,五百余字,文字通俗易懂,内容简明扼要,对仗工整,朗朗上口,问世以来,不胫而走,成为家喻户晓、脍炙人口的教子治家的经典家训。

家训,原本自然是用于家教的。但我国古来的家训,往往超出家庭家族,具有广泛的社会教育意义。《治家格言》也是如此,今天

《朱伯庐先生治家格言》挂屏

其中的大部分内容，仍然鲜亮而不过时，即便是其中礼节规范的内容——中国人毕竟是中国人，我们有我们的规范。

【原文】

美曰美，不一毫虚美①；过曰过②，不一毫讳过③。——海瑞《治安疏》

【译注】

译：美好的就说美好，一点也不虚张其美好；错误的就说错误，一点也不隐讳其错误。

注：① 虚美：虚夸美好。② 过：过错，错误。③ 讳（huì）过：隐讳错误。

【评述】

海瑞是明朝有名的清官，政绩卓著。他这里的话，原本自然针对的是官场。这话移来现在的官场,也还有其现实意义,这自不用说;对于普通人来说,其借鉴意义也是显然的。官员做到不虚美、不讳过,必然为政清明;普通人做到不虚美、不讳过,必然长足长进。

【原文】

受益惟谦,有容乃大。——袁可立,对联;袁赋诚《睢阳尚书袁氏家谱·袁可立事略》

【今译】

只有谦虚才会获得教益,只有宽容才会气度广大。

【评述】

袁可立是明朝后期名臣,在治理地方、抗击后金等方面均有杰出成就;同时,他也是一位清官,并曾因直言敢谏被长期贬官。这里的对联,是袁可立在河南睢州"弗过堂"中所悬自勉联。联语源自《尚书·君陈》之"谦受益,满招损"和《易·系辞》之"必有忍,其乃有济;有容,德乃大"。

袁可立的自勉,可不是徒有其表,而是言行一致。他复官任兵部右侍郎,巡抚登莱军务,对悍将毛文龙多有提拔援助。毛文龙壮大后自傲不羁,唆使言官攻击袁可立,袁可立"故奇其胆智",为了维持海疆防务大局,不想卷入内斗,接连七次上疏告病。而继任者袁崇焕则心胸狭窄,竟为一己私愤擅杀毛文龙,致使东江军局面大乱,登莱防务渐趋瓦解。此事足见袁可立的修养、度量,其过人之处,值得我们深思、学习。

【原文】

闻过而不改,谓之丧心[①]**。思过而不改,谓之失体**[②]。——

曾国藩《曾国藩家书》

【译注】

译：听说自己的过错而不改正，这叫作丧失理智；想到自己的过错而不改正，这叫作没有体统。

注：① 丧心：心理反常，丧失理智。② 失体：做事或讲话不合礼节，没有体统。

【评述】

这里的两句话，说的都是"处过"。有了过错，不论是别人指出的，还是自己想到的，都应该及时改正。如果不肯改正，那就是丧失理智、有失体统。"丧心""失体"，话说得似乎并不激烈，却很是严重，影响巨大。可想而知，丧失理智的人，还能做什么事情？没有体统的人，还有谁会理睬他？

【原文】

海纳百川，有容乃大；壁立千仞，无欲则刚。——林则徐，自撰对联

【今译】

大海容纳百千条河流，拥有容量才能气度广大；高山挺立千百尺绝壁，没有私欲才会刚毅坚强。

【评述】

这是清末名臣林则徐任两广总督时，为总督府府衙题书的堂联。其中一些语汇，我们耳熟能详，因为它们大多源自古人的成语。联语以高山大海"兴而比",说明为官治政的道理。就是说,对待同僚、属下,应该宽宏大量,集思广益;处理事情时,要摒除私欲,坚守原则。显然,不仅为官治政,就是为人处世,这幅联语的精神,也是值得我们记取的。

【原文】

血性男儿,不可无忍耐性,失败时节,尤不可无涵养功夫①。——于右任《于右任辛亥文集》

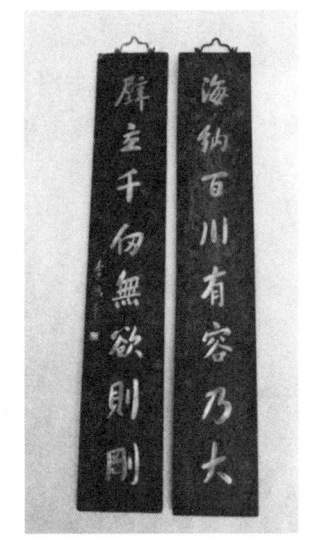

林则徐格言联木雕(李鸿章书)

【译注】

译:有志气的血性男儿,不能没有坚忍不拔的品性,在失败的时候,尤其不能没有素质修养的功夫。

注:① 涵养:滋润养育,培养。大多指在修身养性方面而言,也指道德、学问等方面的修养。

【评述】

"血性",向来是受到推崇的男子品性。这种血性,尤其意味着勇敢——敢于任事,敢于牺牲;表现在外在层面,就是阳刚勇武,果敢决绝。但"血性"并非缺乏涵养的代名词,真正的血性男儿,既有"金刚怒目"的一面,也是"绕指柔钢"的一面。儒家向来重视涵养功夫,于右任在这里也强调了涵养功夫的重要性。这种涵养功夫,才是长途致远的关键。

【原文】

有缺点的战士终竟是战士，完美的苍蝇也终竟不过是苍蝇。——鲁迅《战士和苍蝇》

【相关链接】

所谓战士者，是指孙中山先生和民国元年前后殉国而反受奴才们讥笑糟蹋的先烈；苍蝇当然是指奴才们。

——鲁迅《这是这么一个意思》

【评述】

民主革命先行者孙中山逝世后，军阀政府主办的报刊刊登《孙大炮放不响了》一文，嘲讽孙中山先生。鲁迅先生对此非常愤恨，很快写了杂文《战士与苍蝇》来讽刺这帮家伙。鲁迅先生反对把杰出人物神化为"天才""超人"，他们也是广大民众中的一员，不可避免会有一些缺点、错误，但这无损于他们的伟大。

【原文】

有时也觉得宽恕是美德，但立刻也疑心这话是怯汉所发明①，因为他没有报复的勇气；或者倒是卑怯的坏人所创造②，因为他贻害于人而怕人来报复③，便骗以宽恕的美名④。——鲁迅《坟·杂忆》

【注释】

① 怯汉：胆小的人。怯，指胆小，没有勇气。② 卑怯：卑鄙怯懦。③ 贻（yí）害：留下祸害。贻，指遗留，留下。④ 骗以宽恕的美名：用（给别人加上）宽恕的美名来欺骗别人。

【评述】

儒家传统向来是主张恕道的,"宽恕"自然是美德。鲁迅先生在此予以反拨,倒不是否定这种美德,而是希望分清对象,不能一味宽恕而让敌人猖狂、坏人得逞。对欺凌中华民族的敌人,怎可宽恕?对于屡屡贻害民众的坏蛋,又怎能宽恕?对他们的宽恕,就是对国家、人民的犯罪。其实,孔夫子也不主张"以德报怨",而是要"以直报怨"。如今在处理国际关系问题时,我们也绝不能为了"虚名""美名",而置国家利益于不顾,这同样是对国家和人民的犯罪。

【原文】

吃苦在前,享受在后,不同别人计较享受的优劣,而同别人比较革命工作的多少和艰苦奋斗的精神。——刘少奇《论共产党员的修养》

【评述】

"吃苦在前,享受在后",是古今仁人志士拥有的品德。遇到困难时挺身而出,面临奖赏时主动避让。和别人相比,不是比谁的待遇好,谁的权力大,谁的官职高,而是比谁的奉献多,谁的品质好,谁的思想境界高。从"先天下之忧而忧,后天下之乐而乐",到"吃苦在前,享

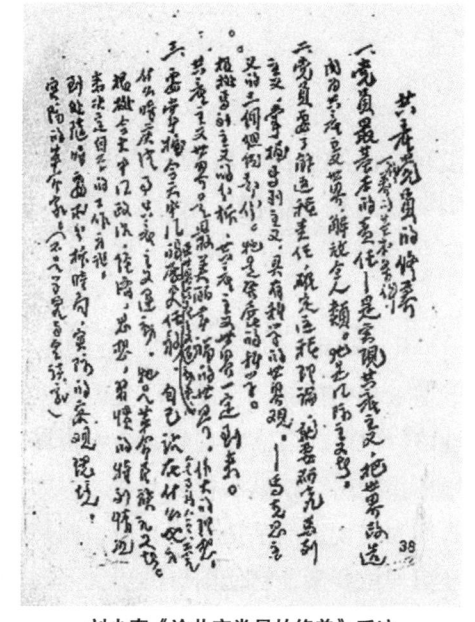

刘少奇《论共产党员的修养》手迹

受在后"，时间在冉冉流逝，但中华民族的传统美德却不会消逝，而是不断得到进一步的发扬与光大。

【原文】

人的美丽可爱，不仅仅是由于他的容貌，首先决定他的精神面貌。一个品质高尚的人，永远是年轻和美丽的。——冯雪峰《与青年人谈心》

【评述】

一个人展现给他人的美，既有外表上的赏心悦目，也有心灵上的春风和煦。品质高尚的人，他内心洋溢的热情、禀性的善良，都会形成巨大的磁力，让人不由自主地接近、欣赏他，愿意与之为友。这种美丽不因年龄的增长而消逝，反而愈加耐人寻味。

【原文】

一个人有了崇高的伟大的理想，还一定要有高尚的情操。没有高尚的情操，再崇高、再伟大的理想也是不能达到的。——陶铸《理想·情操·精神生活》

【评述】

几千年来，时光在流逝，社会在变革，但中国人对"高尚情操"的追求与弘扬却一直没有改变。高尚的道德情操，是一种具有超越性的价值。社会需要理想，个人也需要理想，有了理想，人才会有憧憬和期盼。崇高而伟大的理想，如一面光芒四射的旗帜，呼唤着人们为实现它而前仆后继、奋勇向前。在这个过程中，高尚的情操是第一位要素，它使前进的步伐能够保持正确的方向，艰辛的努力能够拥有崇高的意义。

【陆】

诚信处世
友善待人

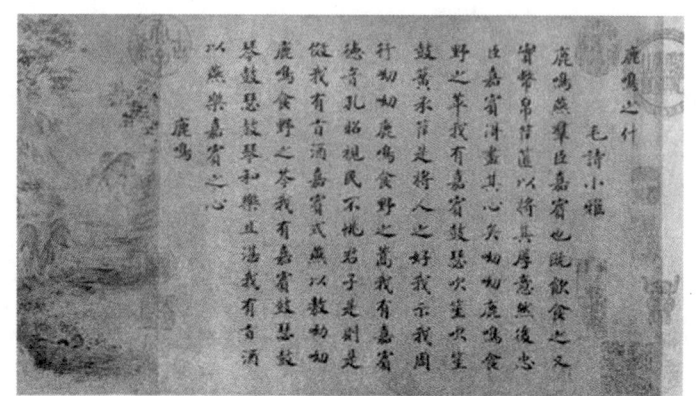

《小雅鹿鸣之什图卷》局部（宋·马和之绘）

【原文】

我有嘉宾，鼓瑟吹笙。——《诗经·小雅·鹿鸣》

【今译】

我有嘉宾来到，吹笙弹琴，其乐融融。

【评述】

《鹿鸣》是一首古人宴会宾客的诗。按朱熹的解释，此诗原本是君王宴请群臣时所唱，后来逐渐推广到民间，在乡人的宴会上也可以唱。脱开诗的原本情境，以之表达与友人交往的态度、原则等，这首诗的现代意义仍然熠熠生光。我们应该结交德行高洁的益友，并与之和乐相处，聆听建言，效法善行，互相砥砺，共同进步。这样的友情，可以获益，可以恒久。

【原文】

与人不求备①，检身若不及②。——伊尹

【译注】

译：结交别人不能求全责备，检讨自己则唯恐不够。

注：① 与：相与，交往。备：完全，齐全。② 检身：检点自身。检，指检点，检敕。身，指自身。不及：不到，赶不上。

【原文链接】

"呜呼！先王肇修人纪，从谏弗咈（fú，违背、违反），先民时若（和顺）。居上克明，为下克忠；与人不求备，检身若不及。以至于有万邦，兹惟艰哉！"（"啊！先王商汤率先讲求做人的纲纪，听从谏言而不违反，顺从前贤的活。处在上位能够明察，为臣下能够尽忠；结交人不求全责备，检点自己好像来不及一样。因此达到拥有万国，这是很难的呀！"）

——《尚书·商书·伊训》

【评述】

商朝的开国君主成汤去世后，右相伊尹扶立其嫡长孙太甲为帝。太甲元年，伊尹作《伊训》，教导太甲。这几句话，当是史官记录的伊尹的言论，是对太甲提出的品德要求。宽以待人、严于律己，是中华民族自古就有的传统美德。对人对己截然不同的标准，体现了古人高尚的道德追求。唯有宽以待人，才能和合众人；唯有严于律己，才能提高自己。

【原文】

海不辞（滴）水，故能成其大；山不辞土石，故能成其高。——《管子·形势解》

【今译】

大海不嫌弃大小水流，因而能成就它的宽广；高山不拒绝些许土石，因而能成就它的高大。

【评述】

大海之所以广阔，是因为它有海纳百川的胸怀；高山之所以巍峨，是因为它有不拒泥石的气度。这是在告诉我们：高山大海，是不拒溪流、不辞泥土累积而成的。不过，荀子并未就此打住——他用的是排喻，高山大海是为接下来论述文人的修养做铺垫的。

在下文，管仲说："明主不厌人，故能成其众；士不厌学，故能成其圣。"（"圣明的君主容人从不满足，所以能统治众民；读书人学

管仲塑像

习从不满足，所以能成为圣人。"）就是说，做人也和高山大海一样，要有广阔的胸怀，包容各色人等，听取各种意见，兼收诸类知识，这样才可以成就自己。为政者有了宽阔的胸怀，国家就会兴旺发达；大众有了宽阔的胸怀，人与人之间的关系就会融洽和睦。

【原文】

善气迎人①，亲如兄弟；恶气迎人②，害于戈兵。——《管子·心术下》

【译注】

译：和颜悦色，善意待人，就会亲如兄弟；恶声恶气，粗暴待人，比兵器更加伤人。

注：① 善气：和颜悦色的态度。② 恶气：凶恶粗暴的态度。戈兵：泛指兵器。

【评述】

《管子》这里所谈，是人际交往的现象。由这种现象，不难提炼出人际交往所应遵循的原则。应该指出的是，在当今社会，这不仅适用于一般人际交往，也适用于政府部门、窗口行业、公共关系等方面，这些方面，都需要"善气迎人"而不是"恶气迎人"。这些方面的集体如此，个人也应该如此，修炼好自己的"善气"，这不仅会使社会更加和谐，自己的心情也会更为愉快。

【原文】

亲仁善邻，国之宝也。——五父

【今译】

亲近仁义、善待邻邦,是一个国家的国宝。

【原文链接】

五月庚申,郑伯侵陈,大获。往岁,郑伯请成于陈,陈侯不许。五父谏曰:"亲仁善邻,国之宝也。君其许郑。"陈侯曰:"宋、卫实难,郑何能为?"遂不许。[鲁隐公六年(公元前717)五月十一日,郑庄公入侵陈国,大获全胜。在往年,郑庄公曾请求与陈国讲和,陈桓公就是不答应。大臣五父劝谏说:"亲仁善邻,国之宝也。您应该答应。"陈桓公说:"宋国、卫国才难以对付,郑国能有什么作为?"因而没有答应。]

——左丘明《左传·隐公六年》

【评述】

俗语说:"远亲不如近邻。"邻里之间的和睦关系,是人际交往中一个极为重要的方面。好的邻里关系能够使彼此之间互帮互助,不好的邻里关系则会使彼此反目成仇、恶语相向,搅得生活不得安宁。"亲仁善邻"不仅适用于人与人、家与家之间,同样适用于国与国之间。它倡导与邻为善、平等互利、和平共处的原则。中国政府实施与周边国家睦邻友好、共同发展的政策,也是中华民族传统美德在新时代中的延续与发展。

【原文】

君子进德修业[①]。**忠信,所以进德也;修辞立其诚**[②],**所以居业也**[③]。——孔子《周易·乾·文言》

【译注】

译：君子应该增进品德、建立功业。忠实守信，因而能够增进品德；修饰言辞以确立诚信，因而能够居有功业。

注：① 进德修业：意指增进道德、建立功业。② 修：修饰、装点。辞：言辞。诚：诚信。③ 居业：居有功业。居，指占，占据。

【相关链接】

辞谓文教，诚谓诚实也。外则修理文教，内则立其诚实，内外相成，则有功业可居，故云居业也。

——孔颖达《周易正义》

【评述】

这是孔子解释乾卦的话。忠信所以进德，意思明确，基本没有什么疑义。"修辞立其诚"，历来解释有所不同，一般认为"辞"是言辞，也包括书面的文章；"诚"，简单来说就是诚信，包括思想纯正，情感真诚，表达恰当，说到做到。这样的话，就会树立起诚信的形象，从而在事业之路上顺风顺水，有所成就。

诚信是做人做事的基本原则之一，它包括名实一致、言行一致、表里一致等几个方面，即所说的话要与事实相符，言论要与行动相符，嘴里说的要与心里想的相符。人的言论，应该以立诚为本，毫不含糊。失去诚信的人，久而久之就会失去别人的信任，从而陷于孤立，"居业"也就成了空谈。

【原文】

己所不欲，勿施于人。——孔子（引自《论语·颜渊》）

【今译】

自己不喜欢的事情，不要强加在别人的头上。

【相关链接】

仲弓问仁。子曰："出门如见大宾，使民如承大祭；己所不欲，勿施于人；在邦无怨，在家无怨。"仲弓曰："雍虽不敏，请事斯语矣。"（仲弓问什么是仁。孔子说："出门交往好像接见贵客一样庄重，役使百姓好像承当盛大祭典一样凝重。自己所不喜欢的事，不要强加于别人。在诸侯国做官不怨天尤人，在卿大夫家做官也不怨天尤人。"仲弓感谢说："我虽迟钝，但请让我去实践这番话。"）

柏林中国花园的孔子塑像，基座上刻着"己所不欲，勿施于人"

——《论语·颜渊》

子贡问曰："有一言而可以终身行之者乎？"子曰："其恕乎！己所不欲，勿施于人。"（子贡问道："有没有一句可以终身奉行的话呢？"孔子说："大概是'恕'罢！自己所不想要的东西，就不要强加给别人。"）

——《论语·卫灵公》

【评述】

"恕"是儒家哲学的基本范畴，"恕道"是儒家最为讲求的立身处世之道。"恕道",一言以蔽之,就是"己所不欲,勿施于人"。这话,孔夫子不止一次说过。先是子贡问有没有一句可以终身奉行的话,夫子先以一个字回答:"恕。"进一步引申:"己所不欲,勿施于人。"后来仲弓问"仁"时,夫子的回答也有这八个字。

人与人之间应该互相尊重与平等,做事情之前也应该经常换位思考。如果某件事情是自己所不愿意做的,就不应该将之强加于别人身上;如果某种结果是自己所不愿意承受的,就不应该让别人去做会产生同样结果的事情。爱别人就像爱自己一样,不能只顾个人利益而置他人感受于不顾。平等仁爱不仅是古人所提倡的,在当今社会也应该是人们所必须具备的一种美德。

何止人与人,就是国与国,相互之间也应该是"己所不欲,勿施于人"。这不是我们的一厢情愿,也是世界人民的意愿。在联合国总部大厦三楼大厅,有一幅大型壁画,壁画主题叫"黄金法则":"Do unto others, as you would have them do unto you."("你不想人家那样对待你,你也不要那样对待别人。")可以说,这简直就是"己所不欲,勿施于人"的英文版。

【原文】

君子成人之美①,不成人之恶。小人反是②。——孔子(引自《论语·颜渊》)

【译注】

译:君子成全别人的好事,不促成别人的坏事。小人正好与此相反。

注:① 君子:有德行的人。成:促成,成全。② 反:相反。是:这。

【相关链接】

成者,诱掖奖劝,以成其事也。

——朱熹《论语集注》

【评述】

　　《论语》里记事论事,很多时候君子、小人对举,这样说教,可以收到显豁之效。这里的话,就是如此。这样做,道理固然讲明白了,同时也从正反两个方面指出了行止的界限,实行起来就不会犯错误了。孔子的教导,可谓细致入微。

　　做人应该与人为善、成人之美。对于"真、善、美"的人和事,应该尽力帮助;对于"假、恶、丑"的人和事,应该努力杜绝。然而,社会现实并非如此,恐怕是反面的例子不少,所以孔夫子才这样谆谆教导。如今的社会,恐怕是更其如此,君不见所谓"羡慕、嫉妒、恨"吗?那真是小人的"不成人之美";"起哄架秧子",则是"成人之恶"了。看来,孔夫子的话,还是要好好记住,争取离小人远一些,多做些君子的事情出来。

【原文】

己欲立而立人①,己欲达而达人②。——孔子(引自《论语·雍也》)

【译注】

　　译:自己要立足,也要让别人立足;自己要通达,也要让别人通达。(或译为:要想自己站得住,也要帮助别人一同站得住;要想自己过得好,也要帮助别人一同过得好。)

　　注:① 立:站立,这里指立足、站稳脚跟。② 达:通达,腾达。

【相关链接】

子贡曰:"如有博施于民而能济众,何如?可谓仁乎?"子曰:"何事于仁,必也圣乎!尧舜其犹病诸!夫仁者,己欲立而立人,己欲达而达人。能近取譬,可谓仁之方也已。"(子贡说:"假若有一个人,能够给老百姓很多好处从而拯救众民,怎么样?能算是仁人了吗?"孔子回答说:"岂止是仁人,简直是圣人了!就连尧、舜都尚且难以做到呢。至于仁人,就是自己要立足也要让别人立足,自己要通达也要让别人通达。凡事能就近以自己作比,进而推己及人,可以说就是实行仁的方法了。")

——孔子《论语·雍也》

我要步步站得稳,须知他人也要站得稳,所谓立也。我要处处行得通,须知他人也要行得通,所谓达也。今日我处顺境,预想他日也有处逆境之时;今日我以盛气凌人,预想他日人亦有以盛气凌我之身,或凌我之子孙。常以"恕"字自惕,常留余地处人,则荆棘少矣。

——曾国藩《曾国藩家书》

【评述】

结合前述"己所不欲,勿施于人",与这里的"己欲立而立人,己欲达而达人",共同构成了孔夫子对于"仁"的双重规范。前者是反面言说,是消极意义上的规范;后者是正面言说,是积极意义上的规范。"仁",本来说的就是人与人之间的关系。孔夫子两个方面的规范,突出特点就是换位思考、同情理解、推己及人、自助助人。如果每个人都能够像孔夫子说的那样去做,社会的和谐,人生的美好,必定指日可待。

【原文】

益者三友，损者三友①。友直、友谅②、友多闻，益矣。友便辟③、友善柔④、友便佞⑤，损矣。——孔子（引自《论语·季世》）

【译注】

松竹梅有"岁寒三友"之称，图为清朝岁寒三友执壶

译：有益的朋友有三种，有害的朋友有三种。同正直的人交朋友，同诚信的人交朋友，同知识广博的人交朋友，是有益的。同谄媚逢迎的人交朋友，同表面奉承而背后诽谤的人交朋友，同善于花言巧语的人交朋友，是有害的。

注：① 损者：有害的。友：作动词用，"与……交友"的意思。后几个"友"字义同。② 谅：诚信，诚实。③ 便辟（piánpì）：善于逢迎谄媚。④ 善柔：和颜悦色以诱惑人。⑤ 便佞（piánnìng）：善于花言巧语。

【评述】

交友，对人一生事业的成败、生活的苦乐，都至关重要，这是毫无疑问的。有道是："多一个朋友多一条路。"然而，路又是有所不同的，并非所有的路都是有益的。孔子区分了益友、损友，认为益友有三种，损友也有三种。这种区分，等于明白无误地告诉我们，应该多交益友、远离损友。孔子所论的交友之道，可谓至理名言，良可置之座右。

【原文】

有朋自远方来，不亦乐乎？—— 孔子

【原文链接】

孔子曰:"学而时习之,不亦说乎?有朋自远方来,不亦乐乎?人不知而不愠,不亦君子乎?"(孔子说:"学习之后时常复习,不也很愉快吗?有朋友从远方来到,不也很开心吗?人们不了解自己而不生气,不也是君子所为吗?")

——《论语·为政》

【评述】

孔夫子十分重视交友,有"益者三友""损者三友"之论。这里令他"不亦乐乎"的朋友,自然应是益友。交友不易,益友难得,而有益友自远方而来访,那该是多么令人高兴啊。如今社交媒体风行,"朋友圈"似乎比比皆是,但说得上算朋友的本来就很少,益友就更是"稀有动物"了。真诚的朋友,还是以赤诚之心相交吧。

【原文】

道不同①,**不相为谋**②。——**孔子(引自《论语·卫灵公》)**

【译注】

译:道路不同的人,不能在一起谋划。(或译为:主张不同,不在一起谋事共事。)

注:① 道:本指道路,也指主张、志趣等。② 为(wéi):做。谋:谋划。

【评述】

"道不同,不相为谋",如今可谓人们经常挂在嘴上的话,每当合作不到一起的时候,人们就会抬出这句话来。这实际上有些以果推因——可能原本并没有考虑"道"的同与不同，不能"相为谋"了，才意识到"道不同"。道之不同，固然不是一眼就可看出，但谋事之前，最好还是对合作者的"道"有所了解，因为这是合作的基础。如果"道不同"而"相为谋"，不是半途而废，就是与自己的志趣南辕北辙。世界上的人足够多，根本点不同的人，实在没有必要凑合在一起，还是"人以群分"的好。

【原文】

躬自厚而薄责于人①，则远怨矣②。——孔子（引自《论语·卫灵公》）

【译注】

译：多要求自己而少责备别人，就可以远离怨恨了。

注：① 躬自厚：即"躬自厚责"，意思是多责备自己。薄责于人：少责备他人。薄，指稀少。② 远：远离，避开。

【相关链接】

责己厚，故身益修；责人薄，故人易从。所以人不得而怨之。

——朱熹《论语集注》

责己厚，责人薄，可以无怨尤。诚能严于自治，亦复无暇责人。旧解此怨为人怨己，亦通。

——钱穆《论语新解》

《论语》中多有这种平淡而真确的生活格言，黑格尔嘲笑为不够哲学，殊不知这正是中国实用理性的精神所在。它必须体现在许多"以实事程实功"的实践行为和日常生活中，而不求如何高妙抽象的思辨体系，因为那并不解决生活中具体问题和现实疑难。

——李泽厚《论语今读》

【评述】

孔子的这句话，说的是待己待人的原则。他认为，对待自己要多加苛求、严于律己，这样才能促使自己不断进步；对待别人要更加宽容，多多体谅，这样人与人之间才能减少怨恨，增加和睦。

严于律己，宽以待人，是孔子教给我们的为人处世的准则。在日常交往中，人与人相处难免会有各种矛盾纠纷。只要为人处事多替别人考虑，从别人的角度看待问题，多作自我反省、批评，少指责别人的不是，责己严、待人宽，就能保持良好和谐的人际关系。

【原文】

君子耻其言而过其行①。——**孔子**（引自《**论语·宪问**》）

【译注】

译：君子以说得多、做得少为耻辱。（或译为：君子说话不能太

孔子删述六经图

绝，做事要留余地。）

注：① 耻：耻辱，以……为耻辱；也解释为"不敢尽"，"耻其言"即不把话说绝。过：超越，"言过其行"，说大话却不做实事；也解释为"欲有余"，"过其行"即做事留有余地。

【评述】

言、行这对范畴，历来论述不少。孔子这里，从君子的角度谈论，因为表述高度概括，后人的解释也就不同。

一种解释，言、行连带在一起，说明君子感到耻辱的是"言过其行"，也就是所说超过了所做。孔子希望人们少说多做，而不要只说不做、多说少做。这样说，针对性极强，因为自古以来，总有一些人夸夸其谈，说尽了大话、套话、虚话，但到头来，一件实事都未做成。因此，孔子的话，在任何时候都有现实意义。

另一种解释，言行分开来说，一方面"耻其言"，不敢把话说过了头；一方面"过其行"，做事总是留有余地。如此解释，显示出君子以"中庸"为指归。但是否为孔夫子本意，却也难说，因为这样的君子似乎缺少了一些锋芒。"诗无达诂"，文亦如此，姑存一说。

【原文】

自古皆有死，民无信不立①。——孔子

【译注】

译：自古以来人都会有一死，如果百姓对统治者没有信心（如果统治者失信于民），国家就难以立足。（或译为：自古以来人总是要死的，可没有信用是难以立足的。）

注：① 信：信任，或说有信心。

【原文链接】

子贡问政。子曰:"足食,足兵,民信之矣。"子贡曰:"必不得已而去,于斯三者何先?"曰:"去兵。"子贡曰:"必不得已而去。于斯二者何先?"曰:"去食。自古皆有死,民无信不立。"(子贡问怎样治理国家。孔子说:"粮食充足,军备充足,民众信任执政者。"子贡说:"如果不得已,要从这三项中去掉一项,该去哪一项呢?"孔子说:"去掉军备。"子贡又问:"如果还要去掉一项呢?"孔子说:"去掉粮食。自古以来人总是要死的,如果老百姓对统治者不信任,那么这个国家就不能存在下去了。")

——《论语·颜渊》

【评述】

这是孔子回答学生子贡请教治国之道的话,师弟间剥笋般的问答,由三而二而一,"食、兵"先后摈去,最后只剩下了"信"。食、兵、信三者当中,为何去兵、去食,最后要留下"信"呢?孔子给出的理由就是这里的话。这里的"信",是指老百姓的信任,统治者获得这种信任才能立国,才能维持统治。后人使用这句话,多数时候只说后半句,意思是"人没有信用就不能在社会上立身行事"。春秋战国时期的人们引用《诗经》,大多撷取只言片语,脱离原始语境,用其字面意思。因而,把"民无信不立"中的"信",用作"信用""诚信",也未尝不可,并且其中是满满的正能量。

【原文】

言必信,行必果。——孔子(引自《论语·子路》)

【今译】

说话一定要讲信用，做事一定要果断。

【评述】

这里，孔子师弟讨论的是"士"（读书人、知识分子），与前一条讨论治国一样，又是一番剥笋式的问答。子贡问怎样才称得上"士"，并一再追问；孔子的回答概括了三种人：士、小人、斗筲之人，而这句话说的是"小人"。很显然，这里的"小人"，并非与君子相对，孔子之所以评价这种人在"士"之下，在于他们"硁硁然"——像石头一样又坚硬又方正，能做好自己的事情，但很难同时达到"士"的"使于四方，不辱使命"。然而，就今天来说，能做到"言必信，行必果"，也可谓很好了！

【原文】

君子和而不同①，小人同而不和②。——孔子（引自《论语·子路》）

【译注】

译：君子与人和谐相处，却保留着自己的观点；小人容易苟同别人，却不能与人和谐相处。（或译为：君子讲求不同立场的人和谐相处，而不要求观点一致；小人讲求立场一致，而不是不同观点的人和谐相处。）

注：① 和：和谐，平和。② 同：观点相同，立场一致。

【评述】

这里的话，说的是君子、小人各自不同的交际原则。君子、小人，都有其立场、观点，不论对错、好坏。不同的是，君子之间既保持独立,又和谐相处;小人之间既同流合污,又不能和谐相处。孔子虽然是从个人角度论述的,但显然,君子的"和而不同"对更大的人群来说也是适用的。

毫无疑问,"和而不同"是儒家的思想精华,也是中华民族贡献于世界的思想精华。众所周知,人与人有不同观点是正常的,而且必将长此以往;扩而广之,不同族群、不同国家,也是如此。"和而不同",追求和谐相处而不强求观点一致,是理性的,是理想的,也是现实的。相反,"同而不和",一味追求绝对一致而容不得不同观点,不仅难以实现,而且是有害的,甚至是毁灭性的危害。在全球化的今天,明智的人们推崇世界多极化、文化多样化,就是孔子"和而不同"思想的体现。

【原文】

君子泰而不骄,小人骄而不泰①。——孔子(引自《论语·子路》)

【译注】

译:君子平和坦然而不骄纵,小人骄纵而不平和坦然。

注:① 泰:平和,安详,坦然。骄:骄纵,傲慢,暴戾。

【评述】

这里还是比较君子、小人,着眼点是主观态度。泰与骄,原本就是对立的,泰则不骄,骄则难泰。确实,平和、骄纵,可以把人截然区分为两种类型。而它们,又不仅仅是态度的问题,基于这种态度的言行必然大异其趣,其结果也必然大相径庭。

"君子和而不同"篆刻印章

【原文】

君子惠而不费，劳而不怨，欲而不贪，泰而不骄，威而不猛。——孔子（引自《论语·尧曰》）

【今译】

君子施以恩惠而无所耗费，让百姓劳作却没有怨言，有所追求而不贪婪，安然处事而不骄纵，威严而不凶猛。

【评述】

这里的话，原本是回答学生子张"问政"的，孔子概括称之为"五美"。因为涉及为政，因此前两条涉及管理民众，可以看作为政技巧；后三者，又基本上是个人品德问题了，其中"泰而不骄""威而不猛"，讲的都是仪容态度，与上文有些接近。"五美"做起来很难，尤其是前两者，不过，应该树立这样的目标，心向往之，这大概就是孔子的用意了。

孔子弟子子路

【原文】

刚①、毅②、木③、讷近仁④。——孔子（引自《论语·子路》）

【译注】

译：刚强、果敢、质朴、谨言，接近于仁。（或译为：意志刚强、性格果决、禀性朴实、言语谨慎而迟钝，这些品质接近于仁德。）

注：① 刚：刚强，不屈。② 毅：刚毅，果断。③ 木：质朴无华。④ 讷（nè）：言语谨慎而迟钝，不善于表达。

【相关链接】

刚、毅、木、讷，质之近乎仁也；力行，学之近乎仁也。
——《二程全书·遗书四》

【评述】

这里，孔子从人之气质和性格角度来诠释"仁"，说明仁德离我们不远，也可以说是为希望修养仁德的人提供了标尺，指明了途径。仁，是儒家最为重要的范畴，意义丰富。概括而言，可以说是一种宽惠、善良的德行。孔子认为，具备了刚、毅、木、讷四种品质，就接近于仁了。四者内容，亦可谓丰富，涉及意志、性格、作风、言语。这些，看起来似乎不难做到，但时刻以之严格要求，却也很不容易。

【原文】

君子和而不流①，中立而不倚②。——孔子（引自《礼记·中庸》）

【译注】

译：君子待人和顺而不盲从，以中道立身而不偏不倚。

注：① 流：本指漂泊、流浪，这里指盲从、随波逐流。② 中立：

保持中立,以中庸之道立身。倚(yǐ):偏。

〔评述〕

这是孔子回答子路所问"强"(刚强、坚强)的话,朱《注》谓:"子路好勇,故问强。"在这里,孔子指出了不同于"强悍"的君子之强。君子具有独立的思想与见解,信仰坚定,节操凛然,不会人云亦云、随波逐流。他们待人和善、处事和顺,实则内心刚毅、观点鲜明,不会盲从,不会屈服。较之于强悍者枕戈而眠、死而无悔,君子的"和而不流,中立不倚",不论治乱、永葆节操,可谓毫不逊色。

〔原文〕

水至清则无鱼①,人至察则无徒②。——孔子(引自《礼记·子张问入官》)

〔译注〕

译:水太清澈就没有鱼了,人太精明就没有同伴了。(或译为:水太清澈了,鱼就无法生存,要求别人过于严格,就没有人愿意跟你做伙伴。)

注:① 至:极,最。② 察:观察、仔细看,引申为"看清楚"。至察,就是指看得十分清楚,因而要求也很严格。

〔评述〕

这两句,是孔子对子张所问如何为官的答话,说的是"君子莅民"。后来,这话基本上成了俗谚,流传很广。当然,后人所用,大多指为人处世。即告诫人们看问题不要过于苛察,对待人不要太过严厉,要求人不要太过苛刻;否则,容易使别人因心里紧张、恐惧等,远远躲开,不愿意与你打交道,就像水过于清澈养不住鱼一样。

不过,如今使用这两句话,总是有一些人会背离其本义,以此劝人凡事不必认真,得饶人处且饶人;更有甚者,则是危害国家、民众利益的人或事,也睁一只眼,闭一只眼。这种"老好人"的"和稀泥",是十分要不得的。因而,我们有必要正确理解和使用这句古语,不要用歪了、用错了。

【原文】

爱亲者,不敢恶于人^①**;敬亲者,不敢慢于人。——孔子**(引自《孝经·天子》)

【译注】

译:亲爱自己父母的人,不敢憎恶别人的父母;尊敬自己父母的人,不敢怠慢别人的父母。

注:① 恶(wù):厌恶,憎恨。或曰:恶(è),交恶。

"孝"字榜书石刻

【评述】

《孝经》是一本专门讲孝道的书,相传是以孝道著称的曾子所著。这里引用的是孔子的话,本来是对"天子"说的。孔子将家庭中的孝道,推而广之,希望爱亲敬亲的人们,都不要恶人、慢人。真正关心、敬爱自己父母的人,也会用同样的爱心去关心、尊敬别人,尤其是长辈;这与下文孟子的"老吾老以及人之老,幼吾幼以及人之幼",阐述的是同样的道理。

【原文】

士有争友①,则身不离于令名②。——孔子

【译注】

译:读书人有了直言规劝的朋友,就会终生保持美好声誉。

注:① 争友:能够直言规劝的朋友。争,同"诤"(zhèng),谏诤,直言规劝。② 令名:美好的声誉。

【原文链接】

孔子曰:"天子有争臣七人,虽无道,不失其天下;诸侯有争臣五人,虽无道,不失其国;大夫有争臣三人,虽无道,不失其家;士有争友,则身不离于令名;父有争子,则身不陷于不义。"(孔子说:"天子如果有七个直言敢谏的臣子,虽然无道,也不至于丢掉他的天下;诸侯如果有五个直言敢谏的臣下,虽然无道,也不至于丢掉他的国家;大夫如果有三个直言敢谏的家臣,虽然无道,也不至于丢掉他的封邑;士人如果有能够直言规劝的朋友,就能终生保持美好的名声;父亲如果有能够直言规劝的儿子，自己就不会做错事情陷于不义。"）

——曾子《孝经·谏诤》

【评述】

孔子认为，读书人如果拥有诤友，就会一辈子有美好的名誉相随。这同时，也就说明了诤友于人的重要意义。可孔子三种"益友"中，并无诤友。其实，"益者三友"，其中的"直友"，简直就是"诤友"的翻版，而友不诚信，何来直言？友不多闻，规劝也难以切中要害，可见谅、多闻也是诤友所需要的。至于"损者三友"——便辟、善柔、便佞，简直就是诤友"反对派"。这样看来，孔子所言不虚，我们需当谨记。

【原文】

良药苦于口而利于病，忠言逆于耳而利于行。——孔子（引自《孔子家语·六本》）

【今译】

好药喝起来苦却有益于治病，忠诚的话不顺耳却有助于做人。

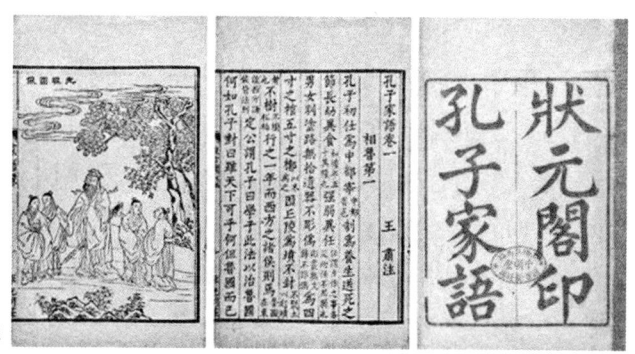

《孔子家语》书影

【评述】

"良药苦口利于病,忠言逆耳利于行",是人们耳熟能详的俗语,曾见诸传统蒙学教材《增广贤文·真理篇》。而这句话,早见载于孔子门人所撰的《孔子家语》中,是孔夫子所说。这句话是用苦口良药比喻逆耳忠言,希望人们都能够虚怀若谷,嘉纳谏言,哪怕是尖锐的批评。从孔夫子列举的情形可知,能够这样做,无论对于在上的君父,还是对于一般的士人,都有相当的积极意义。

【原文】

与善人居①,如入芝兰之室②,久而不闻其香,即与之化矣③。——孔子(引自《孔子家语·六本》)

【译注】

译:和善人在一起,就像进入长满芝草和兰草的房子里,久而久之不再闻到芳香,就和它们同化了。

注:① 居:相处,在一起。② 芝兰:芝草和兰草,均为香草。芝,通"芷"。③ 化:变化,改变。

【相关链接】

孔子曰:"吾死之后,则商也日益,赐也日损。"曾子曰:"何谓也?"子曰:"商也好与贤己者处,赐也好说不若己者。不知其子,视其父;不知其人,视其友;不知其君,视其所使;不知其地,视其草木。故曰:与善人居,如入芝兰之室,久而不闻其香,即与之化矣。与不善人居,如入鲍鱼之肆,久而不闻其臭,亦与之化矣。丹之所藏者赤,漆之所藏者黑,是以君子必慎其所与处者焉。"

——孔子《孔子家语·六本》

人在少年，神情未定，所与款狎，熏渍陶染，言笑举动，无心于学，潜移暗化，自然似之，何况操履艺能，较明易习者也。是以与善人居，如入芝兰之室，久而自芳也；与恶人居，如入鲍鱼之肆，久而自臭也。墨翟悲于染丝，是之谓矣。君子必慎交游焉。

——颜之推《颜氏家训·慕贤》

【评述】

环境对于人的成长的作用，可谓大矣。孟母三迁，为孟子创造了一个好的环境，才有了后来的"亚圣"。儒家学派的孔子、荀子，都曾论述过环境的作用，所论均以比喻说明道理，这也就是所谓"比德"了。古人常以芝兰比喻高尚的品德，而与善人相处而变化，被称为"芝兰之化"。这种道理，可谓千古不易。如今，无论是对于孩子还是我们自己，都应该尽可能选择好的环境，结交靠谱的朋友，从而不断有所进益。

【原文】

礼之用，和为贵①。先王之道②，斯为美③；小大由之④。——有若

【译注】

译：礼的作用，贵在社会的和谐。先王的治国之道，美好之处就在这里；大事小事都遵循这一原则。

注：① 和：和睦、和谐，协调、恰当。② 先王之道：指尧、舜、禹、汤、文、武、周文公等古代帝王的治国之道。③ 斯：这、此。④ 小大：小事、大事。由：遵循。

【原文链接】

清末"和为贵"大匾

有子曰:"礼之用,和为贵。先王之道,斯为美;小大由之。有所不行,知和而和,不以礼节之,亦不可行也。"(有子说:"礼的作用,贵在人际关系的和谐。先王治国,就以这样为'美',大小事情都这样。有行不通的时候,单纯地为和谐而去和谐,不用礼来节制,也是不可行的。")

——《论语·学而》

【评述】

"礼"是儒家学说中最为重要的范畴。在春秋时期,"礼"泛指社会的典章制度和道德规范。孔子的"礼",既指"周礼"(礼节、仪节),也指道德规范。那么,为何讲"礼"?其用为何?孔子弟子有若(有子)说是"和为贵",也就是说,礼的终极目标是社会和谐,社会和谐了,礼的价值也就实现了。

随着社会的发展,与"礼"类似的各种规则层出不穷,人类社会陷入了工具理性的泥淖。其实,任何规则的制定与应用,都应该以促进社会和谐为目标。小至人与人之间,应该以和为贵;大至国与国之间,也应该和平共处;不同的文化之间也要讲"和",尊重彼此的传统与信仰,这样整个人类社会才能和平发展。同时,人类与大自然之间也要以"和"为贵,这样才能维护可持续发展,我们也才能更好地生活在地球家园。

【原文】

信近于义,言可复也①。恭近于礼,远耻辱也②。——有若

【译注】

译:诚实守信符合道义,诺言就可以实现。恭敬态度合乎礼仪,就可以远离耻辱。

注:① 复:验证,实现。② 远:使动用法,使……远离。

【原文链接】

有子曰:"信近于义,言可复也;恭近于礼,远耻辱也。因(依靠)不失其亲,亦可宗也。"[有子说:"讲信用要符合于义,(符合于义的)话才能实行;恭敬要符合于礼,这样才能远离耻辱。所依靠的都是可靠的人,也就值得宗仰(尊奉)了。"]

——《论语·学而》

【评述】

有若在这句话里,讲了两个处世原则。"信"和"恭",本来都是很重要的道德范畴,但具体应用起来,还是有原则要遵循。诚实守信,本来不错,但要以符合道义为准则,这样诺言才能兑现。这并不是说,不符合道义的诺言就实现不了,那样的诺言一旦实现,却是对社会的伤害。态度恭敬,本来不错,但要以符合礼仪为准则,这样才可以远离耻辱。不符合礼仪的恭敬,很可能就变成阿谀谄媚、溜须拍马,对社会也没有什么好处,最终也只能是自取其辱。

【原文】

诚者,天之道也;诚之者①,人之道也。——戴圣《礼

记·中庸》

【译注】

译：诚信，是天地自然的本来规律；而做到诚信，则是为人处世的根本原则。

注：① 诚之：使之诚，使自己做到诚。

【相关链接】

诚者，天之道也；思诚者，人之道也。

——《孟子·离娄上》

【评述】

天地自然的本来规律，就是诚实不欺，从来不会改变自己的本然状态。为人处世，也应该像天地自然一样，言行基于本心，真诚出之，绝不虚伪涂饰，绝不苟且随俗。众所周知，天地不言，但四时之行从不差误；做人也应该示人以真诚，口出心声，言必信，行必果。

【原文】

归真反璞①，则终身不辱。——战国君子《战国策·齐策》

【译注】

译：去除虚假伪饰，回归天然真实，就一辈子都不会受到屈辱。

注：① 归：返回，回归。真：这里指天然真实。璞（pú）：蕴藏有玉的石头，也指未雕琢的玉。借指原始自然的状态。

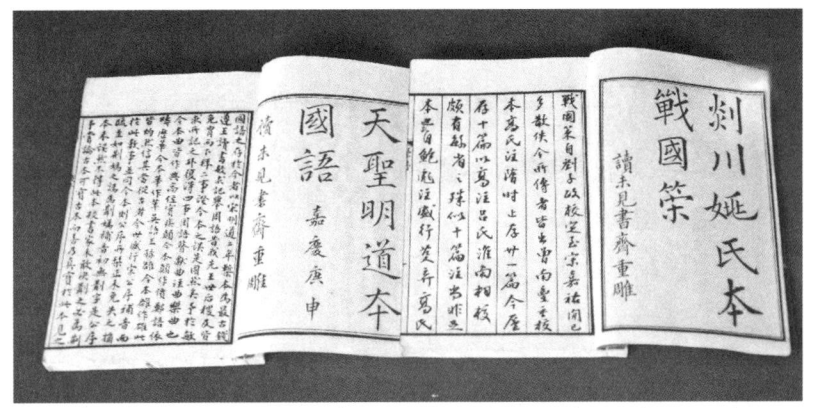

《国语》《战国策》书影

【评述】

这话是战国时期的君子对颜斶（chù）的赞语。颜斶是齐国的士人，齐宣王召见他，不以礼相待，先是威势压人，后是利禄诱人；颜斶不卑不亢，表达了自己"士贵耳，王者不贵"的观点，最后说："斶愿得归，晚食以当肉，安步以当车，无罪以当贵，清静贞正以自虞（自以为乐）。"再拜辞去。当时的君子，遂以"归真反璞，则终身不辱"称赞颜斶"知足"。

人类曾经有过本真自然的状态，初生的赤子也是天真自然的。人类长大了，渐渐地多了虚饰；人类长大了，也不再浑朴天真。然而，也正是长大的人们把自己伪装了起来，以虚假的面目示人，人世间才多了一些纷扰，人与人之间才多了几分疏离，整个社会也显得不再那么美好。反璞归真，以赤子之心待人，以天然精神做事，也许会吃亏，但绝不会自取其辱、留下骂名。

【原文】

人之有德于我也①，不可忘也；吾有德于人也，不可不忘

也。——唐雎（jū）《战国策·魏策》

【译注】

译：别人对我有恩德，不能忘记；我对别人有恩德，不能不忘记（不能老是记着）。

注：① 德：恩德，恩惠。

【评述】

这是战国策士唐雎对信陵君说的话，要他忘掉自己窃符救赵的"大德"。别人对自己有恩，帮助过自己，应该铭记在心，绝不能忘在脑后。对于恩人，应该知恩图报，即便没有回报的机会，也要心存感念，并像恩人那样尽可能地帮助别人。相反，自己帮助过别人，无论是锦上添花还是雪中送炭，力所能及出一分力，理所应当，不能老是挂在嘴上，放在心里，以恩公自居。知恩图报，施恩忘怀，这是我们民族的传统美德，应该代代相传，历久不衰。

【原文】

不蔽人之善，不言人之恶。——江乙《战国策·魏策》

【今译】

不掩盖别人的长处，不谈论别人的短处。

【评述】

这话是魏国使臣江乙对楚宣王说的，他问楚国是否真的有"不蔽人之善，不言人之恶"的风俗，楚宣王答说"真有"。不过，江乙对此持否定态度，认为这种风俗容易隐藏坏事，而作为执政者则应该听取各种不同意见。后世的人们截取其义，将之用于道德修养领域，作为评价别人的准则。

评价别人，应该实事求是，不刻意掩盖别人的优点，也不一味夸大别人的缺点。能够实事求是地评价别人，既需要宽广的胸襟，也需要客观的评价标准。古人提倡的这种美德，不仅在当时需要遵守，在竞争日益激烈的当今社会，更应该成为做人的基本准则之一。

【原文】

老吾老，以及人之老；幼吾幼，以及人之幼。——孟子《孟子·梁惠王上》

【今译】

孝敬自己家的老人，从而推广到孝敬别人家的老人；爱护自己家的小孩，从而推广到爱护别人家的小孩。

《孟子》书影

第一个"老"字用作动词，指赡养、孝敬的意思；后两个"老"字是名词，指老人、长辈的意思。第一个"幼"字用作动词，指抚养、教育的意思，后两个"幼"字是名词，指子女、小辈的意思。两句中的"及"，都是"推己及人"的意思。

【评述】

我国传统社会以家庭为核心，血缘亲情具有一定的超越性。但孟子认为这还不够，还应该推己及人。尊老爱幼是中华民族的传统美德，孟子则进一步强调：不仅要孝敬、爱护自己家里的老人和孩子，更要超越血缘家庭，把这种孝敬和爱护推广到别的人家，博爱天下。尽管这话孟子是就统治者施行"仁政"而发表的，但无疑也对家庭和睦与社会稳定起到了积极的作用。还应该指出的是，结合上下文可知，这话也体现了孟子对社会老弱群体的关注与爱心，这是十分可贵的，在今天仍然具有先进意义。

【原文】

爱人者，人恒爱之；敬人者，人恒敬之①。——孟子《孟子·离娄下》

【译注】

译：爱别人的人，别人也总是会爱他；尊敬别人的人，别人也总是会尊敬他。

注：① 恒（héng）：持久、恒久；也可以解释为"总是"。

【相关链接】

君子所以异于人者，以其存心也。君子以仁存心，以礼存心。仁者爱人，有礼者敬人。（君子与一般人不同的地方，在于内心所怀的念头不同。君子内心所怀的念头是仁，是礼。仁爱的人爱别人，礼让的人尊敬别人。）

【评述】

这两句，出自孟子谈论君子的一段话，是从"仁"和"礼"生发出来的，前文所谓"仁者爱人，有礼者敬人"。众所周知，人与人之间的关系是相互的。有诗曰："我看青山多妩媚，料青山看我亦如是。"(辛弃疾《贺新郎》)这话若套用在人与人之间的关系上,也是行得通的。爱戴别人、尊重别人,才能赢得别人的爱戴和尊重。因此,我们若是想赢得别人的爱戴和尊重,首先必须尊敬别人、友好待人。

【原文】

非我而当者①,吾师也;是我而当者,吾友也;谄谀我者②,吾贼也。——《荀子·修身》

【译注】

译:正确指责我的人,是我的老师;恰当赞同我的人,是我的朋友;阿谀奉承我的人,是我的敌人。

注:① 非:非难,指摘。这里的意思是指出不对之处。当(dàng):得当,恰当。② 谄谀(chǎnyú):谄媚,阿谀。贼:有害的人,敌人。

【评述】

喜欢听赞美之辞,却不喜欢别人的批评,这恐怕是人之通病。对此,荀子作了区分,分别提出三种情况,并给出了自己的见解。他认为,三种情况中,恰当地认同自己、肯定自己,这种人是自己的朋友、同志,当然是可贵的;而最可贵的,是那些能够提出正确批评的人,他们是自己的老师,可以帮助自己改正缺点和错误。至于那些一味阿谀奉承的人,则是自己最大的敌人,因为阿谀之辞给自己带来的只能是危害。君不见,历史上多少亡国之君,身边总是少不了谄谀者,其祸患之大,由此可见一斑。

【原文】

君子贤而能容罢①，知而能容愚②，博而能容浅，粹而能容杂③。——《荀子·非相》

【译注】

译：君子贤能而能容纳软弱无能的人，聪明而能容纳愚笨的人，知识渊博而能容纳才疏学浅的人，道德纯粹而能容纳品行驳杂的人。

注：① 罢（pí）：通"疲"，疲沓，软弱无能。② 知（zhì）：同"智"。浅：指才疏学浅、孤陋寡闻。③ 粹：纯，不杂，引申为纯正美好的。杂：混杂，不纯。

【评述】

木版水印赖少其《君子兰》

君子自身修养达到了较高的境界，但社会上的大部分人则并非如此。那么，如何处理这种关系？荀子认为，在日常交往中，不能只看到别人的短处，进而轻视鄙夷；而是应该相反，对别人采取宽容、接纳的态度。如果因为别人某些方面不如自己，就瞧不起、看不上，这样非但处理不好人际关系，更会显露出自己的浅薄。须知"人无完人，金无足赤"，"一山更比一山高"，总有比自己更加出色的人。更何况，人人各有所长，事事不如自己者，恐怕是少之又少吧？

【原文】

与人善言，暖于布帛①；伤人以言，深于矛戟②。——《荀子·荣辱》

【译注】

译：对别人说善意的话，比给他穿件衣服还暖和；对别人恶言相向，比用矛戟刺人伤得还深。

注：① 布帛：麻织物为布，丝织物为帛，泛指裁制衣服的织物。这里指衣服。② 矛戟：古代的两种兵器。

【评述】

言语是最为有效却又无影无形的工具。善意的、鼓励别人的话，会让别人的心中备感温暖，如阳春三月，春意浓浓；恶意的、带有讥讽与侮辱的言语，就像无形的刀子，会带给人深深的伤害，痛彻心骨。"良言入耳三冬暖，恶语伤人六月寒。"我们对人说话，切忌使用伤人的言语。若每个人都能够善意对待彼此，那么每个人的心中都会充满明媚的阳光。

【原文】

蓬生麻中①，不扶而直；白沙在涅②，与之俱黑。——《荀子·劝学》

【译注】

译：蓬草长在麻地里，不用扶持也能挺直；白细沙混进黑土中，会跟它一起变黑。

注：① 蓬：蓬草。② 涅（niè）：黑色染料。

【评述】

　　环境的习染作用是很大的,古人不止一次论述过这个问题。荀子这里,又用比喻的方式,说明了环境正反两方面的作用。"君子居必择乡,游必就士",已经将"环境"泛化,亦即相处的人也纳入了广义的"环境"之中。这样做的目的十分明确,就是"防邪僻而近中正"。如今的社会,多了一个"虚拟环境",其中五花八门、乱象纷呈,对此,我们也应该遵循荀子的教诲,远离低俗,以使自己不被不良言行所习染。

【原文】

　　不吹毛而求小疵,不洗垢而察难知。——韩非《韩非子·大体》

【今译】

　　不要吹开皮毛而刻意找寻小小的疤痕,不要洗净污垢而观察难以知晓的毛病。

【评述】

　　韩非这里所说,从标题就可以清楚知道。无论对人对事,均要从大体着眼,从大的方面考虑问题,不纠结于无关大局的琐事。对事,着眼大局,不陷入无关紧要事情的泥淖中,就可以明断是非、明智决策、明确行事;对人,着眼全人,不吹毛求疵、鸡蛋里挑骨头,就可以知人所长、学人所长、用人所长。方向正确,大局奠定,不会大错,就是赢。

【原文】

　　与人以实,虽疏必密;与人以虚,虽戚必疏[①]。——韩婴

《韩诗外传》卷九

【译注】

译：真心实意待人，虽然表面看来疏远，实际上亲密；以虚心假意待人，虽然表面看来亲密，实际上疏远。（或译为：待人真诚，即使本来疏远也一定会变得亲密，待人虚伪，即使本来亲近也一定会变得疏远。）

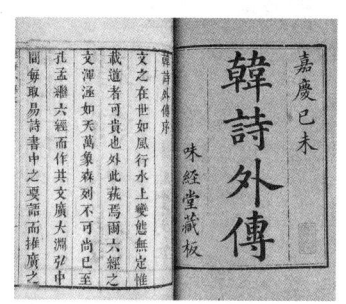

《韩诗外传》书影

注：① 虽疏、虽戚：这里的疏、戚，可以是表面上的，也可以指原本的。戚：亲近。

【评述】

这里说的，主要是待人以诚。人与人之间的关系，甚至是原本有亲缘、姻缘、地缘、业缘的关系，亲疏如何，大都决定于是否待人以诚。待人诚实，疏远的关系可以拉近；待人虚伪，亲近的关系也会日渐疏远。很大一部分的人，自恃聪明，待人虚情假意，表面上热络，私底下冷淡，别人岂会不知不晓？又岂会跟你掏心掏肺？关系必然是渐行渐远了。你诚实，别人也会还之以诚实，关系必然日渐亲近。

【原文】

人必其自爱也①，**而后人爱诸**②；**人必其自敬也，而后人敬诸**。——扬雄《法言·君子》

【译注】

译：一个人必须自爱，然后别人才会爱他；一个人必须自尊，然后别人才会尊敬他。（或译为：人必须首先做到自重，然后才能博得人们的爱戴；人必须首先做到自敬，然后才能博得人们的尊敬。）

注：① 必：一定。其：指所谈论的人。② 诸：第三人称代词，相当于现代汉语的"他、她、它（们）"。

【评述】

显然，从标题可知，扬雄在这里谈论的是君子的德行。从上下文可知，扬雄是从仁和礼的角度立论的。他说："自爱，仁之至也；自敬，礼之至也。未有不自爱敬，而人爱敬之者也。"一个人要想赢得他人的爱敬，不仅要爱敬别人，也要善待自己。一个人如果不自爱自敬，而是自暴自弃，那么别人又怎会爱戴、尊敬他呢？

【原文】

贫贱之知不可忘①，糟糠之妻不下堂②。——宋弘（引自《后汉书·宋弘列传》）

【译注】

译：贫贱时的知交不能忘记，患难与共的妻子不能抛弃。

注：① 贫贱之知：贫穷卑贱时的知心朋友。知，指知交，知心好友。后来多作"贫贱之交"；交，结交，指朋友。② 糟糠（zāokāng）：酒糟和糠皮，用以充饥的粗劣食物。下堂：指从家里撵走。堂，指厅堂，正房。

【评述】

这是东汉初期大臣宋弘,对光武帝刘秀说的话。当时,刘秀的姐姐湖阳公主新寡,看上了宋弘,刘秀便想成就姐姐的好事。谁知,当他问宋弘对"贵易交,富易妻"的看法时,宋弘回答道:"臣闻贫贱之知不可忘,**糟糠之妻不下堂**。"刘秀只好作罢。(参见《美德故事》)

富贵不忘故交,不弃结发之妻,一直是古人所推崇的美德。虽然现代社会与古代社会相比,影响婚姻与友情的因素改变了许多,但同样的是,真挚的友情和爱情,仍然不应该被钱财、地位所左右。真诚的友情与爱情,在金钱和权势面前应该历久弥新、永不褪色。

【原文】

以铜为镜,可以正衣冠①**;以史为镜,可以知兴替**②**;以人为镜,可以明得失。——李世民**(引自《旧唐书·魏征传》)

【译注】

译:以铜做镜子,可以整理衣冠;以历史做镜子,可以了解朝代兴衰;以人做镜子,可以明了自己的得失。

注:① 正:整理,整齐。衣冠:衣服和帽子。② 兴替:兴盛和衰替。替,指替代,替换。

【评述】

这是唐太宗追怀魏徵时所说的话。魏征是唐初名相,直言敢谏,对唐太宗多所匡正,因此深受太宗的信任。唐太宗认为,魏征之死,使他失去了可以明辨自己言行的一面镜子,因此深感伤心与遗憾,遂发出上述感慨,而且还说:"朕常保此三镜,以防己过。今魏征殂

西安大明宫遗址博物馆展示的铜镜

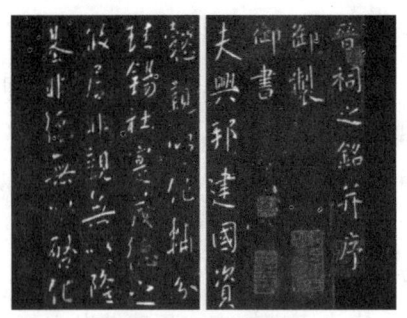
李世民手迹《晋祠铭》

（cú）逝（逝世），遂亡一镜矣！"

如今，正衣冠的镜子虽然不再是铜镜，但今人照镜子却是不输于古人，人们不忘随身带着一面小镜子！以人为镜，好多人不稀罕，认为自我才是中心；以史为镜的人也越来越少，因而才有一些人，对于前车的覆辙照样碾过去、栽下去。一个人，真要是像唐太宗那样，经常用三面镜子照照自己，那无论形象气质、事业成就，都不会差到哪里去。

【原文】

以清俭自律①，以恩信待人②，以夷坦去群疑③，以礼让汰惨急④。——刘禹锡《唐故相国赠司空令狐公集记》。

【译注】

译：以清廉俭约的规矩约束自己，以宽厚诚信的态度对待别人，以公正坦荡的胸怀消除大家的猜疑，以礼貌谦让的作风替代严酷峻急的行为。

注：① 清俭：清廉俭约。律：约束。② 恩信：宽厚诚信。③ 夷坦：平易坦荡。群疑：公众的猜疑。④ 汰：淘洗，除去。惨急：

严酷峻急。

【评述】

这是刘禹锡为令狐楚文集所作的"记"中的文句,原本说的是令狐楚的德行修养。推广开来,当然也可以作为大众德行修养的准则。四个方面,除了"清俭自律",其他三个方面可以说涉及的都是人际关系,尽管对方可能是普通人、社会公众、同僚下属等。显然,这几条,对于公职人员最具针对性——令狐楚原本就是官员,面对的人,与今天官员面对的大同小异。当然,它们同样具有广谱性,我们每个人都可以从中汲取营养。

【原文】

以责人之心责己①**,则尽道**②**;以爱己之心爱人,则尽仁。**——张载《正蒙·中正》

【译注】

译:用要求别人的心来要求自己,就能完全符合大道;用爱自己的心去爱别人,就能完全做到仁爱。

注:① 责:要求。② 尽:达到顶点。

【评述】

从原文可知,张载这里论述的是如何处理人际关系。立论的基准,自然是德才兼备的君子。"尽道""尽仁",都可以算是很高的德行境界了,而达致这种境界的作为是"以责人之心责己,以爱己之心爱人",似乎并不那么困难。其实,现实生活中,人们往往是爱己胜过爱人,责人胜过责己,甚至是一味爱己而不肯爱人,一味责人而不肯责己。这样看来，张载提出的要求，也很不容易做到。

【原文】

一言出口，驷马难追①。——欧阳修《笔说·驷不及舌说》

【译注】

译：一句话说出了口，就是四匹马拉的车也难以追上。

注：① 驷（sì）：古代同驾一辆车的四匹马，也指套着四匹马的车。

【相关链接】

夫子之说君子也，驷不及舌。

——《论语·颜渊》

一言而非，驷马不能追；一言而急，驷马不能及。

——《邓析子·转辞》

【评述】

欧阳修在文章中，用"俗云"二字引出这句话，可见当时此语已经成为俗语，流传甚广。后来，这句俗语多作"一言既出，驷马难追"。这是说：话一出口，就无法收回，一定要算数。"驷马难追"的警告，一方面是说言语要谨慎，因为说出去了就收不回来；一方面是说诺言要兑现，不能说了不算，否则就会失信于人。总之，说出去的，追不回来，也不能追回来，所谓"驷不及舌"（四马驾车赶不上舌头，比喻话说得离题万里、跑得没影了），不能不慎。

【原文】

知无不言，言无不尽；百人誉之不加密①，百人毁之不加疏②。——苏洵

【译注】

译：知道什么就说出来，知道多少就说出多少；即使所有人赞扬他也不会更加亲近，即使所有人诋毁他也不会疏远。

注：① 密：密切。加密，指关系更加亲密。② 疏：疏远。

【原文链接】

圣人之任腹心之臣也，尊之如父师，爱之如兄弟；握手入卧内，同起居寝食；知无不言，言无不尽；百人誉之不加密，百人毁之不加疏。尊其爵，厚其禄，重其权，而后可以议天下之机，虑天下之变。太祖之用赵中令（赵普）也，得其道矣。近者寇莱公（寇准）亦诚其人，然与之权轻，故终以见逐，而天下几有不测之变。然则其必使之可以生人杀人而后可也。

——《衡论·远虑》

位于河南省郏县三苏纪念馆的三苏雕塑

【评述】

　　从原文可知，苏洵的这些话，原本是就君主与臣下关系而言的。就是说，对于心腹之臣，要绝对信任，有话则和盘托出，不为别人的毁誉所影响。苏洵还举例说，宋太祖赵匡胤对赵普就是如此；而后来的寇准，也确实是和赵普一样的人，但君主不能像宋太祖一样待他，没有充分放权，所以未能起到应有的作用。

　　后人的应用，主要集中在前两句，讲的是人际交往。人生天地之间，应该保持率真的性情。对自己身边的人，尤其是知心朋友，发现问题应该坦率指出，这会有助于他们进步。这是自己坦诚的表现，也是对别人负责任的态度。而对知交，不因别人的毁誉而亲近或疏远，则表现了对朋友的充分信任。这些，都是我们人际交往中所需要的。

【原文】

和以处众①，宽以接下②，恕以待人，君子人也③。——林逋《省心录》

【译注】

　　译：和蔼地与众人相处，宽厚地接待下属，宽容地对待别人，这样的人就是君子。

　　注：① 处（chǔ）：相处。② 接下：与下属交往。接，指接触。③ 君子人：即君子，才德出众者。

【评述】

　　这里说的是与人相处的道理。说的是三种情况，包括一般民众、下属、同人；而无论"和、宽、恕"，一言以蔽之，就是"善待"。

人与人从来都应该平等相待，不能以上凌下、颐指气使；不能盛气自持、不肯合群；不能为人苛察、吹毛求疵。人与人交往，可以说是一门深奥的学问，但把握住"和、宽、恕"，大概就不会错到哪里去了。

【原文】

与人交游①，宜择端雅之士②，若杂交终必有悔③，且久而与之俱化④，终身欲为善士，不可得矣。——江端友《家训》

【译注】

译：与人交往相处，应该选择端正文雅之士，如果杂乱交往最终定会后悔，况且长时间和那些人在一起，受他们影响，这辈子想做良善之人，也不可能了。

注：① 交游：交际，结交朋友。② 端雅：庄重文雅。③ 杂交：杂乱交往。④ 化：变化，改变。

【评述】

这几句话，说的是交友。正面说得不多，只是一句"择端雅之士"；负面影响，却一再强调。显然，交友不慎，负面作用很大，很多人正是因为交了"狐朋狗友"，才成了浪荡子、败家子，甚至触犯法禁、身陷囹圄。为何不良影响会是"终生"呢？因为狐朋狗友总是会纠缠你，使你欲罢不能。这样的例子不胜枚举，不由使我们多加警醒。

【原文】

有所许诺，纤毫必偿①；有所期约②，时刻不易③。——袁

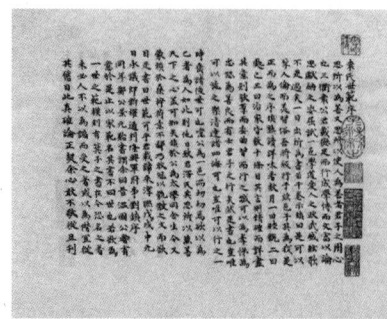 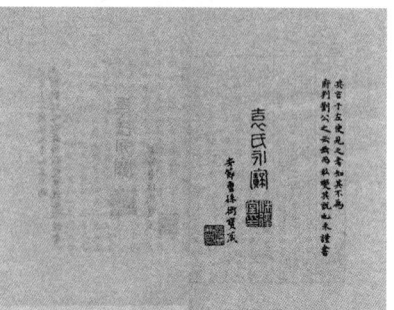

《袁氏世范》抄本

采《袁氏世范·处己》

【译注】

译：答应给别人的事情，一丝一毫都不能少；与人约好的时间，一分一刻也不能改。

注：① 偿：抵偿，回报。这里指实践诺言。② 期约：约定。期，指约会。③ 时刻：指一时、一刻。易：改变。

【评述】

我国古人历来强调信守诺言、遵守约定，答应别人的事情必须践履，约好的时间定要守时。不过也不能不说，就守时而言，也许是因为农业文明传统的缘故，我们做得并不算好。守时是现代社会的基本素养，也可以说是诚信的起码要求。如果连守时都做不到，很容易使对方产生不信任感，从而影响彼此进一步的交流与发展。看来，袁采对家人的教诲，在今天仍然有其现实意义。

【原文】

千日行善，善犹不足；一日行恶，恶自有余。——唐僧，

吴承恩《西游记》

【今译】

做一千天好事,善行还是不够;做一天坏事,恶行已经算多了。

【评述】

这话是唐僧教导徒弟孙悟空的,意在要他爱惜人命。虽是小说家言、佛家言,但不无道理,不妨扩而用之。行善做好事,做得再多也不能说够了;而恶行坏事,只做一天就已经太多。这句话,与"勿以善小而不为,勿以恶小而为之",讲的是同一个道理。也许善恶的标准,不同社会、不同宗教会有所不同,但基本方向是一致的,那就是多多行善、切莫作恶。

【原文】

处人不可任己意[①]**,要悉人之情**[②]**;处事不可任己见,要悉事之理。**——吕坤《呻吟语·人情》

【译注】

译:与人相处不能放任己意,要体察人情;处理事情不能固执己见,要了解事理。

注:① 处:处理,安排。② 悉:知道,了解。

【相关链接】

(《呻吟语》)推堪人情物理,研辨内外公私,痛切之至,令人当下猛省,奚啻砭骨之神针,苦口之良剂。

——尹会一

【评述】

　　吕坤是明朝文人、官员,为人刚正不阿,为政清廉,与沈鲤、郭正域有万历年间"三大贤"之誉。他的《呻吟语》,是箴言体小品文集,很是有名。这里的话,是说无论人和事,处理起来都不能只顾自己,而是要体察人情世故,了解事情物理,这样才能有的放矢、游刃有余。现在的人,似乎太过以自己为中心了,师心自用者比比皆是,尤其是所谓"一把手"。这样,难免出毛病,害人害己,害国害民。须知"国情",也不过是人情事理,只不过是一国的而已。

【原文】

与人当宽①,自处当严②。——唐甄《潜书·取善》

【译注】

译:对待别人要宽容大度,对待自己要严格要求。

注:① 与:相与,与人交往。② 自处(chǔ):对待自己。

【评述】

　　这句话,与人们耳熟能详的"严以律己,宽以待人",可谓翻版。为人处世,最重要的就是处理好自己与别人之间的关系。人不可能离开社会、离开他人,离群索居是做不成事情的。一个人要常怀宽广胸怀,体谅他人、厚待他人;而对自己,则不能恣意放纵,不加约束。这样的人,才能聚集一批人,做成一些事。

【原文】

觉人之诈,不形于言;受人之侮,不动于色。此中有无穷

意味，亦有无穷受用①。——洪应明《菜根谭》

【译注】

译：觉察别人的欺诈，不在言语里表现出来；受到别人的侮辱，不在表情上表露出来。这里面有无穷的意味，也有得到无穷的好处。（或译为：能够觉察别人的欺诈，而不说出来；受到别人的侮辱，而能不动声色，这里面意味无穷，也会得到无尽的利益。）

注：① 受用：享受，得到好处。

《菜根谭》妙语楷书四条屏（张周林书）

【评述】

洪应明这里所说，可谓经验之谈，透着几分阴柔隐忍。为何"不形于言，不动于色"，他没有说，而是笼统说"有无穷意味，亦有无穷受用"。既然觉察了、知道了，毫不表露，是否太过窝囊了？其实，之所以毫不表露，在于对方。奸诈的人，侮辱别人的人，显然不是什么好人，你跟他置什么气？"道不同不相为谋"，躲开了事。当然，你也可能一而再，再而三地遇到这种人，而且你要一而再，再而三地毫不表露，这当然"意味无穷"——西洋景尽管看；当然"受用无穷"——少了多少麻烦。

【原文】

择友乃人生第一要义。一生之成败，皆关乎朋友之贤否，不可不慎也。——曾国藩《与四弟书》

【相关链接】

八交：胜己者；盛德者；趣味者；肯吃亏者；直言者；志趣广大者；惠在当厄（别人处于困境时给予惠助）者；体（体谅）人者。

九不交：志不同者；谀人者；恩怨颠倒者；好占便宜者；全无性情者；不孝不悌者；愚人者；落井下石者；德薄者。

【评述】

人生第一要义，曾国藩认为在于"择友"。择友为何如此重要？因为关系到"一生之成败"。这里，曾国藩给予"择友"的地位，可谓无以复加。无疑，这是他的经验之谈，也是甘苦之言。曾国藩一生阅人无数，同僚、属下，得之助益者有之，为之掣肘者亦有之。因此他告诫家人，对此要慎之又慎。他所总结"八交九不交"，在今天仍然可以作为我们交友的准则。

【原文】

予人一分面子，人必予两分面子；伤人一分面子，人必损十分面子。为人处世，面子不可不慎。——曾国藩《曾国藩家书》

【相关链接】

见人有得意事，便当生欢喜心。见人有失意事，便当生怜悯心。皆自己真实受用处。忌（妒忌）成乐败，何预（参与）人事？自坏心术耳。

——曾国藩《曾国藩家书》

【评述】

这里又是一个"不可不慎"，谈的同样是人际关系。我们的社会是个人情社会，与人交往特别讲究面子。面子问题，关系到个人的人格尊严。不给别人面子，有损别人的尊严，自然是不合适的。不过，面子泛化以后，不讲原则，只讲情面，则与法治社会格格不入。

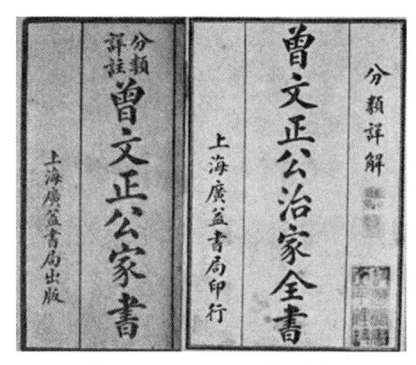

《曾文正公治家全书》书影

曾国藩所说的面子，涉及尊严，也涉及情面——尤其是在官场。

【原文】

与多疑人共事，事必不成。与好利人共事，己必受累。——曾国藩《曾国藩家书》

【相关链接】

有必不可行之事，不必妄自轻营。有必不可劝之人，不必多费唇舌。

——曾国藩《曾国藩家书》

【评述】

这又可谓曾国藩的处世"金针"。多疑的人，对什么都心怀疑虑，尤其是怀疑、提防共事者，甚至处处掣肘，时不时闹点幺蛾子，还有什么事情能干成？好利的人，必然唯利是图、不择手段，跟他共事的人，不仅利益受损，还会被他连累。如今贪官们一倒一大片，不就是生动的例子？因此，对于这些人，还是敬而远之为好。

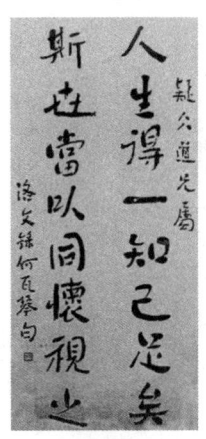

鲁迅书赠瞿秋白联语手迹

【原文】

人生得一知己足矣，斯世当以同怀视之①。——鲁迅，赠瞿秋白联

【译注】

译：人的一生得到一个知己好友就该满足了，这辈子应当像对待同胞兄弟姐妹那样对待他。

注：① 斯世：此生，这辈子。同怀：同胞兄弟姐妹，引申指志同道合的人。

【评述】

众所周知，鲁迅先生的杂文，被称作"投枪"和"匕首"，极具批判精神。但杂文是后起的文体，不为传统文学观念所重。瞿秋白在上海时，曾秘密会见鲁迅先生，整理先生的杂文，并撰写了《鲁迅杂感集序言》，高度评价了鲁迅先生杂文的社会意义和巨大价值。先生感到非常满意，便录清朝学者何溱（qín；字瓦琴）集王羲之《兰亭集序》的这副联语，书赠瞿秋白表示感谢。这副联语所表达的意思，可谓说中许多人的心思。良师益友难得，于今为甚，而得一知己，岂能不倍加珍视！

【原文】

友谊是两颗心真诚相待,而不是一颗心对另一颗心的敲打。——鲁迅《鲁迅语录》

【评述】

鲁迅先生一生交友不少,可是其中有知己好友,有泛泛之交,也有始交终弃的所谓"朋友"。鲁迅先生生性耿直,待人以诚,尤其是年轻人。但有些人结交鲁迅,或者心怀一己之私,或者执着政治之见。他们结交鲁迅,或者是想利用先生的名望而为自己谋求名利,或者是想裹挟先生进入他们的圈子,进而凌驾于先生。正因如此,鲁迅先生才会说友谊"不是一颗心对另一颗心的敲打"。先生这话,似乎与孔夫子的"诤友"之论不合,其实不然。鲁迅先生并不排挤诤友,反而十分欢迎,不过,对于那些自认为高人一等、凌驾于先生之上、使之唯其命是从的"朋友",先生就不会"遵命"了。朋友都是独立的个体,相互间应该平等、真诚,这样的友谊才是纯洁的,也才能长久。

【原文】

对人以诚信,人不欺我;对事以诚信,事无不成。——冯玉祥《冯氏族约》

【评述】

对待别人要诚信,有话直说,有事就办,这样才能得到对方的信任,对方才会报之以诚信。做事的时候,也要讲究诚信,一是一、二是二,才能看清问题、做对决策;一步一个脚印,踏踏实实,不弄虚、不作假,事情才能顺利成功。

【原文】

与有肝胆人共事①,从无字句处读书②。——周恩来,青年时代自勉联

【注释】

① 有肝胆人:有诚心、有勇气的人。肝胆,比喻真诚的心以及勇气。② 无字句处:没有字句的地方,指书本以外的日常生活、社会实践等。

【评述】

这是周恩来在天津南开学校读书时写的一副自勉联,前一句说交友,后一句说读书。所谓"有肝胆人",可以指有真诚之心的人,也可以指富有勇气的人。古来的所谓"侠肝义胆之士",大体就是这样的人。

"有肝胆人",对国家,他们一片赤诚;对人民,他们关心民瘼、为民请命;对朋友,他们两肋插刀、肝胆相照;对陌生人,他们也会路见不平、拔刀相助。与这种人朝夕相处,亲见他们的英勇事迹,耳闻民众的交口称赞,怎能不深受感动,怎能不起而效仿呢?他们的人格与行为,也可以算是"无字句"之书,从中学到的东西会很多很多。

【原文】

凡人立于天地间,遇事必当之以"诚",而后人始信其为人,乃得有为人之价值。尚诈术者,何能立名建业。——萧楚女

【评述】

一个"诚"字,从古到今,不知有多少人曾经论说过,而在今

天，它似乎还是一个簇新的、不得不论的问题。就为人处世而言，萧楚女认为，正因为"诚"是一个人的价值所在，别人也才会把你当成一个人。只有在此基础上，才有可能立名建业。

【原文】

难得是诤友，当面敢批评。——陈毅

【原文链接】

一喜有错误，痛改便光明。一喜得帮助，周围是友情。难得是诤友，当面敢批评。有时难忍耐，猝然发雷霆。继思不大妥，道歉亲上门。于是又合作，相谅心气平。

——《六十三岁生日述怀》

【评述】

在这首述怀诗中，年逾花甲的陈毅，念念不忘的是友情，尤其是"诤友"。什么是"诤友"呢？《说文解字》解释说："诤者，止也，止其失也。"诤友就是那些敢于直言，毫不隐讳地向你直陈己见，从而阻止你发生过错的人。他们不会往朋友脸上贴金，却是真心为朋友好。这样的人，才是真正的朋友，是值得珍惜一生的朋友。

【原文】

成功的时候，谁都是朋友。但只有母亲——她是失败时的伴侣。——郑振铎《回忆母亲》

【评述】

在温州的郑振铎纪念馆里，正厅中央有一组塑像，两个人，前

郑振铎纪念馆正厅塑像，坐者为郑振铎母亲

面坐着母亲，后面站着郑振铎。母亲在郑振铎的心里，有着极其重要的地位。这里的话，是他的肺腑之言，也是广泛阅历世事之言。人世间，虽不尽是"成王败寇"，但总是锦上添花多、雪中送炭少；除了一二知交，潦倒失意中相伴的，也只有亲人了。

【原文】

自尊亦所以尊人，自信亦所以信人。——巴金《生活·思索与学习》

【评述】

为人处世最重要的一点，就是要站在对方的立场上思考问题，才能真正明白对方需要什么、厌恶什么，从而做出正确的决断。尊重自己，推己及人，别人也需要得到尊重，因此"自尊亦所以尊人"；相信自己，别人必定也需要得到信任，因此"自信亦所以信人"。这是一种"角色换位"的思考方法，若不注意别人的感受，对人随随便便，是无法和别人建立起友好和谐的关系的。

【原文】

人家帮我，永远不忘；我帮人家，莫记心上。——华罗庚《帮——新春谈新风尚》

【评述】

乐于助人、知恩图报，是中华民族的传统美德。别人对自己的帮助，应该时刻记在心上，有机会就予以报答；别人需要帮助时，自己也要尽一分力，但不要老是记在心上。如果自己是真心帮助别人，希望他顺利而快乐，那就别去计较回报了。

【原文】

我要永远愉快地多给别人，毫不计较个人得失。——雷锋《雷锋日记》

【评述】

雷锋的日记里记述了他本人成长过程中的点点滴滴，一言一语、一字一句透着至真、至美的芬芳，促使我们自觉地审视自己、鞭策自己。这句话正是雷锋在日记中所记述的心得，字里行间中充溢着忘我的精神，发人深思，促人警醒。

《雷锋日记》书影

【原文】

对待同志要像春天般的温暖，对待工作要像夏天般的火热，对待个人主义要像秋风扫落叶一样，对待敌人要像严冬一样残酷无情。——雷锋《雷锋日记》

【评述】

　　这四句话，以一年四季分别对应不同的对象，表现出四种截然不同的态度。这段话，体现了雷锋爱憎分明的性格特征。雷锋是这样写的，也是这样做的。